W0196309

Soweit das Gedächtnis zurückgreift, ist die Bodenseelandschaft eine ausholende kulturelle Region. Der See vermittelt und verbindet weiter, als er diese eng verbundene Kulturlandschaft trennt, deren Tradition in die Römerzeit hineinreicht.

Viele Anwohner, Besucher und Reisende haben bis heute die Spiegelung des Sees wie seiner Landschaft in ihrem eigenen Gemüt für Mitwelt und Nachwelt festgehalten. Davon zeugt die Anthologie, die nach der Einleitung des Herausgebers mit einer Wanderung »ohne Roß und Wägelein« beginnt, sich auf der schönen Reichenau fortsetzt, im Hinterland über den Hohentwiel bis zum Rheinfall, bis nach Konstanz. Die Reise geht weiter in den Südwesten des Sees nach Hauptwil, führt zum Alpstein, über St. Gallen und Altstätten nach Ragaz, weiter über Bregenz und Lindau nach Friedrichshafen und Ravensburg. Das letzte Kapitel führt schließlich von Meersburg aus zur Region des Überlinger Sees bis Stockach.

Innerhalb der einander topographisch folgenden Kapitel sind die Texte chronologisch angeordnet. Starkes Gewicht liegt auf dem literarischen Unterhaltungswert, Nachdenkliches und einige Prisen Humor fehlen nicht.

insel taschenbuch 1490
Bodensee

Bodensee

Reisebuch

Herausgegeben von Dominik Jost
Mit farbigen Abbildungen
Insel Verlag

insel taschenbuch 1490
Erste Auflage 1993
Originalausgabe
© Insel Verlag Frankfurt am Main und Leipzig 1993
Alle Rechte vorbehalten
Text- und Bildnachweise am Schluß des Bandes
Vertrieb durch den Suhrkamp Taschenbuch Verlag
Umschlag nach Entwürfen von Willy Fleckhaus
Satz: Fotosatz Otto Gutfreund GmbH, Darmstadt
Druck: Nomos Verlagsgesellschaft, Baden-Baden
Printed in Germany

1 2 3 4 5 6 - 98 97 96 95 94 93

Bodensee

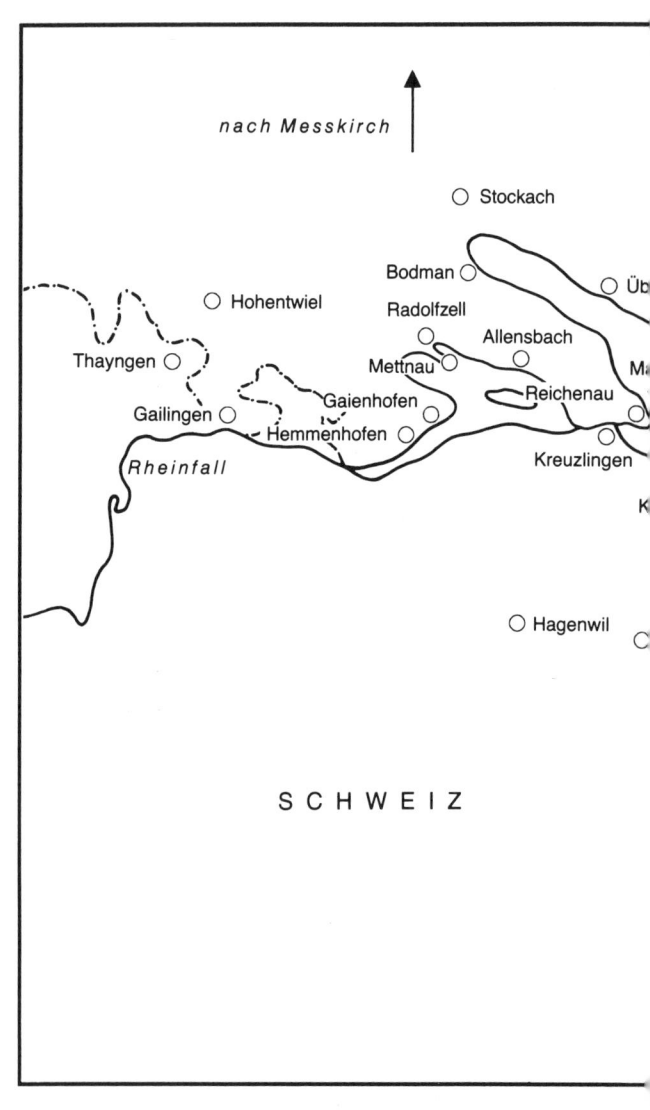

DEN - WÜRTTEMBERG

○ Ravensburg

sburg

○ Friedrichshafen (Buchhorn)

Bodensee

○ Wasserburg

Lindau ○

B a y e r n

Arbon ○

Rorschach ○

St. Margrethen ○

○ Bregenz

○ Schwarzenberg

○ St. Gallen

○ Altstätten

äntis, Wildkirchli
nach Ragaz ↓

Ö S T E R R E I C H

1. Der See, die Region

Dominik Jost
Ein See verbindet; die Region ist das erweiterte Daheim

1991

Die Bodenseelandschaft war und ist auch eine ausholende kulturelle Region, soweit das Gedächtnis zurückgreift. Der See vermittelt und verbindet weit stärker, als er trennt und abgrenzt, »wie das Mittelländische Meer [...] ein verbindendes und vermittelndes, ein aufspeicherndes und ausstrahlendes Kulturbecken« (Johannes Duft). Grenze ist ja nicht bloß »Grenze zwischen«; eine Berührungsgrenze schützt zwar den Organismus, ist aber auch das schöpferische Organ der Beziehung zur Umwelt und von deren erweiternder Aneignung; Aneignung ist Wachstum. Die Bodenseelandschaft ist erst seit der Bildung der Nationalstaaten Grenzland, einst war sie Mitte im Heiligen Römischen Reich Deutscher Nation. Bereits im Spätmittelalter begannen sich aber (nach Helmut Maurer) Schwaben und Schweizer auch am Bodensee auseinanderzuleben, bis zum Schwabenkrieg 1499. Nach dem Genfer See und dem Plattensee ist der Bodensee der drittgrößte Mitteleuropas. Die heute staatenabbauende Region Bodenseeraum, die Euregio Bodamica, hat (wie die Alpenregion) als engverbundene Kulturlandschaft ihre Tradition seit der Römerzeit, der Völkerwanderung, der fränkischen Reichsgründung.

Region ist nicht Provinz. Regional bedeutet durchaus nicht eng, verhockt, muffig, kleinlich, sondern vielmehr: in die noch überblickbare Nachbarschaft ausgreifend, heißt:

das Zuhausesein in die Nachbarschaft hinein ausdehnend. Regional leben und denken meint: sich nicht einmauern, sondern die lokale Fixierung aufbrechen und öffnen. Die Region ist das erweiterte Daheim. Das regionale Lebensgefühl der Offenheit, regionales Denken und Erleben ist allerdings stets bedroht durch die Gefahr der Provinzialität, des provinziellen Denkens und Erlebens; damit ist der Verlust der Qualitätsmaßstäbe gemeint, das Genügen an kümmerlichen Annäherungen, aus Unkenntnis überschätzt, die fette Behäbigkeit, Sattheit, schließlich kulturelle Autarkie.

Politische Strukturen können das regionale Denken und Erleben fördern oder auch stören. Zwischen 1933 und 1945 war es im Bodenseeraum zerstört. Nach dem Zweiten Weltkrieg verstärken sich wieder Gefühl wie Bewußtsein, in einer gemeinsamen Region mit geteilter Verantwortung zu leben, in einem Kondominium (Herbert Berner), trotz mundartlicher Unterschiede und staatlicher Trennungen.

Wandel wie Abfolge der Orts- und Flurnamen entfalten manchmal die Kulturgeschichte einer Gegend; wechselnde Namen deuten die Geschichte einer Besiedlung an. Der römische Geograph Pomponius Mela (um 40 n. Chr.) nannte den Obersee des heutigen Bodensees Lacus Venetus, den Untersee Lacus Acronus (Acronius); Plinius (um 70) hieß ihn Lacus Brigantinus, Ammianus Marcellinus (4. Jahrhundert) Lacus Brigantiae oder Lacus Brigantia, nach dem aus keltischer Gründung von den Römern ausgebauten Kastell Brigantium. Auch Lacus Rheni (Rheinsee) ist belegt. Bei Walahfrid Strabo, Abt im Kloster Reichenau (um 830), heißt er Lacus Potamicus (Bodamicus), was vielleicht auf potamos (griechisch: Fluß, der Rhein fließt durch den See) oder (als Latinisierung und Gräzisierung) auf Bodoma hinweist, das Dorf Bodman am Ende des jetzigen Überlinger Sees: Dort stand nämlich seit 750 auf dem Gelände der heutigen Kirche St. Peter und Paul die karolingische Königspfalz (die von den Grafen Warin und Ruodhard, Gegnern des St. Galler Abtes Otmar, errichtet worden war, um für Pippin, den Vater Karls des Großen, die Eingliederung Alemanniens ins Frankenreich zu überwachen); der Name Bodman liegt dem späteren Namen Bodensee zugrunde. Der Ortsname Bodoma bedeutet (trotz der Burg Alt-Bodman hoch über der Gemeinde, seit 1643 in Trümmern) »auf dem Boden« (»zi deme podame«) zur Unterscheidung vom Flurnamen »auf der Höhe«. Auch als der Königshof Bodoma/Bodman seine Bedeutung verloren hatte, erhielt sich der Name Bodmansee/Bodensee. Wolfram von Eschenbach sagt »bodemsê« (»Willehalm«, vor 1220), auch Konrad von Landeck (Schenk von St. Gallen, um 1300) »bodem sê«. Im übrigen wurde und wird noch manche andere Etymologie erwogen, vertreten und wieder verworfen.

Ein See von rund 540 km²; maximale Tiefe 252 m, ausgelotet nördlich von Romanshorn. Ein skurriler Berechner tüftelte um 1940 heraus, die gesamte Erdbevölkerung fände auf ihm Platz. Ein paar hunderttausend Jahre dürfte es noch dauern, bis die ständig eingeleiteten Geschiebemassen den See ausgefüllt haben. Noch in der Tertiärzeit (70 Millionen bis 2 Millionen) haben tektonische Erdkräfte das langgestreckte Becken des Obersees entstehen lassen. Dann wurde es noch von den gewaltigen Eismassen des Rheingletschers ausgehobelt, der in der vorletzten und letzten Eiszeit als 1000 m tiefer Eisstrom das Tal des Alpenrheins füllte und ins Vorland austrat. Vor 10 Millionen Jahren wogte da, wo sich heute der Bodensee ausbreitet, noch ein flaches Meer, und als sich schließlich ein Sumpf bildete, brannte ein Klima wie im heißen Afrika und wuchs auch eine tropische Vegetation: Zimtbäume, Zedern, Palmen, Ebenholz, Akazien, Tamarinden, und dazu gediehen Elefant, Nashorn, Flußpferd, Antilope, Affe, Schildkröte. Im Eiszeitalter (oder Diluvium), das vor etwa 2 Millionen Jahren begann, wechselten ausgedehnte Gletschervorstöße mehrmals mit wärmeren Zwischenzeiten. Die anhaltenden Kälteperioden vernichteten die alte Flora und Fauna fast restlos. Die wärmeren Zwischeneiszeiten hatten ein Waldklima, das z. B. dem Höhlenbären und Höhlenlöwen zusagte. In der letzten (Würm-) Eiszeit herrschte dagegen in Mitteleuropa ein Tundrenklima, in dem das Ren, der Eisfuchs und der Alpenwolf ums Dasein kämpften.

Die Ausgrabungen, die Emil Bächler zu Beginn unseres Jahrhunderts in der Wildkirchlihöhle durchführte, haben ergeben, daß die Berge südlich des Bodensees schon in der mittleren Altsteinzeit, also vor etwa 50000 Jahren zur Zeit des Neandertalers, von nomadischen Jägern und Sammlern besucht wurden. Jäger und Sammler der jüngeren Altsteinzeit, die bereits Tierzeichnungen auf Knochen ritzen konnten, haben im Gebiet nordwestlich des Untersees und im Schaffhausischen (Kesslerloch bei Thayngen) ihre Spuren hinterlassen; sie lebten nomadisch am Ende der letzten Eiszeit, vor etwa 12000 Jahren. Seit dem Neolithikum ist dann das Bodenseegebiet dauerhaft besiedelt; Siedlungen am See, wenn auch vielleicht nicht eigentliche Pfahlbauten, reichen in das 3. Jahrtausend zurück und bezeugen eine gemeinsame jungsteinzeitliche und bronzezeitliche Kultur. Vom 6. vorchristlichen Jahrhundert an, in der Hallstatt- und Latènezeit also, hatten die westindogermanischen Kelten zwischen Böhmen und Burgund und damit auch rund um den Bodensee ihr »Erstes Territorium«, von dem aus sie in wenigen Jahrhunderten das »Erste Europa« wurden. Ein Stamm der Kelten waren die Vindeliker, zu denen die Brigantier am Bodensee gehörten. Die keltischen Vindeliker gerieten durch den Räterfeldzug (15-12 v. Chr.) unter römische Herrschaft; das Bodenseegebiet kam zur Provinz Raetia mit der Hauptstadt Augsburg. Eine Römerstraße verband das keltisch-römische Brigantium über das keltische Arbona (Arbor Felix, Arbon) mit Constantia, heute Orte in drei Staaten; auf der Tabula Peutingeriana (eine im 13. Jahrhundert entstandene Kopie einer römischen Straßenkarte aus dem 4. Jahrhundert) ist sie verzeichnet. Manche heute noch als römisch geltende Siedlung um den Bodensee dürfte sich einmal als vorrömisch, nämlich als keltisch (oder noch älter) herausstellen. Beim Zusammenbruch des Imperiums rückten die Bajuwaren, die Alemannen und die Sueben schon bald nach 250 n. Chr. in das Bodenseegebiet ein. Die fränkischen Merowinger setzten sich auch hier durch, auf deren Epoche, nämlich auf König Dagoberts Zeit (um 630), das Alte Schloß in Meersburg (Marispurgum) als vermutlich älteste deutsche Burganlage zurückgehen soll. Die Missionierung ließ als architektonische Spur vom 8. Jahrhundert an Kloster auf Kloster verschiedener Orden rund um den Bodensee entstehen, von denen die meisten aufgehoben sind. St. Georg auf der Reichenau gilt als die Kirche mit dem ältesten Freskenzyklus Deutschlands (9. Jahrhundert).

In Kreuzpunkten der Verbindungslinien der christlichen Zentren Rom und Irland, Byzanz und Frankenreich gestiftet und bald auf mannigfachen Wegen zu ausgedehnter Grundherrschaft gelangt, beherbergten die Abteien Reichenau (gegründet 724) und St. Gallen (Benediktinerregel 747) Alemannen und Byzantiner, Räter und Franken, Iren und Angelsachsen. Reichenau war um 1000 die Königin der Malerschulen des Abendlandes. An der Bibliothek des Klosters St. Gallen sind die Beziehungen sowohl zum keltischen Irland als auch zu Rom besonders klar abzulesen. Die vorchristliche keltische Ornamentik hat hier wie auf der

Reichenau über ein Jahrtausend hinweg noch im christlichen Äon als spätkeltische (irische) Kunst bis ins 9. Jahrhundert nachgewirkt, ja wie auf den britischen Inseln eine späte, letzte Blütezeit erlebt. Inmitten der alemannischen Siedler zwischen den Alpen und dem Rhein wurde auch die griechisch-römische Antike lebendig erhalten.

Das 9. und 10. und die erste Hälfte des 11. Jahrhunderts waren die Blütezeit der frühen benediktinischen Kultur in der Abtei auf der Reichenau (aufgehoben 1757) und in der Abtei St. Gallen (aufgehoben 1805). Das spätere 11. Jahrhundert war erschüttert von kriegerischen Wirren unter einem habgierigen Adel mit habgierigen Äbten und habgierigen Bischöfen. Die Herrschaft der Staufer förderte ein neues kulturelles Erwachen. Konstanz genoß weites Ansehen, was sich in der Wahl zur Stadt des Konzils von 1414 bis 1418 ausdrückt. In Konstanz saß schon seit dem 6. Jahrhundert ein Bischof. Barbarossa hatte hier 1153 einen Reichstag abgehalten. Das Konzil war nach zeitgenössischen Schilderungen für Ort wie Region ein Fest der Feste, wenn auch nicht für Jan Hus und Hieronymus von Prag: 6000 Einwohner, 60 000 Gäste. Oswald von Wolkenstein, der sich in der Stadt umtrieb, Ulrich von Richental in seiner Konzilschronik haben zum Greifen nah berichtet. In Balzacs tolldrastischer Geschichte »Die schöne Imperia«, in Conrad Ferdinand Meyers Novelle »Plautus im Nonnenkloster« (von Münsterlingen) stellt die Kirchenversammlung die freizügige Folie.

Pestzeiten, die Auseinandersetzungen im Zeitalter der Reformation, der Dreißigjährige Krieg waren durchzustehen, bis im Barock und Rokoko gegen die Mitte des 18. Jahrhunderts sich die prachtvolle Architektur rund um den See zu entfalten vermochte: die Zusammenfassung der Kraft kurz vor dem Untergang. In der Napoleonischen Epoche verschwanden durch die Säkularisation alte Herrschafts-strukturen; der 1805 entmachtete letzte Fürstabt von St. Gallen, mehr Reichsfürst als Seelenhirte, verteilte vergeblich auf dem Wiener Kongreß hoffnungsfroh seine restaurativ gedachten Visitenkarten mit dem Aufdruck »Prince-Abbé«.

Namen, andeutende Namen: Walahfrid Strabo (808-849, »der erste schwäbische Dichter«) und der universale Hermann der Lahme auf der Reichenau (1. Hälfte 11. Jahrhundert). Notker I. (der Dichter, um 900), Notker III. (der Deutsche, um 1000) und sein Schüler, der Chronist Ekkehard IV. in der Abtei St. Gallen. Minnesänger rund um den See: Konrad von Landeck, Hugo von Montfort, Rudolf von Ems, Ulrich von Singenberg, Konrad von Altstätten. Konradin (geboren 1252, der Enkel Friedrichs II.) soll vor dem Weiterzug mit seinem Freund Friedrich von Baden nach Tagliacozzo und Neapel 1267 auf der Meersburg (wo er bei seinem Onkel, dem Konstanzer Bischof, Jugendjahre verbracht hatte) und im Burgturm von Arbon gedichtet haben. Mystiker wie der Dominikaner Heinrich Suso (aus Berg zwischen Konstanz und Weinfelden), auf den die älteste erhaltene deutsche Autobiographie zurückgeht, als Schüler Meister Eckharts in Konstanz wirkend. Stefan Lochner aus Meersburg oder Ravensburg, Konrad Witz aus Konstanz, Hans Holbein d. Ä. aus dem Bodenseeraum. Angelika Kauffmann, die Jahre ihrer Jugend in Schwarzenberg im Bregenzerwald verlebte. Im Zeitalter der Entdeckungsreisen und Ausplünderungsfahrten rüstete der Konstanzer Kaufmann Ambrosius Ehinger eine Flotte von vier Schiffen mit 2000 Mann aus; er fuhr in das Goldland Venezuela. Im Barock der Augustinerbarfüßer und spätere Prediger am Hof der Habsburger Abraham a Sancta Clara als Johann Ulrich Megerle in Kreenheinstetten bei Meßkirch geboren; aus Meßkirch später Conradin Kreutzer, Martin Heidegger. Aus dem Vorarlberg Laurentius von Schnüffis, fahrender Schauspieler, Dichter, Kapuziner in Konstanz, nachlebendes Heidentum mit Christentum originell versöhnend, das Schäferspiel in Seelsorge verwandelnd. Über achthundert Architekten und Bauhandwerker kamen aus dem Bregenzerwald; oberschwäbische Barockstraße. Reisende wie Eduard Mörike, welche die Landschaft gepriesen haben; Gäste wie Annette von Droste-Hülshoff, die ihre Liebe zur Region bezeugten. Schellings Grab in Ragaz. Pioniere der Medizin wie Franz Anton Mesmer (1734-1815, ein Vorfahr von Reinhold Schneider) aus Iznang/Höri und Carl Gustav Jung (1875-1961) aus Kesswil (wo der Vater in der frühen Kindheit Jungs als Pfarrer amtete) sowie der Philosoph Paul Häberlin (1878-1960) aus dem nämlichen Kesswil. Der Weltweise Leopold Ziegler (1881-1958) in Überlingen. Graf Zeppelin in Friedrichshafen. Lauter Renommierverwandte. In St. Gallen die Hochschule für Wirtschafts-, Rechts- und Sozialwissenschaften (seit 1899), in Konstanz die Universität (seit 1966). Es bleibt sinnvoll, daß in der Bodenseeregion eine frühe Welthilfssprache entwickelt wurde, das später vom Esperanto verdrängte Volapük von Johann Martin Schleyer (1831-1912), Pfarrer in Litzelstetten vor der Mainau und gestorben in Konstanz. Die Bodenseeregion ist allenthalben so stark kulturell geprägt, daß sie das Gedenken an abgelebte Zeiten überall anzieht und festhält. »Eine Landschaft soll man fühlen wie einen Körper. Jede Landschaft ist ein idealistischer Körper für eine besondere Art des Geistes.« (Novalis)

Viele Anwohner und Besucher und Reisende haben zwar bis heute die Spiegelung des Sees wie seiner Landschaft in ihrem eigenen Gemüt für Mitwelt und Nachwelt festgehalten. Schon Mönche der Abteien Reichenau und St. Gallen feierten die Region, indem sie einfach Bestehendes nannten,

Wesentlichem Gestalt gaben und so die von Vergil verheißenen »Saturnia regna« im Wort herstellten: Dieses Paradies altert nicht. Das 20. Jahrhundert aber, dessen allgemein schwärende kriminelle Raffgier und Après-nous-le-déluge-Mentalität seit den sechziger Jahren als Naturzerstörung und Grundlagenvernichtung vor aller Augen sichtbar daliegt, hat auch dieser Region so schweren Schaden angetan, daß die freudigen Berichte bis über die Jahrhundertmitte hinaus uns vielleicht bald als »die zarten Blumen der Erinnerung« (wie Baudelaire sagt) vorkommen müssen. Der Bodensee hat die Jugendlocke eingebüßt, und noch erneuern sich in der Sorge um See und Region die Hoffnungen kaum.

Herbert Berner
Bodenseeraum
1982

Jahr für Jahr werden viele, oft von Gefühl oder romantischen Vorstellungen beflügelte Aufsätze und Bücher über die Schönheit des Sees, über die große Vergangenheit und das bedeutende kulturelle Erbe der Bodenseelandschaft geschrieben. Die meisten Veröffentlichungen zeigen den Bodenseeraum aus der Sicht des Touristen, des Kunsthistorikers, des Naturfreundes oder des Fotografen und fügen so aus vielen Einzelstücken das Bild einer glücklichen Landschaft, eines viel besuchten Erholungsgebietes und einmaligen Naturdenkmals zusammen.

Dieses Bild trügt. Es ist nicht gerade falsch, aber es ist zumindest ungenau und weicht vielen drängenden Problemen und Aufgaben dieses Raumes und seiner Bewohner aus. Es gibt hierzulande viele Besonderheiten und Fakten sui generis, und die Meinungen der in drei Staaten um den See wohnenden Menschen stimmen in Wertung und Zielsetzung nicht immer überein. So sprechen alle von der Notwendigkeit der Reinhaltung des Wassers und der Wiedergewinnung des ökologischen Gleichgewichts, gleichwohl verläuft unmittelbar am östlichen Ufer eine Pipeline von Genua nach Ingolstadt (1962), wurde lange Zeit der Bau eines Kernkraftwerkes Rüthi und einer Ölraffinerie bei Sennwald im nahen Rheintal betrieben. Im Westen führt von Stuttgart (mit Anschluß aus Norddeutschland) eine Autobahn in die Nähe des Sees, die aus dem Raum Zürich nach Mailand weiterzieht; das kleine Zwischenstück von Singen durch das Züricher Weinland, rund 50 km, wird in absehbarer Zeit nicht gebaut. Selbst der Begriff Bodensee wird häufig nur für Teilbereiche oder Sonderaspekte verwendet. In Verbindung mit Obst oder Wein meint das Wort Bodensee nicht etwa das im ganzen Bodenseeraum prächtig gedeihende Obst, sondern nur das auf der deutschen Seite, vor allem im Linzgau erzeugte Gut, obwohl von der Menge her der Thurgau einen Schwerpunkt des Bodensee-Obstes bilden müßte. Auch die seit 1975 im Meersburger Schloß gekürte Bodensee-Weinkönigin repräsentiert nur die am deutschen Ufer hervorgebrachten Weine.

Nach dem Verlust der politischen Einheit des Bodenseeraumes setzte sich der See selbst gewissermaßen zur Wehr und erzwang zunächst aus der Sicht oder besser Einsicht in naturwissenschaftlich-ökologische Gegebenheiten, danach wegen raumplanerischer und wirtschaftlicher Erfordernisse eine »*Einheit neuer Art*«. Der schweizerische Bundesrat Dr. Hans Hürlimann sagte jüngst dazu, der Bodensee sei mehr als eine Menge Wasser, mehr als ein *schlafender Fluß. Er ist ein Lebensraum, ein Öko-System... Und so wird er zwangsläufig zu einem Prüfstein zwischenstaatlicher Ver-*

ständigung, zu einem Gegenstand des Völkerrechts. Gemeinsame Regelungen und Absprachen werden unumgänglich – wichtige Anliegen lassen sich nur noch gemeinsam lösen.

Peter Eitel
Bodenseestädte

1982

Wenn von den »Bodenseestädten« die Rede ist, dann sind damit gewöhnlich die unmittelbar am Bodensee gelegenen Städte gemeint. Man denkt an Konstanz und Überlingen, an Bregenz und Buchhorn, an Meersburg und Lindau, an viele malerische Stadtbilder, die vom See geprägt sind.

Im wissenschaftlichen Sprachgebrauch allerdings, zumal bei den Historikern und Kunsthistorikern, wird der Begriff weiter gefaßt. Da werden schon seit langem auch Schaffhausen und Ravensburg, St. Gallen und Wangen im Allgäu zu den »Bodenseestädten« gezählt, Städte also, die zum Teil ein ganzes Stück vom Bodensee entfernt liegen, die aber zeitweise in so engem Kontakt zu den Zentren am Bodensee standen, so stark zum Bodensee hin orientiert waren, daß sie unter dem Sammelbegriff »Bodenseestädte« zusammengefaßt werden, wobei zur Rechtfertigung dieses Begriffs auf Quellen verwiesen werden kann, die einen solchen Gebrauch nahelegen, zum Beispiel auf die Einungsverträge der Städtebündnisse des 14. Jahrhunderts.

Es wäre sicher falsch, wenn man bei einer vergleichenden stadtgeschichtlichen Betrachtung des Bodenseegebiets nur die unmittelbar am See gelegenen Städte berücksichtigen würde. Zwar hatten oder haben diese durch den See manches gemeinsam, was sie von den Städten der weiteren Umgebung unterscheidet: einen Hafen, bestimmte auf den Hafen und den See orientierte Gebäude, Plätze und Straßenzüge, vom See lebende Berufsgruppen wie die Fischer, die Schiffbauer, die Schiff- und Fährleute. Aber diese Städte waren aufs engste mit anderen Städten verbunden, die nicht unmittelbar am See liegen, und zudem war der Bodensee ein wichtiger Faktor auch für viele Städte in seiner Umgebung, in erster Linie wegen seiner Mittlerfunktion als Wasserstraße. Die einstige Bedeutung der Wasserwege für Handel und Verkehr kann kaum überschätzt werden, denn die Landstraßen befanden sich fast immer in einem so miserablen Zustand, daß man, wo immer es ging, auf das Wasser, auf den Transport zu Schiff, auswich. Der Bodensee ermöglichte einen bequemen Transport der Waren von Lindau bis Schaffhausen, von Überlingen bis Rheineck und darüber hinaus.

Jahrhundertelang wurden Massengüter wie Getreide und Wein, Salz und Holz, aber auch andere Waren wie Textilien vom Bodensee geradezu angezogen, und davon profitierten auch viele Städte im Hinterland wie Feldkirch, St. Gallen, Ravensburg oder Isny. Es entwickelten sich aber nicht nur ökonomische, sondern auch politische, rechtliche, kulturelle und soziale Beziehungen zwischen den am Seeufer und den im weiteren Umland liegenden Städten, wobei die ersteren keineswegs immer nur der gebende Teil waren.

Konrad von Landeck
Wie's um den Bodensee aussieht

vor 1300

Mich mv̊s wunder han,
wie es sich stelle bi dem rine
vmb den bodem sê,
ob der svmer sich da zer.
frankrich het den plan,
den man siht in trv̊bem schine.
rife tv̊nt in we
bi der sêne vnd bi dem mer,
dise not hantz ŏch bi ene,
da ist ir frŏide kranc.
wv́ne vnd vogelsanc
ist in swaben, des ich wene;
dar so iamert mich
nach der schonen minneklich.

Lieb vnd alles gv̊t
wv́nsche ich ir, die ich da meine,
vnde nîge al dar
einer wile tusent stunt.
ich han minen mv̊t
gar vereinet an si eine.
swas ich lande ervar,
mir wart nie so liebes kvnt.
dú vil sv̊sse, reine, wandels vrije
zieret swaben lant.
hanegŏwe, brabant,
flandern, frankrich, picardie
hat so schŏnes niht
noh so lieblich angesicht.

Swer erkennen wil
frŏide vnd werndes hoh gemv̊te,
dem gibe ich den rat,
der fúr truren sanfte tŭt:
rehter frŏiden spil
ist ein wib in wibes gŭte,
dú ir wibheit hat
wiblich mit ir zuht behv̊t.
die sol er mit gantzen trúwen minnen,
als ich tv̊n ein wib,
der herze vnde lib
kan vf wibes lob so sinnen,
das vs eren pfat
niemer kvmt noch nie getrat.

Ich möchte gern wissen, wie es am Rhein um den Bodensee herum aussieht, ob der Sommer dort zu Ende geht. In Frankreich sieht man das Land unter einem trüben Himmel daliegen. Reif bedrückt die Leute an der Seine und am Meer, ebenso trostlos ist es an der Aisne, dort ist die Laune auf einen Tiefpunkt gesunken. Freude und Vogelsang sind in Schwaben zu Hause, glaube ich; dorthin zieht es mich schmerzlich nach der lieblichen Schönen. Liebes und alles Gute wünsche ich ihr, die ich liebe, und schicke in einer Stunde tausend Grüße nach ihr aus. Mein Sinnen und Trachten ist einzig und allein auf sie gerichtet. Wohin ich auch komme, nirgends habe ich etwas so Liebes gefunden. Die Süße, Reine, Untadelige ist eine Zierde des Schwabenlandes. Hennegau, Brabant, Flandern, Frankreich, die Picardie haben so etwas Schönes nicht und auch keinen so lieblichen Anblick. Wer Freude und dauerhaftes inneres Glück kennenlernen will, dem gebe ich den Rat, der gegen Traurigkeit hilft: Eine wahrhaft weibliche Frau, die ihre Weiblichkeit

Konrad von Landeck, Miniatur aus dem Codex Manesse

mit dem echt weiblichen Gefühl für das Schickliche hat bewahren können, bedeutet das wahre Glück. Die soll er in beständiger Treue lieben, so wie ich eine Frau liebe, die in ihrem Inneren und Äußeren so auf das bedacht ist, was Frauen preiswürdig macht, daß sie niemals vom Pfad der Ehre abweichen wird noch je abgewichen ist.

Gustav Schwab
Der Reiter und der Bodensee
1827

Der Reiter reitet durch's helle Thal,
    Auf Schneefeld schimmert der Sonne Strahl.

Er trabet im Schweiß durch den kalten Schnee,
    Er will noch heut an den Bodensee!

Noch heut mit dem Pferd in den sichern Kahn,
    Will drüben landen vor Nacht noch an.

Auf schlimmem Weg, über Dorn und Stein,
    Er braust auf rüstigem Roß feldein.

Aus den Bergen heraus, ins ebene Land,
    Da sieht er den Schnee sich dehnen, wie Sand.

Weit hinter ihm schwinden Dorf und Stadt,
    Der Weg wird eben, die Bahn wird glatt.

In weiter Fläche kein Bühl, kein Haus,
    Die Bäume gingen, die Felsen aus;

So flieget er hin eine Meil' und zwei,
    Er hört in den Lüften der Schneegans Schrei;

Es flattert das Wasserhuhn empor,
    Nicht anderen Laut vernimmt sein Ohr;

Keinen Wandersmann sein Auge schaut,
    Der ihm den rechten Pfad vertraut.

Fort geht's, wie auf Sammt, auf dem weichen Schnee,
    Wann rauscht das Wasser, wann glänzt der See?

Da bricht der Abend, der frühe, herein:
    Von Lichtern blinket ein ferner Schein.

Es hebt aus dem Nebel sich Baum an Baum.
    Und Hügel schließen den weiten Raum.

Er spürt auf dem Boden Stein und Dorn,
    Dem Rosse giebt er den scharfen Sporn.

Und Hunde bellen empor am Pferd,
    Und es winkt im Dorf ihm der warme Herd.

»Willkommen am Fenster, Mägdelein,
    An den See, an den See! wie weit mag's seyn?«

Die Maid sie staunet den Reiter an:
    »Der See liegt hinter dir und der Kahn.

Und deckt' ihn die Rinde von Eis nicht zu,
    Ich spräch', aus dem Nachen stiegest du.«

Der Fremde schaudert, er athmet schwer:
»Dort hinten die Ebne, die ritt ich her!«

Da recket die Magd die Arm in die Höh':
»Herr Gott! So rittest du über den See:

An den Schlund, an die Tiefe bodenlos,
Hat gepocht des rasenden Hufes Stoß!

Und unter dir zürnten die Wasser nicht?
Nicht krachte hinunter die Rinde dicht?

Und du wardst nicht die Speise der stummen Brut,
Der hungrigen Hecht' in der kalten Flut?«

Sie rufet das Dorf herbei zu der Mähr',
Es stellen die Knaben sich um ihn her;

Die Mütter, die Greise, die sammeln sich:
»Glückseliger Mann, ja, segne du dich!

Herein zum Ofen, zum dampfenden Tisch,
Brich mit uns das Brod und iß vom Fisch.«

Der Reiter erstarret auf seinem Pferd,
Er hat nur das erste Wort gehört.

Es stocket sein Herz, es sträubt sich sein Haar,
Dicht hinter ihm grinst noch die grause Gefahr.

Es siehet sein Blick nur den gräßlichen Schlund,
Sein Geist versinkt in den schwarzen Grund.

Im Ohr ihm donnert's wie krachend Eis,
Wie die Well' umrieselt ihn kalter Schweiß.

Da seufzt er, da sinkt er vom Roß herab,
Da ward ihm am Ufer ein trocken Grab.

Dino Larese
Mörike am Bodensee

1950

Wann Mörike zum erstenmal an den Bodensee gekommen ist, können wir nicht mit Bestimmtheit sagen, da eigentliche Aufzeichnungen oder Hinweise in seinen Briefen fehlen. Es [...] war im Beginn des Monats September des Jahres 1840, als Mörike, 37jährig, aus der Stille und Versponnenheit von Cleversulzbach [...] zusammen mit seinem allzeit fröhlichen, treuen, besorgten, heitern Bruder Louis aufbrach, um die erste große Reise an den Bodensee und in die Schweiz zu unternehmen. Sicher hat er dem Werben seines Bruders, ihn auf diese Fahrt zu begleiten, leichten Herzens nachgegeben. Er erhoffte sich von der Reise auch einen guten Einfluß auf seine Gesundheit. Sein Bruder Louis, der Landwirt war, hatte sich beim thurgauischen Großen Rat um eine Pacht im Kanton Thurgau, in der Gegend von Kreuzlingen, beworben. Er hoffte durch eine persönliche Anwesenheit auf die Förderung seines Unternehmens. [...]

Und nun folgen wir den Brüdern, geleitet von Mörike selbst, der uns seinen Weg aufgezeichnet hat. Nach dem Besuch des hochgelegenen Schlößchens Liebenstein, über Pleidelsheim, Eßlingen, wo Bruder Louis ein einspänniges Gefährt samt Pferd kaufte, fuhren sie guten Mutes über

Kirchheim durchs Lenninger Tal und die Gutenberger Steige hinauf über Feldstetten nach Blaubeuren. Hier übernachteten sie und besuchten den Blautopf. In Ulm durchstreiften sie die Stadt, stiegen auf den Turm des Ulmer Münsters, zogen dann das Illertal hinauf und übernachteten in Neuravensburg, um andern Tags das ersehnte Ufer des Bodensees zu erreichen. »Eine halbe Stunde vor Lindau auf der Höhe erscheint zum erstenmal der Bodensee in westlicher und östlicher Ausdehnung, links Vorarlberg und weiterhin der Säntis, schneebedeckt, mit den Appenzeller Gebirgen. Die Lage von Lindau, auf einer Insel, ist zum Entzücken.« Sie standen am Hafen, als eben das Dampfschiff »Ludwig« einfuhr, das sie sogleich bestiegen, um seine Einrichtung zu besichtigen. Segelschiffe durchkreuzten die unabsehbare Fläche. Nach dem kurzen Mittagessen auf der »Post« brachen sie wieder auf, und wir folgen den beiden Brüdern, wie sie im Pferdegespann munter am Ufer des Sees herumfuhren. Diese Gegend – an der württembergischen Landesgrenze gegen Bayern, südöstlich von Buchhorn, dem heutigen Friedrichshafen, wird Mörike einige Jahre später zum Schauplatz seiner »Idylle vom Bodensee« wählen.

Am Abend des 25. Septembers wird Mörike im Postwirtshaus zu Steckborn sitzen und diesen seinen Reiseweg den Lieben daheim schildern, den Weg, den wir nun mit ihm weiterfahren, hinein in die mit Frachtwagen und Geschrei belebte österreichische Stadt Bregenz. Bei der Brücke über die Aach zeichnete Mörike den Pfänder und die kleine Gebhardskapelle auf der Höhe. Fleißig zeichnete er und machte Notizen auf dieser Reise. Sie gelangten nach Höchst, wo der Rhein mit einem Wagenschiff überquert werden mußte, was ein gefährliches Unternehmen bedeutete, da der Fluß, weil in den Bergen Schnee gefallen war, ungewöhnlich angewachsen war. Das Pferd scheute das

Wasser und mußte festgehalten werden. Acht bis neun Männer zogen den Kahn an einem Seil ein Stück über das Wasser. Mit Rudern und Stangen wurde das andere Ufer gewonnen. Und nun kamen sie in die Schweiz, und Mörike läßt die Gegend am »Alten Rhein« in einer bildhaften und zugleich innigen Schilderung lebendig werden.

»Gleich überm Rhein kommt man durch ein großes Schweizerdorf, Sankt Margaretha, das einen völlig fabelhaften Eindruck der lieblichsten Art auf mich machte. Saubere hölzerne Häuser mit Galerien und vorstehenden Dächern stehn planlos je etwa 10 – 12 Schritte voneinander in einem dunkelschattigen Walde der stattlichsten Fruchtbäume, ein jedes von frischem Grasboden umgeben, durch welchen sich einige reinlich gehaltene Fahrwege schlängeln. Wie man vors Dorf hinauskommt, zeigt sich zur Linken, erhöht zwischen Bäumen, die Kirche mit dem Türmchen; rechts an der Straße kommt der Fluß wieder vor, welcher jedoch nicht lange sichtbar bleibt. Es war schon ziemlich Abend geworden, als mir einfiel, daß hier herum sein Eintritt in den Bodensee sein müsse, und diesen wünschte ich zu sehen. Ein Weib, das neben einer Ziege auf einem Raine strickend saß, wies uns in einen Seitenweg durch ein Gebüsch, worin wieder ein Dorf verzettelt lag, dahinter wir die Stelle finden würden. An seinem Ende stand ein Wirtshaus, zum »Alten Rhi« genannt, wo wir einkehrten. Wir hatten aber wohl noch eine Viertelstunde weit an dem einsamen Ufer des Rheins hinzugehn, bis wir an eine sandige Landzunge kamen, wo sich der See ausbreitete. Der Übergang hat nichts Besonderes. Einige Schiffer in der Nähe mühten sich ab, ihr Fahrzeug flott zu machen, das sich auf einer seichten Stelle festgerannt; ein regnerisches Abendlicht stimmte sehr gut zu dieser stillen Szene. Ein verlassenes Boot, am Pflock angebunden, ächzte im Wellenschlag; die letzten Vogelstimmen verklangen im Weidicht. Mir war in dieser Abgeschiedenheit so süß melancholisch ums Herz; Ihr hättet's fühlen sollen, wie ich Euch nahe war! Wir schöpften eine gute Portion halbfeuchten Rheinsand in meinen Mantelzipfel, um sämtliche Schreibzeuge in Wermutshausen und Cleversulzbach damit zu versehen. Man füllte ihn in eine Schachtel der Wirtsfrau; drei Monatsröschen, die sie mir aus ihrem Garten schenkte, legten wir oben drauf, damit sie frisch erhalten blieben.«

Vom alten Rhein fuhren sie dann weiter nach Rorschach, wo sie über Nacht blieben. Anderntags, statt wie abgemacht nach Arbon, nahmen sie den Weg nach St. Gallen. Die Sehnsucht nach dem See trieb aber Mörike wieder an das blaue Ufer. In Uttwil wurde Tisch gehalten, die Reise aber nicht fortgesetzt, da ein Schüttelfrost den Dichter packte. Sie übernachteten deshalb im »Bären« in Uttwil. Am andern Morgen stand Mörike gesund wieder auf, sie reisten nach Konstanz, wo sie eine Weile blieben, wahrscheinlich bis Louis seine Geschäfte, die sich übrigens gut entwickelten, in Kreuzlingen erledigt hatte. Mörike durchstreifte die Stadt, besuchte Hafen und Konziliumsgebäude, weilte im Münster, bestieg den Münsterturm, wo er von der unvergleichlichen Fernsicht überwältigt wurde, und ließ dabei seinen Zeichenstift selten ruhen. Er zeichnete von seinem Gasthaus aus den Konstanzer Hafen.

Bevor sie heimkehrten, besuchten sie noch den Rheinfall, bei dem sie vom Morgen bis zum Sonnenuntergang verweilten. Von der Schönheit und der Macht des Falls wurde Mörike zutiefst beeindruckt. [...]

Von Schaffhausen führte sie der Weg zurück nach Steckborn, wo Mörike abends bei Kerzenlicht allein in seiner Kammer im Postwirtshaus, nachdem er durch das alte Städtchen gewandert war und eine Weile am Untersee gestanden und zur Reichenau hinübergeblickt hatte, den Lieben daheim in Cleversulzbach einen langen Reisebrief schrieb. Über Eßlingen und Ludwigsburg kehrten sie nach Hause zurück. Für Louis hatte sich die Reise gelohnt. Die Pacht im Thurgau kam wirklich zustande. Als ersten Gruß aus dem Thurgau erhielt Mörike durch seinen Bruder Louis ein herrliches, uraltes Kruzifix. [...]

Das Kruzifix zierte den Hausaltar von Schwester Klara, die die obere Stube im Pfarrhaus zu einer kleinen Kirche ausgestaltete. »Es ist schön, aber katholisch, schwärmerisch!« sagte Mörikes Mutter. Aber für Mörike war damit gleichsam ein lebendiges Stück des Bodensees in seinen Räumen, und es mochte ihn wieder von Zeit zu Zeit an dies grüne Land am blauen See erinnern, das er erst zehn Jahre später wieder aufsuchen sollte. In dieser Zwischenzeit aber kam der Abschied von Cleversulzbach, es kamen kürzere und längere Aufenthalte in Hall und Mergentheim; dann aber erblühte die späte Liebe zu Margaretha von Speeth. In dieser stillen, müßigen Zeit wächst aber auch aus Erinnerung und Sehnsucht jene besinnliche, frohe, heitere »Idylle vom Bodensee«, die vielleicht, anderswo beheimatet, einen dunkleren, einen schwereren Klang erhalten hätte. Der See aber hellt diese Mären, diese fröhlichen Streiche der Glokkendiebe, das zarte Liebesidyll und die übermütige Hochzeit freundlich auf. Der Zauber der Bodenseelandschaft gibt dieser Dichtung jenen zärtlich-versponnenen, aber auch humorvollen und freudigen Klang, der brüderlich hinüberschwingt zu Mozart. [...]

Im Frühsommer des Jahres 1851 reist er, zusammen mit der Schwester Klara, nochmals an den Bodensee und nimmt Wohnung im thurgauischen Dorf Egelshofen in der heutigen Gemeinde Kreuzlingen. Während Klärchen strickend neben ihm sitzt, träumt er in die Landschaft hinein und genießt die prachtvolle Fernsicht. Unter sich hat er das weite reiche Tal mit dem Rhein, prächtige Waldhöhen gegenüber, Landhäuser, Schlösser, Mühlen, Schiffsländen und Fabriken, dazu die ganze Stadt und einen großen Teil der ausgedehnten Wasserfläche des Obersees, an dessen Farbenwechsel, an dessen Wellenschlag und allerlei Fahrzeugen er sich ergötzt. Besonders merkwürdig und schön empfindet er das am jenseitigen Gestade terrassenförmig angelegte Meersburg. Auf der linken Seite erblickt er den Überlinger und den Untersee und eine Spitze der Reichenau.

Manchmal wandert er aber ein Stück weit auf der am Hause vorbeiführenden Landstraße in der Richtung gegen Weinfelden. Auf der Höhe nimmt er seinen Tubus hervor und sucht die Türme von Friedrichshafen, während der Kuckuck aus den dichten Obstgärten ruft. Weiß er, daß einige Stunden von hier entfernt Anna Maria Meyer, jenes seltsame Mädchen, das wie eine Traumgestalt in die behütete Welt des jungen Tübinger Studenten eintrat und den jungen Mörike zutiefst erschütterte, daß jene unbekannte »Peregrina« in Winterthur als einfache Frau eines Tischlers wohnt? In der Nähe, im thurgauischen Wilen bei Sirnach, wird sie einige Jahre später ihr Leben beschließen, kein Grabstein zeigt ihr Grab, aber in den Gedichten Mörikes ist diese Frau unsterblich geworden.

Ein kurzer Besuch noch auf der Reichenau, dann verlassen Mörike und Klara am 12. Juni die Schweiz und den Bodensee. [...] Schweren Herzens, trotz der Heimkehr zur Geliebten, schied er von der milden Bodenseelandschaft. »Es tut mir weh, aus dieser Gegend zu scheiden, und unter uns gesagt – vor Stuttgart graut mir insgeheim.«

In Stuttgart wurde Mörike ans Katharinenstift berufen, im Spätherbst heiratete er Margaretha von Speeth. Noch einmal, im Jahre 1857, suchte Mörike, diesmal mit seiner

Frau, den Bodensee auf. Lindau und Bregenz waren die Stationen, und in Schwarzenberg im Bregenzerwald verbrachten sie glückliche Tage. Dann kehrte er zurück, um der deutschen Dichtung noch manches ergreifende Werk zu schenken, um aber auch, trotz später Ehrungen, viel Leid und manche Kümmernis zu erdulden.

Wir aber lesen seine Bodenseebriefe, wir lächeln uns durch seine anmutige Idylle und hören auf die Gedichte, die am Bodensee gewachsen sind. Wir sehen seine Gestalt durch unsere heimatlichen Fluren wandeln; manches mag vergehen, aber das milde Gemüt dieses Dichters überstrahlt die Zeiten und ist da, groß und unvergänglich wie sein geliebter Bodensee. Der See und seine Landschaft aber sind durch den Besuch dieses Weisen, dieses Dichters im edelsten Sinne des Wortes, um einen wundersamen Ton reicher geworden.

(gekürzt)

Eduard Mörike
Einer Reisenden

1848

Bald an die Ufer des Sees, der uns von ferne die Herzen
    Lockt in jeglichem Jahr, Glückliche! kehrst du zurück.
Tag und Nacht ist er dein, mit Sonn und Mond, mit der Alpen
    Glut und dem trauten Verkehr schwebender Schiffe dazu.
Denk ich an ihn, gleich wird mir die Seele so weit wie sein lichter
    Spiegel; und bist *du* dort – ach wie ertrag ich es hier?

Rainer Maria Rilke
Bodensee

1897

Die Dörfer sind wie im Garten.
In Türmen von seltsamen Arten
klingen die Glocken wie weh.
Uferschlösser warten
und schauen durch schwarze Scharten
müd auf den Mittagsee.

Und schwellende Wellchen spielen,
und goldene Dampfer kielen
leise den lichten Lauf;
und hinter den Uferzielen
tauchen die vielen, vielen
Silberberge auf.

Hermann Hesse
Nebel

1906

Am Morgen wachte ich zeitig auf und beschloß, sogleich
weiterzuwandern. Es war kalt, und ein Nebel lag so dicht,
daß man kaum über die Straße sah. Frierend trank ich
Kaffee, bezahlte Zeche und Nachtlager und ging mit langen
Schritten in die dämmernde Morgenstille hinein.

Rasch erwarmend ließ ich Stadt und Gärten hinter mir
und drang in die schwimmende Nebelwelt. Das ist immer
wunderlich ergreifend zu sehen, wie der Nebel alles Be-
nachbarte und scheinbar Zusammengehörige trennt, wie er

jede Gestalt umhüllt und abschließt und unentrinnbar einsam macht. Es geht auf der Landstraße ein Mann an mir vorbei, er treibt eine Kuh oder Ziege oder schiebt einen Karren oder trägt ein Bündel, und hinter ihm her trabt wedelnd sein Hund. Du siehst ihn herkommen und sagst grüß Gott, und er dankt; aber kaum ist er an dir vorbei und du wendest dich und schaust ihm nach, so siehst du ihn alsbald undeutlich werden und spurlos ins Graue hinein verschwinden. Nicht anders ist es mit den Häusern, Gartenzäunen, Bäumen und Weinberghecken. Du glaubtest die ganze Umgebung auswendig zu kennen und bist nun eigentümlich erstaunt, wie weit jene Mauer von der Straße entfernt steht, wie hoch dieser Baum und wie niedrig jenes Häuschen ist. Hütten, die du eng benachbart glaubtest, liegen einander nun so ferne, daß von der Türschwelle der einen die andere dem Blick nicht mehr erreichbar ist. Und du hörst in nächster Nähe Menschen und Tiere, die du nicht sehen kannst, gehen und arbeiten und Rufe ausstoßen. Alles das hat etwas Märchenhaftes, Fremdes, Entrücktes, und für Augenblicke empfindest du das Symbolische darin erschreckend deutlich. Wie ein Ding dem andern und ein Mensch dem andern, er sei wer er wolle, im Grunde unerbittlich fremd ist, und wie unsere Wege immer nur für wenige Schritte und Augenblicke sich kreuzen und den flüchtigen Anschein der Zusammengehörigkeit, Nachbarlichkeit und Freundschaft gewinnen.

Verse fielen mir ein, und ich sagte im Gehen leise vor mich hin:

> Seltsam, im Nebel zu wandern!
> Einsam ist jeder Busch und Stein,
> Kein Baum sieht den andern,
> Jeder ist allein.

Voll von Freunden war mir die Welt,
Als noch mein Leben licht war;
Nun, da der Nebel fällt,
Ist keiner mehr sichtbar.

Wahrlich, keiner ist weise,
Der nicht das Dunkel kennt,
Das unentrinnbar und leise
Von allen ihn trennt.

Seltsam, im Nebel zu wandern!
Leben ist Einsamsein.
Kein Mensch kennt den andern,
Jeder ist allein.

Emanuel von Bodman
Der Bodensee

1924

Weithin weht der Glockenklang
Von den Türmen nieder,
Und der See hallt süß und bang
Das Geläute wider –

Wie wenn die versunkne Zeit
In der blauen Tiefe
Angerührt zu Lust und Leid
Aus dem Schlafe riefe.

Hermann Hesse in Gaienhofen um 1909. »Es waren die glücklichsten Jahre seiner jungen Ehe.«

Jochen Hoffbauer
Bodensee im Herbst

1978

Weißherbstfarbe im See,
wenn der rote Ball
hinter Konstanz
seine Bahn über das Silber legt.

Felchen, nach Müllerin Art,
in Sipplingen gegessen.
Alt-Bodman zog den Hut
am jenseitigen Ufer.

Scheffels Ekkehart
ging zu den Heidensteinen.
Der Säntis, ein König,
von Wolken umflort.

Die Weinberge bei Meersburg
flankieren die Droste.
Der Nebel erstickt
ihr Lied auf das Moor.

Ich werde den Weg
über das Moor
nicht
finden.

Jürg Weibel

1978

Villenbestückt
hundebewehrt
stolperdrahtgesichert
algenerstickt
ölig und glatt
lächelnd
ladet er
zum Bade

Werner Dürrson
Ins Freie

1984

Eingeklemmt in das System
verkaufter Landschaft bleibt mir

der See noch, geh ich auf vor-
geschriebenem Weg von

Schildern belauert hangabwärts
Mauern Zäunen entlang am

Schloß vorbei komme ich zum
gefängnistorbreiten Uferstück
der Besitzlosen:

Raum der sich
auftut, befremdliche Weite

schattenlos Licht frischen
Wind um die Hüften kann ich

durch Faulschlamm durch Schlick
ins soziale Klärwasser waten

ferne Strände vor Augen hinaus-
schwimmen bis zur Erschöpfung

Werner Koch
Am Ufer spielte die Katze

1971

Ich saß am See. Die Wiese war menschenleer, und die Sonne
kam nicht durch. Manchmal war rechts der Himmel frei,
manchmal links, und ich dachte immer, die Sonne würde
jede Minute die Wiese wärmen. Aber ich täuschte mich. Die
Wolken rissen den Himmel gerade da auf, wo die Wiese
nicht war. Manchmal wurde es mir sogar zu kühl.

Am Ufer spielte die Katze. Bauer Greiffs Sohn kam und
wollte mit mir Ringkampf, Boxkampf oder »Schlagab-
tausch« üben. Aber ich hatte keine Lust dazu und schickte
ihn fort. Der Junge ist jetzt fünf Jahre alt, und wenn man
ihm seinen Willen ließe, würde er sich mit jedem, der ihm in
die Quere kommt, prügeln. Und in die Quere kommt ihm
immer einer, dafür sorgt er schon selber.

Am Ufer spielte die Katze. Eigentlich war ich zum See
hinunter gegangen, um zu schwimmen, aber die Wolken
störten mich, der kühle Wind und die kühlen Wellen. Ich
massierte meine Füße, begutachtete den Himmel, der mir
nicht gefiel, und ich wußte nichts mit mir anzufangen.

Zuweilen kommt man in solche Situationen. Man hat alles, was man will: Urlaub, Freizeit, Freiheit, See, Wiese, Stille, Raum und Zeit. Aber man fängt nichts damit an. Man sitzt da, reibt sich die Füße oder den nackten Bauch und weiß nicht, warum man das tut. Die Minuten verrinnen, die Zeit fließt dahin, und erst Wochen später, wenn man an seinem Schreibtisch sitzt oder ungeduldig ein Taxi herbeiwinkt, fällt einem ein, daß dieses Trödelleben am Seeufer nicht sinnvoll ausgenutzt wurde. Man hätte doch wandern können oder schwimmen sollen, sagt man sich, aber im entscheidenden Augenblick kommt man nicht darauf. Man massiert die Füße, schickt den Jungen fort, sieht die Katze am Ufer und massiert wieder die Füße. Das Leben ist da, denkt man, und man nimmt es hin. Man genießt es sogar, aber man genießt es in der Vorfreude ganz anders als in der Erinnerung, an Ort und Stelle anders als in seinen Plänen, und wenn die Wolken dunkler reagieren, als man es erwartet hat, kommt man aus dem Konzept. Man döst dahin, aber vielleicht ist gerade Dösen eine gute Philosophie. Die Katze war noch immer am Ufer, und erst jetzt merkte ich, daß sie Fische fing. Ich nahm meine Wolldecke, blickte zum Himmel und legte mich neben die Katze. Sie fing wirklich Fische, denn darauf ist sie spezialisiert.

Du bist schon lange am See, sagte ich.

Ja, sagte sie, seit neun Jahren. Sie versteckte einen kleinen Fisch – ein Rotauge, glaube ich – in einem Grasbüschel und fing an, sich zu putzen. Wir schwiegen. Anscheinend war sie noch beleidigt, weil ich sie an einem jener Abende, als Bauer Greiff bei mir zu Besuch war, fortgejagt hatte. Das ganze Jahr über streunt sie umher, macht die Nacht zum Tag, fängt Mäuse, Vögel, Insekten oder Fische, doch in den drei Wochen, die ich in meiner Hütte verbringe, läßt sie sich mit geradezu penetranter Selbstverständlichkeit verwöhnen;

auf einmal sind ihr Wurstpellen zu schäbig, Kuhmilch ist ihr nicht mehr schmackhaft genug, und eine frische Scheibe Brot rührt sie nicht einmal an. In diesen drei Wochen spielt sie die Diva: launisch, herablassend, gnädig. Und sie macht, was sie will.

Sie hatte gerade den Fisch versteckt und putzte sich. Es ist nicht einfach, mit ihr ins Gespräch zu kommen, deshalb wartete ich zunächst einmal ab. Meine Hoffnung, daß die Sonne die Wolken vertreibe, hatte ich aufgegeben, und ich lud die Katze ein, zu mir auf die Decke zu kommen. Sie sah mich an, überlegte einen Augenblick, spitzte die Ohren, weil ein Fisch übers Wasser sprang, sah mich noch einmal an und lehnte ab. Nachdem sie kontrolliert hatte, ob sie ihren Fisch auch gut versteckt habe, legte sie sich auf den Rücken, streckte alle vier Beine hoch in die Luft, gähnte, leckte sich die Schnauze ab, sah mich an und legte sich hin. Ich hatte den Eindruck, daß sie müde war und schlafen wollte. Also ließ ich sie in Ruhe. – Gerade das aber war ihr anscheinend nicht recht, ja, sie schien mir nicht einmal zu trauen. Sie wußte natürlich, daß ich mich gern mit ihr unterhalte, und allein deshalb blinzelte sie noch einmal zu mir herüber. Ich sagte: Du schläfst ja gar nicht. Sie kratzte sich völlig grundlos hinterm Ohr, als wollte sie damit sagen, sie hätte mich nicht verstanden und wisse überhaupt nicht, was ich von ihr wolle. Das Schlimme an ihr ist: Wenn sie etwas will, muß ich sofort zur Stelle sein und ihr jeden Wunsch von den Augen ablesen; will ich einmal etwas, reagiert sie überhaupt nicht. Und auf die Dauer trübt das natürlich unser Verhältnis.

Ich reise in drei Tagen ab, sagte ich, dann hast du ohnehin deine Ruhe. Ich stand auf, nahm die Wolldecke, zog sie hinter mir her, aber die Katze sprang mir nach, krallte sich in der Wolldecke fest und hielt mich zurück. Was ist, fragte ich.

Offensichtlich war sie gekränkt, daß ich sie so brüsk hatte abfahren lassen. Also ließ ich mich noch einmal zu ihr herab, breitete meine Wolldecke wieder aus und setzte mich zu ihr ins Gras. Sie sah mich an, schnurrte, machte einen Buckel, fuhr ihre Krallen aus, leckte sich den Mund und die Nase ab, rieb ihr Fell an meinen Beinen, schnurrte noch einmal, legte sich auf meine Decke und wartete ab. Man kommt eben nicht zu Kommunikationen, wenn der eine nur verlangt und der andere immer wieder nachgibt.

Aber sie wurde plötzlich gesprächiger und kam auf eines ihrer Lieblingsthemen. Sie behauptet nämlich, die menschliche Aufteilung des Lebens in Tag und Nacht sei unnatürlich und widersinnig; dabei ist ihr absolut klar, daß die Natur der Katze ihrer Entwicklung, ihrem Wesen und Werden nach mit der des Menschen so gut wie nichts gemein hat. Seit ich sie kenne, ärgert sie sich darüber, daß die Menschen den Katzen Namen geben und sie sogar in Stadtwohnungen gefangen halten. Sie hält Menschen für zudringlich, für launisch, für ungerecht, und es stößt sie geradezu ab, daß Menschen nach der Uhr leben. Ich habe stundenlang mit ihr diskutiert, aber je älter sie wird, desto unnachgiebiger beharrt sie auf ihrem Standpunkt.

Die Katze meint, der Mensch habe lediglich ein romantisches oder ein sentimentales Verhältnis zur Nacht, und ihr seien Romantik und Sentimentalität zuwider. Das sei ihr zu verlogen, behauptet sie, und wie der Mensch die Nacht tatsächlich einschätze, könne man am besten an seinem Sprachgebrauch ablesen, etwa an dem Wort »dunkel«. Ihr selber sei die Dunkelheit angenehm, sie habe Vertrauen zu ihr, und eigentlich geschähe alles, was ihr Freude mache, im lautlosen Dunkel der Nacht. Die Menschen zögen sich dunkle Anzüge an, wenn sie einen beerdigen; üble Geschäfte nennten sie »dunkle« Geschäfte; böse Gedanken nennten sie »düstere« Gedanken; alles Ungewisse bleibe im »Dunkel«; schuld an allem seien die »Dunkelmänner«; wenn ein Mensch keine Ahnung habe, tappe er im »Dunkeln«; ein Kopf sei deshalb klug, weil er »hell« sei, und schon die Kinder würden dahin erzogen, daß sie die Dunkelheit fürchten lernten.

Sie saß jetzt neben mir auf der Wolldecke, leckte sich die Pfote und sah mich an. Eine Ameise lief über meinen Fuß, und ich schlug sie tot. Der Himmel war jetzt ganz verhangen. Auf dem See angelte ein Fischer, den ich nicht kannte.

Die Nacht, sagte ich, habe für die Katze eine bestimmte Funktion. Sie braucht die Nacht, um existieren zu können. Sie hat Instinkte, sagte ich, die dem Menschen fehlen. Die Katze fängt sich ihre Maus nachts, weil sie nachts größere Erfolgschancen hat; der Mensch jagt am Tag, weil er am Tag besser sieht und sicherer trifft. Man kann das überhaupt nicht vergleichen, sagte ich, und da sie alle Jahre wieder gerade auf dieses Thema zurückkommt, war ich verärgert. Für mich war es ausdiskutiert.

Nicht für sie. Sie begreift überhaupt nicht, wie einer ungeduldig werden kann, und ich behaupte, sie weiß nicht einmal, was Ungeduld ist.

Sie ließ sich Zeit, schlug nach einer Fliege, ohne sie zu treffen, sah in den Himmel, schüttelte sich und meinte, gerade nachts kämen einem die besten Gedanken. Nachts sei die Luft rein, nachts sei Stille, nachts lebe man auf. Sie beobachte doch, sagte sie, sehr genau den menschlichen Tagesbeginn im Dorf, und ihre Beobachtungen seien erschreckend. Ausgeschlafen habe überhaupt niemand. Die Leute wachten auf, weil der Wecker sie aus dem Schlaf scheuche, sie rieben sich die Augen, reckten sich mißgelaunt vor der Stalltür, spuckten aus oder in die Hände, träten mit den Füßen nach ihr oder jagten sie ohne jeden Grund fort.

Der eine rauche eine Zigarette, um wach zu werden, der andere stecke, um wach zu werden, seinen Kopf in den Wassertrog, man schlüge sinnlos Kühe, fluche vor sich hin, und sie, als Katze, könne nur den Eindruck gewinnen, daß überhaupt niemand im Dorf freiwillig oder gar gut gelaunt den Tag beginne. Die Leute gehen zu Bett, sagte sie, weil es ihnen die Uhr vorschreibt, und sie stehen auf, weil der Wecker es ihnen befiehlt. Das machen sie im Sommer, im Winter, im Frühjahr, obschon es doch im Winter um 6 Uhr morgens noch Nacht sei und im Sommer schon halber Tag. Sie empfinde das als unnatürlich und bestand darauf, daß Lebewesen schlafen sollten, wenn sie müde sind, und aufstehen sollten, wenn sie von selber wach würden. Alles andere sei wider die Natur.

Ich sagte ihr, daß Menschen anders seien als Katzen und ihr Leben organisieren müßten. Aber man kann mit ihr nicht diskutieren. So hält sie es für absolut richtig, daß Katzen blind auf die Welt kommen und es auch tagelang bleiben, weil sie sich einbildet, gerade dadurch würde man sich an die Dunkelheit gewöhnen und jede Furcht vor der Nacht verlieren. Gott sei Dank kam sie heute nicht auf ihre beiden anderen Steckenpferde: auf das Prinzip Freiheit und auf das Thema Verwandtschaft. Darin nämlich kennt sie sich aus, und sie findet kein Ende. Ich fragte sie, ob sie noch Büchsenmilch wolle, und sie war einverstanden. Ich stand auf, hing mir die Wolldecke über die Schulter, und während sie vor mir herlief, dachte ich darüber nach, daß der Urlaub und das Seeleben und die Katzengespräche bald zu Ende gingen.

Martin Walser
In rauschender Fahrt

1978

Helmut hatte, während Klaus redete, als ginge es um sein Leben, in aller Ruhe die Seefläche angeschaut, die Himmelsfläche, die konkreter werdenden Ufer. Ganz allmählich waren wieder Farben entstanden. Im Himmel waren Tinten jeden Blaus langsam zusammengeflossen. Im Lauf des Nachmittags hatte alles an Bestimmtheit zugenommen. An einigen Stellen waren in den Tintenflüssen sogar entschiedene silberne Borten entstanden. Nur der Westhimmel bestand noch aus einer endlosen Durchsichtigkeit. Aus reinem Rosa. Helmut fiel das Pure ein. Das Wasser hatte alle diese Farben aufgenommen und sie zu einer dichten Mischung konzentriert. Man sah im Wasser alle Blaus, das Silber, das Rosa; zusammen ergab es ein immer stahlflüssigeres Blau, in dem ein violettes Gold flutete. Und da hinein rissen dann die Gewitterböen ihre schwarzen Narben.

Sturmwarnung, rief Klaus Buch und ließ seine Zunge aus dem Mund brechen und zeigte begeistert in die Schweiz hinüber und zurück ans deutsche Ufer. An vielen Stellen zuckten die gelben Warnlichter. Eine Farbe, die sonst nicht vorkam. Die Böen fuhren von allen Seiten her. Klaus Buch fluchte. Der spinnt wohl, schrie er. Den Wind meine er. Er schaute streitlustig herum, um die anfahrenden Böen rechtzeitig zu sehen. Wir brauchen Fahrt, dann können uns die Böen nichts mehr machen, rief er. Böen, ohne jeden Wind, sowas habe er auch noch nicht gesehen. Helmut soll die Fockschot bedienen. Wenn Klaus Buch FIER AUF ruft, soll er nachgeben, aber nie ganz loslassen, wenn Klaus Buch DICHT ruft, soll er anziehen. Während er noch sprach, fuhr eine Bö über sie hin, die Klaus mit einem Sprung auf

Helmuts Seite beantwortete. Junge, Junge, das war ein Händchen, sagte er. Er erklärte Helmut, was der bei einer Wende tun müsse. Helmut fragte, ob sie jetzt ans deutsche oder ans Schweizer Ufer führen. Vorerst tanzten sie einmal mit diesen völlig verrückten Böen, sagte Klaus Buch. Sobald denen, was wohl auch auf dem Bodensee zu erwarten sei, ein Wind aus einer Richtung folgte, würden sie ihre Segelpartie nachholen. Helmut wies auf die Sturmwarnungen. Er hatte Angst. Diese an vielen Stellen zuckenden grellen Lichter sahen in den dunkel gewordenen Farben unheimlich aus. Klaus Buch wies auf die dunkelste Himmelsstelle. Das sei eine Gewitterfront, die liefere ihnen alles, was sie bräuchten. Helmut sagte, ihm wäre es lieber, sie suchten, so rasch als möglich ans Land zu kommen. Die Schweiz scheine ihm näher zu sein. Warum nicht nach Uttwil oder Kesswil, von dort Hel anrufen, vielleicht könne sie mit dem Auto kommen. Und wir an der Straße mit dem Segel unterm Arm, ja? Klaus Buch lachte. Helmut sagte, man könne ja auch am Land abwarten, bis der Sturm vorbei sei. Wahrscheinlich wäre doch das deutsche Ufer leichter zu erreichen, da der Wind ja aus Südwest komme.

Klaus Buch sagte, es sei höchste Zeit, daß Helmut aufhöre, dem Leben auszuweichen. Eine Bö schlug zu, Klaus Buch rief: Fier auf. Aber Helmut ließ zu spät los. Da Klaus Buch das Großsegel rechtzeitig gefiert und mit dem Ruder ausgeglichen hatte, hatten sie die Bö gut überstanden. Aber sofort kam die nächste. Helmut rief: Klaus, wir müssen hinein.

Jetzt war der See schon eine hellgrüne und weiß fauchende Fläche. Klaus Buch schrie vor Vergnügen. Helmut dachte, vielleicht ist er wirklich verrückt. Klaus rief Helmut zu, der solle sich auf den Bootskörper setzen. Helmut setzte sich hinauf. Sie schossen jetzt in rauschender Fahrt in Richtung Schweiz. Außer ihnen war kein Boot mehr auf dem See. In Ufernähe sah man segellose Boote wahrscheinlich mit Motorkraft auf die Häfen zustreben.

Klaus Buch benahm sich immer mehr wie ein Rodeoreiter. Er unterhielt sich mit dem Wind. Taufte jede Bö, die er herankommen sah, auf einen neuen Namen. Das ist Susi, die uns mit ihren Schenkeln zerquetschen will, hohopp, fier auf, und weg ist sie. Jedes Mal, wenn sie sich von einer Bö aufrichteten, lachte er Helmut glücklich an, tätschelte den Bootskörper und rief: Brav, Zugvogel, brav! Helmut sah, daß es immer schwieriger wurde, den Winddruck durch Manöver und Gewichtsverlagerung auszugleichen. Sie waren von fliegender Gischt längst klatschnaß. Er hielt seine Fockschot nur noch am letzten Zipfel. Dicht, brüllte Klaus Buch. Helmut schrie: Du spinnst. Er war ganz sicher, daß das Boot kentern würde, wenn das Vorsegel auch noch unter Druck stünde. Der Wind erzeugte mit dem losen Vorsegel ein hart knallendes Maschinengewehrgeräusch. Vollwarnung, schrie Klaus Buch triumphierend. Tatsächlich, die Lichter liefen mit doppelter Geschwindigkeit. Hinein jetzt, brüllte Helmut. Klaus Buch brüllte: Feigling. Helmut ertrug die totale Schieflage nicht mehr. Die Wellen liefen schon über Bord. Dieser Klaus Buch war also wahnsinnig. Jetzt hielten sie durch ihr so weit als möglich hinausgelehntes Gewicht und durch loseste Leinen das Boot gerade noch am Rande des Kenterns. Aber der Sturm nahm zu. Das Boot neigte sich schon. Helmut ließ einfach seine Leine los. Das Knallen und Knattern wurde unheimlich. Es war, als schlüge jemand auf sie los. Klaus Buch schrie: Daß du zufrieden bist, wir ref-fen! Er drehte das Boot mit dem Bug genau in den Wind. Das Boot richtete sich sofort auf. Gott sei Dank. Helmut konnte wieder atmen. Klaus Buch rief: Los, an die Pinne! Nimm sie zwischen die Beine! Halt das Boot genau im Wind! Nicht so zimperlich, Mensch! Nur hingelangt! Als wär's ein Stück von dir! Er lachte und tanzte zum Mast. Helmut wußte nicht, wie er in diesem Toben und Knallen und Knattern mit diesem lächerlichen Stück Holz etwas ausrichten sollte. Er hatte das Gefühl, es sei Mitternacht. Plötzlich spürte er einen Druck auf der Pinne. Das Boot stand nicht mehr genau im Wind. Er ruckte. Aber in die falsche Richtung. Das Großsegel schlug quer weg. Klaus Buch brüllte etwas. Rannte auf Helmut zu, riß dem die Pinne aus der Hand, bückte sich nach Leinen. Helmut hatte das Gefühl, daß das Boot jetzt gleich kentern werde. Spätestens, wenn Klaus Buch das Großsegel wieder hereinholen würde, wenn wieder diese entsetzliche Lage entstehen würde. Als sich Klaus aufrichtete und mit Pinne und Leine arbeitete, um das Boot wieder unter Kontrolle zu bringen, als das Boot schon wieder anfing, sich zur Seite zu neigen, schrie Helmut: Nicht! Klaus Buch schrie: Wir heben ab! Und lachte. Unmäßig. Und hing in einer furchtbaren Art über das Boot hinaus. Er lag praktisch auf dem Rücken. Das Boot hatte wieder die entsetzliche Schräglage erreicht. Es war vorauszusehen, daß es in den nächsten Sekunden endgültig kentern würde. Komm, Schatz, brüllte Klaus Buch, ich brauch dein Gewicht. Helmut placierte sich auf dem Bootskörper, behielt aber sein Hauptgewicht innerhalb des Cockpits. Klaus Buch ließ sogar den Kopf noch nach hinten fallen und brüllte zum Himmel hinauf *Lucy in the sky*. Als Helmut sah, daß die über Bord laufenden Wellen jetzt gleich ins Cockpit schlagen würden, stieß er mit einem Fuß Klaus Buch die Pinne aus der Hand. Jetzt passierte alles gleichzeitig. Das Boot schoß wieder in den Wind. Klaus Buch stürzte rückwärts ins Wasser. Das Boot richtete sich auf. Der Wind kriegte es von der anderen Seite zu fassen. Helmut duckte sich gerade noch unter dem herüberschlagenden Großsegel durch. Dann kauerte er am Mast und sah nach Klaus Buch. Bevor der hinunter war, hatte Helmut noch einen Blick von ihm empfangen. Das Großsegel war losgerissen. Großsegel und Vorsegel flatterten voraus. Der Wind kam von hinten. Trotz des Geknatters der Segel war es jetzt plötzlich viel ruhiger. Helmut stand vorsichtig auf, suchte die weißen Wellenkämme und die dunklen Wellentäler ab. Er brüllte: Klaus! Immer lauter brüllte er: Klaus! Klaus! Als er das Gefühl hatte, er brülle jetzt nur noch sich zuliebe, hörte er auf. Sei still, dachte er. Fang jetzt überhaupt nichts an. Sei bloß still. Klaus müßte sich retten können. Ein solcher Sportler. Sollten sie je kentern, hatte Klaus doziert, müsse man sich von den Wellen tragen lassen. Nie versuchen, ein näher liegendes Ufer gegen die Wellen zu erreichen. Es sei überhaupt kein Problem, *mit* den Wellen 5 Kilometer zu schwimmen, aber unmöglich, gegen sie 500 Meter. Überhaupt kein Problem. Also bitte. Idiot. Schluß. Du hast es nicht gewollt. Du hast es doch nicht gewollt! Also bitte. Warum verteidigst du dich dann? Du hast es nicht gewollt. Schluß. Klaus kann sich retten. Du aber nicht. So ist das. Er würde sich an dieses Boot klammern. Wenn es sinken würde, würde er auch sinken. Aber vielleicht sank es nicht. Klaus Buch hatte etwas über Auftriebskörper gesagt. Er suchte nach Stellen, an denen er sich festklammern konnte. Er wollte nicht mehr hinausschauen. Aber dem Knallen und Knattern nach mußte er immer noch Fahrt machen. Es war jetzt ziemlich dunkel. Es regnete.

Verena Kast
Unser anderes Ufer des Sees

1991

Wie sollte er mich nicht beeinflußt haben, der Bodensee.
Während meines ganzen Lebens war er in irgend einer Weise
da, wichtig, geliebt. Und da Schreiben im Bereich von Psychologie immer etwas mit dem Menschen zu tun hat, der
schreibt, muß also der Bodensee schon etwas mit meinem
Schreiben zu tun haben, um so mehr, als ich fast alle meine
Bücher mit Blick auf das Wasser des Bodensees geschrieben
habe. Und auch jetzt, wie ich schreibend darüber nachzudenken versuche, wie denn dieser See in mein Leben herein-
spielt, sitze ich am Ufer des Bodensees. Er erfüllt verschiedene Funktionen, das merke ich schon jetzt – wenn ich
nachdenke, dann schaue ich auf die Weite des Sees, diese
Weite konzentriert mich, macht mich weit, macht vielleicht
meine Seele weit, und dann können Einfälle aufsteigen,
Gedanken Gestalt annehmen. Wenn es mir aber zu heiß
wird, dann gehe ich schwimmen, genieße die samtene Oberfläche dieses Wassers, das ich von der Konsistenz her so gut
kenne, auch vom Geschmack her – obwohl es in den letzten
Jahren glücklicherweise immer geschmackloser geworden
ist.

Erfrischt kann ich dann weiterarbeiten, oder auch nicht.
Es ist sehr produktiv, einfach in den See hinauszusehen, zu
träumen – das sind schöpferische Pausen. Dazu verführt er –
der See.

Ich bin aufgewachsen in einem Bauernhaus an den Ap-
penzellerhügeln, mit Blick auf den Bodensee. Der Bodensee
war immer da, ist immer dagewesen, seit ich mich erinnern
kann. Zwar manchmal tage- und wochenlang in Nebel ver-
hüllt, aber oft lag er da wie ein Spiegel, mit scharfen Rän-

dern, manchmal erschien der Spiegel in Schräglage, besonders bei Föhnstürmen, oder zumindest an Föhntagen, und als kleineres Kind wunderte ich mich, ob denn unter diesen Umständen der See nicht auslaufen könnte. Nein – ich wurde beruhigt. Dann lag er da, weit, man konnte das jenseitige Ufer nicht sehen, geheimnisvoll war er dann. Er war einfach immer da, ob hinter dem Haus, vor dem Haus, auf dem Weg zur Schule, der Blick mußte auf den Bodensee fallen – und so verkörpert der Bodensee für mich Heimat und ist für mich Heimat geblieben.

Aber nicht nur der See: Orte am See, auch in Österreich und Deutschland, gehörten für mich immer zur näheren Heimat, und für mich hat ein Ausdruck wie »Kulturlandschaft Bodensee« einen tiefen Sinn. Das muß ich schon als Kind ähnlich empfunden haben. Etwa als zehn- oder elfjähriges Mädchen schrieb ich in einem Schulaufsatz den Ausdruck »unser anderes Ufer«; gemeint war das Ufer des Bodensees vor Lindau. Das erregte meinen damaligen Lehrer sichtlich, er holte zu einem längeren Vortrag darüber aus, daß »das« nicht unser Ufer sei, daß das Deutschland sei, mit uns ganz und gar nichts zu tun habe usw. Natürlich wußte ich, wo Deutschland war, wo Österreich, aber mir gefiel der Ausdruck »unser anderes Ufer des Sees«, ich hatte keine territorialen Ansprüche, aber irgendwie wollte ich zum Ausdruck bringen, daß der See doch etwas Völkerverbindendes habe. Das war 1953 oder 1954 zumindest meinem Lehrer suspekt. Ich ließ mich zwar, was die Länder betraf, schon überzeugen, ich versuchte ihm aber mitzuteilen, daß man doch nie wisse, ob ein Wasser, das gerade an unserem Ufer gewesen sei, nicht an einem anderen Tag auch in Lindau ans Ufer schlage. Der Lehrer verstand mich nicht – ich verstehe mich heute noch.

Noch heute interessiere ich mich dafür, wo denn das

Wasser eigentlich bleibt, wo der Rhein im Bodensee durch-fließt, was es mit den Strömungen auf sich hat. Denn eigent-lich ist das eigenartig – es ist immer derselbe See – und es ist doch nie derselbe. Geheimnisvoll – der unsichtbare Wandel alles Lebendigen.

Ganz besonders faszinierend war es, wenn mein Vater, selten genug und immer als Belohnung, mit uns in den Altenrhein fuhr zum »Baden«. Das war doch etwas ganz anderes als die Badeanstalt, auch ein wenig ängstigend – da wurden auch Geschichten erzählt von Ertrunkenen, die angeschwemmt wurden. Und einmal, ich war höchstens acht Jahre alt, da zogen sie auch wirklich einen toten jungen Mann aus dem Wasser. Obwohl sie ihn sofort bedeckten, vielleicht habe ich ihn überhaupt nie richtig gesehen, ist mir eine aufgedunsene Zehe von ihm immer noch in lebendig-ster Erinnerung. Der Vater versuchte uns abzulenken, das hatte aber eher die gegenteilige Wirkung; obwohl ich mich grauste, mußte ich immer wieder hinsehen. Bisher hatte ich nur erfahren, daß alte Menschen sterben, mein Großvater war gerade gestorben – und jetzt erfuhr ich, daß auch junge Menschen sterben können, daß der See sie verschluckt. Ich bekam Respekt vor dem See, habe immer noch Respekt vor dem See.

Als ich in Rorschach das Lehrerseminar besuchte, ging ich so richtig mit dem See wie mit einem Spielkameraden um. Ausgedehnte Ruderbootfahrten während der Mittags-pause, wenn es die Temperatur zuließ, ausgedehnte Schwimm-touren, von denen wir nicht immer ganz pünktlich zurück-kamen (das ließ der Bodensee nicht zu), waren von hoher Anziehungskraft. Das Eis im Winter faszinierte mich be-deutend weniger, außer in jenem Winter 1963, als der ganze See zugefroren war, als man über den See gehen konnte. Dennoch war die starre Eisfläche nicht eigentlich mein See, denn mein See war bewegtes Wasser. Bootstouren bei hohem Wellengang waren mehr nach meinem Geschmack, das forderte uns heraus – so wie mich später beim Windsurfen auch wieder der Wellengang, der Wind, der See forderten. Dieses Kämpfen mit Wellen und Wind, dieses Hinfliegen über den See, das faszinierte mich. Manchmal mußte ich auch per Ruderboot »gerettet« werden, wenn der Wind zu stark war oder die Wellen zu hoch. Das Ruderboot, mit dem ich immer wieder einmal gerettet wurde, hatte ich aus dem ersten Geld gekauft, das ich selbst verdiente und sparen konnte. Es ist ein gemütliches Ruderboot, noch ganz aus Holz – eigentlich aus einer anderen Zeit.

Aber auch dieses Boot war schon bedroht: Einmal, im September, stand der See noch ziemlich hoch. Die Brise wehte und peitschte ihn auf – und die Wellen drohten, das Boot an den Ufersteinen zu zerschellen. Mit meinen damals noch recht kleinen Kindern zusammen versuchte ich »Melchior«, unser Ruderboot, zu retten. Aber der See warf die Kinder um. Eines der Kinder rannte zum Bauern, um Hilfe zu holen, wir beiden Zurückgebliebenen hielten das Boot an der Kette im stürmischen Wasser, schlotternd. Der Bauer kam zum Glück sehr schnell. Der Bodensee ist kein harmloser See, er hält immer Überraschungen bereit.

Es kamen die Jahre, in denen ich regelmäßig meine Schreibferien an diesem See verbrachte, den See erlebte, bei jedem Wetter, ganz verschiedene Seen, je nach Temperatur, Wellengang, Farbe – übersät mit Menschen, einsam, in sich zurückgenommen im Spätherbst. Aber jeden Morgen ruhig, still, immer da, immer vorhanden – einmal abweisend, dann wieder einladend –, einfach da. Durch alle Schicksalsschläge hindurch, Tod, Liebe – der See ist da. Mich faszinieren die Phänomene des Wandels in der doch immer erlebbaren Kontinuität. Insofern ist dieser See nicht nur ein See, der mich ein ganzes Leben lang begleitet hat, in diesem fraglosen Zu-meinem-Leben-Gehören hat er mich in eine Lebensstimmung von stetigem Wandel, ständiger Bewegtheit, aber auch durchgängiger Kontinuität mithineingenommen.

Mich fasziniert auch, wie man die seelischen Stimmungen im Wasser des Sees wiederfinden kann.

Einmal ruhig, dann bewegt, der Sturm, der sich ankündigt, die Ruhe vor dem Sturm, und dann die verschiedenen Farben im Sturm, die mich immer wieder an das Märchen vom Fischer und syner Fruu denken lassen, in dem an der Farbe des Meeres der emotionale Aufruhr ablesbar ist.

Einmal, in jüngeren Jahren, träumte ich davon, eine Bodenseeakademie zu gründen. Da sollten Menschen, die unkonventionell denken können und aus verschiedenen Fachgebieten kommen, sich treffen und über aktuelle Probleme sich austauschen, Kunst und Wissenschaft sollten da miteinander auch ins Gespräch kommen. Ich scheue Organisationsarbeit, und deshalb kam diese Akademie nie zustande. Aber ich bin mit einer Gesellschaft in Kontakt gekommen, die alle Jahre für eine Woche in Lindau tagt und die Menschen der drei an den Bodensee angrenzenden Länder miteinander verbindet: die Internationale Gesellschaft für Tiefenpsychologie, deren 1. Vorsitzende ich heute bin und die meines Erachtens die einzige wirklich interdisziplinäre Gemeinschaft ist, bei der sich Menschen mit unterschiedlichstem Bildungshintergrund jedes Jahr eine Woche in Lindau treffen, um miteinander über aktuelle Zeitfragen nachzudenken. Eine etwas große Bodenseeakademie.

Auch bei den Lindauer Psychotherapiewochen im Frühling fühle ich mich ausgesprochen wohl, da bin ich keinesfalls im Ausland, sondern am Bodensee. Daß Psychologie am Bodensee eine große Rolle spielt, scheint mir sehr klar zu sein. Mesmer in Meersburg, ein Vorläufer der Psychotherapie mit seinen Studien des Magnetismus, der Energien des Menschen und des Energieflusses im Menschen, ist mir vor allem vertraut geworden durch den Roman »Der liebe Augustin« von Horst Wolfram Geißler. In diesem Roman ist in einer vortrefflichen Weise die Stimmung des Aufbruchs eingefangen, die mit diesem See verbunden ist, doch auch die Melancholie, vor allem auch das Menschenverbindende über die Grenzen hinweg.

Würde man alle schöpferischen Menschen nennen, die an diesem See gelebt und gearbeitet haben, denken wir etwa an die Droste, an Leopold Ziegler, um nur zwei zu nennen, man würde lange aufzählen können.

Ich stelle mir immer vor, daß in einem vereinten Europa die Region um den Bodensee, die ja vollkommen unnötigerweise noch immer durch Grenzzäune getrennt ist, an Bedeutung gewinnen wird, als Kulturraum Bodensee, in dem man sich auch gegenseitig herausfordert, auch in bezug auf Umweltschutz exemplarisch sein könnte.

Ich möchte nicht leben müssen ohne diesen See. Mein geheimer Wunsch ist (obwohl mich wohlmeinende Menschen immer wieder davon abbringen wollen), einmal ein Haus am See zu finden, in dem es sich im Sommer und im Winter leben läßt – Auge in Auge mit diesem See.

2. Von der Reichenau zum Rheinfall

Bernhard Möking
St. Pirmin verscheucht Ungeziefer
1951

Zur Zeit König Pippins lebte auf der Burg Sandegg am Untersee ein begüterter alemannischer Edelmann namens Sintlaz, von dem die Insel Reichenau, die sein Eigentum war, den Namen Sintlaz-Au erhielt. Er war sehr fromm und um das Seelenheil seiner Untertanen eifrig besorgt. Eines Tages reiste er nach Schloß Meltis zum heiligen Pirmin, den er auf einer seiner vielen Reisen kennengelernt und von dessen Eifer im Dienste des Herrn und Kraft der Rede seine Seele mächtig ergriffen war. Diesem stellte er vor, wie in den Gegenden am Bodensee das christliche Leben durch die Laschheit der Lehrer erstarrt sei, wie zumal die Geistlichkeit eines Aufschwunges und stärkenden Salzes bedürfe und wie daher große Gefahr lauere, daß dieses Land von neuem ins Heidentum zurückfalle, wenn nicht bald Hilfe komme.

Darauf kam Pirmin im Jahre 724 in das Gebiet des Sintlaz, wo er mitten im See eine stille Insel liegen sah, die noch keines Menschen Fuß je betreten hatte. Sintlaz mißriet ihm, auf dem verrufenen Eiland ein Gotteshaus zu errichten; jedoch Pirmin, der in seinem Glaubenseifer vor keiner Gefahr zurückschreckte, nahm einen Schiffer und fuhr hinüber. Wie sich sein Kahn dem Inselufer näherte, gewahrte er mit Staunen, daß sie nur von finsteren Wäldern, dornigem Gebüsch und Sümpfen bedeckt war, worin unzählige Kröten, Schlangen, giftige Insekten und andere häßliche Tiere hausten. Noch nie bot sich dem Heiligen ein so grauenvoller Anblick. Sobald er indes den Inselboden betrat, siehe, da stob das teuflische Gewürm nach allen Seiten auseinander und schwamm in wilder Flucht über den See. Drei Tage und drei Nächte bedeckten die Körper dieser scheußlichen Untiere die Wasserfläche – und sind hernach nie wieder gesehen worden. An der Stelle aber, wo Pirmin an Land stieg und mit seinem Bischofsstabe die Erde zuerst berührte, entsprang ein heilkräftiger Quell, der vom Volke fortan gegen den Gliederfluß angewandt wurde.

Wie nun die Insel für immer von den giftigen Tieren befreit war, begab sich Pirmin mit vierzig seiner Genossen ans Werk, das Eiland von dem wildverschlungenen Gestrüpp zu säubern und in ein urbares Land zu verwandeln, auf dem die Menschen freundliche Wohnstätten finden könnten. Alsdann baute er zur Ehre des Herrn ein Bethaus, rief seine Mönche herbei – und wurde damit zum Gründer der später so berühmt gewordenen Abtei Reichenau.

Otto Feger
Ein hinfällig Genie
1956

Hermann der Lahme wurde im Jahr 1013 geboren, wie er selbst durch einen kurzen Eintrag in seiner Weltchronik berichtet, und zwar als Sohn des Grafen Wolfrat von Altshausen; sein Vater wurde bereits genannt als Gegner des Klosters in einem langen Streit um oberschwäbische Lehen. Trotzdem hat er seinen Sohn auf die Reichenau gegeben. Graf Wolfrat hatte eine zahlreiche Familie, fünfzehn Kinder, von denen Hermann oder Heriman der Zweitälteste

Hermann der Lahme, Reichenauer Mönch, Universalgenie, von Jugend an schwer gelähmt. Schöpfer des »Salve Regina«

war. Von Jugend an war Hermann schwer gelähmt; man weiß nicht, ob es ein angeborenes Leiden war oder die Folge einer Kinderkrankheit. Sein Schüler Berthold, der nach seinem Tode sein Werk fortsetzte und auch eine kurze Lebensbeschreibung seines Meisters verfaßte, berichtet, Hermann habe sich ohne fremde Hilfe nicht von der Stelle bewegen können; auf dem Platz, auf den man ihn legte, konnte er sich nicht einmal auf die andere Seite wenden. In seinem Tragsessel habe er kaum die Kraft zum Sitzen gehabt. Auch sein Mund, seine Zunge und seine Lippen seien gelähmt gewesen; er habe nur gebrochene Worte von sich gegeben. Die Glieder seien auf entsetzliche Weise gelockert gewesen.

Nun war es hergebrachte Sitte des Mittelalters, alle Kinder, die zur Berufsarbeit nicht taugten, in ein Kloster zu geben; und so wurde Hermann schon mit sieben Jahren der Reichenau übergeben und zum Mönch bestimmt. Er durchlief die Klosterschule und wuchs schließlich zu deren Lehrer und Leiter heran. Seinen Sprachfehler habe er mit staunenswerter Energie überwunden, sagt Berthold. Er sei für alle Hörer ein allzeit bereiter und emsiger Lehrmeister gewesen, begeisternd in seiner Schlagfertigkeit, geschickt im Disputieren und entgegenkommend in der Beantwortung ihrer Fragen. Im Alter von dreißig Jahren ließ er sich auf Drängen des Abtes Berno zum Priester weihen. Im übrigen hielt er sich nicht immer auf der Reichenau auf, öfters weilte er für längere Zeit auf seinem elterlichen Gut in Altshausen. Dort ist er auch anscheinend am 24. September 1054 gestorben.

Schon einige Jahre vor ihm, im Jahr 1048, war Abt Berno, sein Freund und Mitarbeiter in wissenschaftlichen Dingen, dahingegangen. Bernos Nachfolger war der Mönch Udalrich, der in keiner Weise an die Persönlichkeit seines Vorgängers heranreichte. Während seiner zwanzigjährigen Regierung setzte der Verfall des Klosters erneut ein; der spätere Chronist Gall Öhem berichtet von Abt Udalrich, er sei ein selbstsüchtiger Herr gewesen, unter dem das Kloster beträchtlichen Schaden erlitten habe; und er selbst sagt in einer Urkunde, der Gottesdienst im Kloster lasse in vielem zu wünschen übrig. Man wird annehmen dürfen, daß Hermann der Lahme sich mit den unerfreulich gewordenen Verhältnissen nach dem Tode Bernos abgefunden hat, nachdem er als gelähmter Mönch nichts daran ändern konnte. Er war erst einundvierzig Jahre alt, als er starb.

Dieses körperlich so hinfällige Genie wies eine erstaunlich umfassende und vielseitige Arbeitsleistung auf. Hermann war Mathematiker, er war Astronom und Naturwissenschaftler, er hat technische Instrumente erfunden; seine größten Leistungen liegen auf dem Gebiet der Musik und der Geschichtsschreibung. Bei wenigen Menschen kann man mit gleicher Berechtigung sagen, daß ihr Leben in ihren Werken liegt.

Seine naturwissenschaftlichen und mathematischen Schriften seien hier nur kurz gestreift; ein Teil von ihnen ist noch unerforscht und liegt ungedruckt in Bibliotheken und Archiven. Er hat ein Lehrbuch der Geometrie geschrieben, mit einer ganz neuen Methode und einem neuen Zahlensystem, von dem Berthold sagt, es sei sehr natürlich aufgebaut gewesen. Eine Reihe neuer Beweise und Beweisregeln hat er für diese Wissenschaft gefunden, auch eine neue Art der Berechnung des Kreises. Wenn die Schüler der damaligen Zeit so waren wie heute, so werden ihm nicht alle dafür dankbar gewesen sein. Auf dem Gebiet der Astronomie hat er sich vor allem mit dem Monduntergang beschäftigt und genaue Berechnungen darüber aufgestellt, zu welchen Stunden der Mond durch die Sonne beleuchtet wird. Er hat auch neue astronomische Geräte erfunden, insbesondere ein Astrolabium, ein Instrument, mit dem der Stand der Sterne berechnet werden konnte. Von seinen Büchern auf diesem Gebiet der Naturwissenschaften sind zwei über das Astrolabium nur in Titeln auf uns gekommen, ebenso ein Werk über das uralte Problem der Quadratur des Kreises: *De quadratura circuli*. Dazu kommen ein Werk über die Welt und die Elemente und zwei Schriften über die Uhr.

Umfassender als in den Naturwissenschaften war seine Tätigkeit auf dem Gebiet der Musik. Er hatte auf diesem Gebiet einen guten Lehrmeister in seinem Abt Berno, der eine größere Anzahl von Musikwerken, Responsorien und Antiphonen komponiert hatte. Aber Hermann war doch der weitaus Bedeutendere. Sein Schüler Berthold nennt ihn geradezu den erfahrensten Musiker seiner Zeit. Zunächst war er ein bedeutender Theoretiker. Er hat nicht nur eine neue Einteilung des Notensystems erfunden, sondern, und das war von grundlegender Wichtigkeit, eine neue Notenschrift. Sie hätte sich vielleicht gegenüber der schwerfälligen und ungenauen bisherigen Neumenschrift durchgesetzt, und die Entwicklung aller neueren Musik wäre dann über die Reichenau gegangen, wenn nicht Hermann der Lahme ein ungemein bescheidener und in seinem äußeren Auftreten stark behinderter Mann gewesen wäre. Aber zur gleichen Zeit erfand ein italienischer Mönch, Guido von Arezzo, die Notenschrift auf vier Linien, und diese wurde zunächst in dem sangesfreudigen Italien, dann auch im übrigen Europa allgemein angenommen.

So liegt die Hauptbedeutung Hermanns für die Musik nicht in der Theorie, sondern in seinen Kompositionen. Nur der geringste Teil seiner Schöpfungen ist erhalten geblieben, aber ihre Zahl muß erheblich gewesen sein. Berthold nennt eine Reihe von durchkomponierten Heiligenleben, also umfangreiche Werke; erwähnt werden solche über St. Gregor, die hl. Afra, St. Wolfgang und andere. Wichtiger waren die Sequenzen und Antiphonen, die von Chören im Wechselgesang gesungen wurden. Unter den verschiedenen noch erhaltenen ist die Ostersequenz eines seiner großartigsten Werke.

Das weitaus bedeutendste Tonwerk ist jedoch das *Salve Regina*, das heute noch in aller Welt in der Form gesungen wird, in der es der gelähmte Sänger komponiert hat. Zwar wurde in jüngster Zeit gelegentlich bestritten, daß Hermann der Verfasser dieses Liedes sei; doch haben die neuesten Untersuchungen die alte Tradition weitgehend bestätigt.

Und das gleiche gilt für eine andere Marien-Antiphon, die heute noch über den ganzen Erdkreis gesungen wird, das *Alma Redemptoris Mater*. So hat Hermann Bleibendes für das geistige Kulturgut des Abendlandes geschaffen.

Zu seinen Liedern dichtete Hermann in aller Regel auch die Texte. Von diesen Dichtungen ist ebenfalls nicht sehr viel erhalten; vielleicht wird sich noch manches davon bei der Sichtung der Handschriften finden. Es sind naturgemäß fast durchweg geistliche und religiöse Dichtungen, wie sie damals in den meisten Klöstern verfertigt wurden. Ein rührendes Gedicht schrieb er auf den Tod seiner geliebten Mutter; in einfachen Versen schildert er darin das Leben und Sterben dieser edlen Frau.

Für das Frauenkloster Buchau am Federsee, das seinem oberschwäbischen Heimatort benachbart lag, hat er ein reizvolles Lehrgedicht über die acht Haupttugenden geschrieben, ein erbauliches, teilweise heiteres und farbiges Gedicht auf das Klosterleben. Dabei tritt Hermann selbst im Gespräch mit der Muse auf, und die frommen Klosterfrauen reden von ihm in echt schwäbischem Latein als *noster*

amiculus liup Herimannulus, unser Freundle, das liebe Her-
männle.

Den größten Ruhm hat Hermann jedoch als Historiker und
Geschichtsschreiber erworben. Zwei Werke gehen auf ihn
zurück: die Große Weltchronik und ein Büchlein von den
Taten der Kaiser Konrad II. und Heinrich III. Das letztere
ist leider verloren; die Weltchronik aber begründet für alle
Zeiten seinen Ruhm als Geschichtsschreiber. Sie ist die erste
Weltgeschichte der deutschen Kaiserzeit, und man hat Hermann als den ersten wissenschaftlichen Historiker der Geschichte bezeichnet.

Dabei ist zu berücksichtigen, was damals an Geschichts-
werken vorhanden war. Die Geschichtsschreibung der aus-
gehenden Antike hatte Beachtliches geschaffen; es gab die
Chroniken des Eusebius, des Hieronymus, für die spätere Zeit das Werk des großen Angelsachsen Beda. Auf
deutschem Boden war über die Geschichte der Frühzeit
kaum eine einzige zusammenhängende Aufzeichnung entstanden. Von den Karolingern an existierte zwar eine Reihe
von Annalen und Jahrbüchern, die aber über viele wichtige
Ereignisse nicht oder nur mangelhaft berichteten. Dazu
kamen später etliche Klosterchroniken, deren Brauchbar-
keit als historische Quelle von dem vielfach begrenzten
Horizont des mit der Abfassung beauftragten Mönches ab-
hing.

Zwar bestand gerade am Bodensee für die Geschichtsschreibung eine gute Tradition. Fast das gesamte historische
Schrifttum des deutschen Südwestens zwischen 900 und
1050 ist in unserm Raum entstanden. In St. Gallen wurden
im frühen 10. Jahrhundert die wichtigen »Alemannischen
Annalen« aus der Karolingerzeit fortgesetzt, daneben entstand ein großes St. Galler Annalenwerk. Ähnliche Jahrbü-

cher, wenn auch von geringerem Wert, wurden in Konstanz und auf der Reichenau verfaßt. Dazu kamen Abts- und Bischofslisten, Heiligen- und Märtyrergeschichten, viele Urkunden und die mündliche Überlieferung der Klöster und der Adelsgeschlechter.

Die ganze Masse des überlieferten Materials, die Fülle von richtigen und unrichtigen Notizen, von sich teilweise widersprechenden Daten zusammengetragen, kritisch gesichtet und geprüft, aufeinander abgestimmt und schließlich in den großen weltgeschichtlichen Rahmen eingebaut zu haben, das ist das historische Verdienst Hermanns. Er hat dabei die ganze damals vorhandene Literatur verarbeitet, insgesamt 54 Werke, von denen allein in der Reichenauer Klosterbibliothek 37 vorhanden waren. Es ist eine Unsumme von Nachrichten, die Hermann in strenger Tabellenform und mit einem Höchstmaß an Zuverlässigkeit herausgearbeitet hat.

Auf diese Weise ist eine Chronik der allgemeinen Geschichte von Christi Geburt bis zum Jahr 1054 entstanden. Jahr für Jahr gibt er die wichtigsten Geschehnisse an; besonders ausführlich schreibt er über seine Zeit. Seine Darstellung ist gründlich und genau, sachlich und unparteiisch, einfach und klar, mit einem sicheren Blick für das Wesentliche und in ausgezeichnetem Latein. [...]

Das ist das Bild, das wir bei der Betrachtung seines Lebens gewinnen: Hermann der Lahme war ein großer Gelehrter und ein großer Mensch. Über seinen Charakter gibt sein Schüler Berthold begeisterte Berichte: Man habe von ihm nie irgendwelche Klagen über sein Leiden gehört; er sei ein eifriger Lehrer der bescheidensten Nächstenliebe und der wohltätigen Demut gewesen, stets geduldig, stets seinem Abt gehorsam, ein ausgezeichneter Erzieher. Dem Psalmengesang und dem Chorgebet sei er trotz allen körperlichen Schwierigkeiten treu ergeben gewesen. Daß er von Jugend auf kein Fleisch gegessen hat, wird ebenfalls zu seinem Lob erwähnt, es können aber auch für ihn gesundheitliche Gründe maßgebend gewesen sein. Und immer wieder wird die Intensität seines Arbeitens, die unablässige Befassung mit allen Wissenszweigen und sein Drang nach Erkenntnis gerühmt.

Dieses Lob könnte, wie von einem Schüler nicht anders zu erwarten, überschwenglich und nicht objektiv genug erscheinen. Aber seine Werke geben von seiner Persönlichkeit ein ähnliches Bild. Dies gilt insbesondere für seine Weltchronik. Seine Sprache ist in jeder Zeile diszipliniert und einfach; kein Satz, kein Wort ist zuviel. Insbesondere fällt auf, daß er im Gegensatz zu seinen Zeitgenossen Zitate aus klassischen Werken und anderen Schriftstellern, die seine Gelehrsamkeit beweisen sollten, durchaus vermeidet. Von sich selbst und seinem eigenen Erleben spricht er kaum; nur gelegentlich sind einzelne Stellen eingestreut, wo er sagt: *ego Herimannus*. Bescheidener kann kein Gelehrter und Schriftsteller von sich selbst berichten. Aber auch seine Ansichten und seine Urteile sind so schlicht und ruhig, wie man es selten bei einem Historiker findet, vollends nicht bei einem Historiker des stets bewegten Mittelalters. Bei ihm schwankt kein Charakterbild in der Geschichte; er lobt Persönlichkeiten, auch wenn er ihre sonstigen Ansichten nicht teilt, und er tadelt seine Freunde, soweit er über sie Tadelnswertes zu berichten hat.

Wilhelm von Scholz
Sei gegrüßt mir, selige Insel!

1921

Rechts vor uns schimmert die weite Ebene des Rieds, braungolden sich hinüberziehend zu der Pappelreihe, neben der die Straße zur Reichenau führt. Links nähert sich eins der charakteristischen Ebenen- und Flußschlösser, die wuchtig aufs flache Land gestellt sind: Gottlieben. Es ragt doppelturmig aus den Wipfeln eines Parks auf, der wie ein Hain über den Feldern steht. Es war einst ein Sitz der Bischöfe von Konstanz. Wir fahren an der Gartenterrasse vorüber. Ein Grüßen hinüber zum Schloß, in dessen Garten eine fröhliche Gesellschaft sich ergeht. Es wird erwidert, und schon legt das Schiff vor ein paar alten behäbig stolzen Bürgerhäusern an der kleinen Landungsbrücke an.

Von hier ab erweitert sich der See schnell. Rechts schiebt sich die breite Insel Reichenau, die durch einen Steindamm mit dem festen Land verbunden ist, wie ein neues Ufer vor das zurückweichende feste Land. Links tritt der Hochuferzug mit seinen Schlössern, dem noch bei Gottlieben ein breiter ebener Flachlandstreifen vorgelagert war, allmählich näher ans Wasser.

Von dem reichen Schweizer Uferstädtchen Ermatingen fährt das Boot hinüber zur Reichenau. Sie ist unser erstes Ziel.

Überall erheben sich Weinberge über den flachen, steinigen Strand. Wir steigen hinan. Zerstreut liegen an den Straßen einzelne Gehöfte. Mächtige Bottiche stehen da und dort. Man rüstet zum Herbste. Wir durchwandern das grüne Eiland, das einst vor Jahrhunderten Mönchshand rodete, als es noch Sintlas-Aue hieß und von Schlangengezücht wimmelte. Jetzt ist die hügelige Reichenau einer der sonnigsten, lichtesten Flecke: drei wohlhabende Dörfer mit ihren freundlichen Kirchen, durch schöne Straßen verbunden, Gärten, Rebberge mit Sommerhaus, weidenbestandenes Ried, flache Schilf- und Kiesgestade, an denen Fischerkähne liegen, Ufervillen, die Ruine einer alten Wasserburg – und nichts von Wald, kein Dunkel, keine tiefen Schatten, alles durchsonnt, bewohnt, ein kleines, vom See umspültes Reich, in dem ein Hauch der friedlichen Abgeschlossenheit aus den Zeiten der Mönchsgemeinschaft erhalten zu sein scheint; aus der Zeit, in der Walahfrid Strabo sein schönes lateinisches Reichenaugedicht verfaßte: Sei gegrüßt mir, selige Insel!

Die Klosteranlage des heiligen Pirmin, Münster und Seitengebäude, liegt in der Mitte der Insel. Der Mesmer zeigt in der Sakristei Wunderdinge: Holz und Nägel vom Kreuze Christi, Dornen von der Dornenkrone, einen Krug von der Hochzeit zu Kana. Auch ein Tropfen heiligen Blutes wird in kostbarer Monstranz aufbewahrt und einmal im Jahre, am großen Blutfest, mit Prozessionen, Gebet und Gesang gefeiert. Das ist der Ehrentag der Reichenau. – In der Kirche von Mittelzell hängt ein handwerksmäßig gemalter Bilderzyklus, der die seltsame Geschichte des Blutstropfens erzählt, wie er durch die Hände von Fürsten und Kaisern schließlich in den Besitz des Klosters gekommen. Überhaupt ist das Reichenauer Kloster mit vielen Schenkungen und Vergabungen bedacht worden, hat sich deren aber auch durch Pflege der Wissenschaft und Künste würdig erwiesen. Eine wertvolle Bücherei ward hier verwaltet und durch manches neue Werk bereichert; so durch die hauptsächlichsten älteren Geschichtsquellen über den Bodensee, die Werke des Abtes Walahfrid Strabo. Scheffel hat dies alte Kloster in lebendiger Schilderung, in die er auch Züge aus St. Gallischen Chroniken verwob, wiedererstehen lassen.

Der Mesmer erzählt noch von Scheffels häufigen Besuchen, wenn er Freunde in die Sakristei, seine dichterische Requisitenkammer, führte.

Wir rasten am nördlichen Ufer der Insel. Das altchristliche Kirchlein von Oberzell erhebt sich dort mit seinem Pfarrhaus einsam auf einem Hügelrücken zwischen Reben über dem See. Stille ringsum. Nur weit drüben auf der Straße geht ein Bauer vorbei. Die wuchtigen Mauern, die ganze untersetzte Gestalt des kleinen Gotteshauses, die finstere Krypta unter dem Chor – das ist dunkle Jugend des Christentums. Über dem Wasser liegt Allensbach. Diese Bucht des Untersees, Gnadensee geheißen, ist nicht allzubreit, man kann hinüberrudern in wenig mehr als einer Viertelstunde.

Wir sind, nachdem wir auch die kleine Kirche von Niederzell mit ihren alten, wieder freigelegten Fresken besucht und uns an dem, recht als ein Ausguck in den Hegau angelegten, »Bürgle« gefreut, auf die Hochwacht gestiegen, eine von einem Rebhäuschen gekrönte Weinbergshöhe.

Es gibt alte illuminierte Stahlstiche, in denen alle Ferne in klaren Linien gezeichnet ist und sich in erst dunklem, dann immer lichterem Blau abstuft; einem Blau, das alle anderen Farben, das Gelb, Grün, Braun, Rot des Vordergrundes, trinkt und der eigentliche Grundton des Bildes wird. Mit diesem Vorwalten der blauen Ferne werden solche Bilder der Ausdruck ewiger Wandersehnsucht. So liegt es vor uns; und das Gelb des herbstlichen Weinlaubes rings hebt die Bläue des Sees und der Hegauhöhen noch mehr hervor: den Klingsteinkegel Hohentwiel, in dessen gewaltigen alten Festungstrümmern, gedeckten Gängen, Kellern und Bastionen Scheffel oft streifte und kletterte, von dessen Ausguck er sehnsüchtig über das weite Land schaute, ein schmerzliches Liebeserlebnis in ferne Vergangenheit zurückdichtend;

den kleinen, spitzen Zahn des Hohenkrähen; die sanfter gerundeten: Stofflen, Höwen, Mägdeberg. In dunklerem Grünblau stehen vor diesem Hintergrund der Schienerberg, der sich breit in den Vordergrund geschoben hat, rechts an den Arm des Sees stoßend, welcher sich weiter unten zum Rhein verengt, und das hohe waldige Schweizerufer, von dem die napoleonischen Schlösser und das ältere Salenstein herüber schauen.

Wir erreichen noch gerade das letzte rheinabwärts fahrende Dampfboot. Vorüber an malerischen Flecken, wie dem vom See aus wundervollen, getürmten grauen Steckborn, an Schlössern auf den Höhen und unten am See, geht es in das enge, schon wie ein mächtiger, breiter Fluß aussehende Abflußbecken hinein. Hier sieht man überall die starke Rheinströmung.

Martin Heidegger
Abendgang auf der Reichenau

1917

Seewärts fließt ein silbern Leuchten
zu fernen dunkeln Ufern fort,
und in den sommermüden, abendfeuchten
Gärten sinkt wie ein verhalten Liebeswort
die Nacht.
Und zwischen mondenweißen Giebeln
verfängt sich noch ein letzter Vogelruf
vom alten Turmdach her –
und was der lichte Sommertag mir schuf
ruht früchteschwer –
aus Ewigkeiten

eine sinnentrückte Fracht –
mir in der grauen Wüste
einer großen Einfalt.

Bruno Epple
Allensbacher Demoskopie

1979

i bin gfroogt
wohär i und wo
und worum i
it odr doch
ob i dät wenn i
und sei
und mit was i nint
z due ha will
wiso i sell und it des
und im eine it wani im andere
wo ani i ging wenn i
endlich emool
ob i je so äbbes
und wani am liebschte
wenn i
ob mer langt wa mr
und wilang i so wiitermache will
ob i mi selber
oder wer
und wani mach wemmer äbber
und wäge worum i wa wo
wivl mool un bi wellere
i trotzdem demit rechne

dät odr it
wenn wi gseet i
vor die Froog gstellt
und mir nint ibrigbliibt wi
s kennt jo si odr
ob i it monn daß
uf alle Fäll soll i
au wenn i it glaub
einewäg e Kreizle mache

Joseph Victor von Scheffel
Mettnaustimmung

Am Allerseelentag 1880

Das war ein Sommer voll Heiterkeit,
Ein Sommer von Gottes Gnaden:
Kein Berg zu hoch, kein Weg zu weit,
Kein Ufer zu fährlich dem Baden.

Der Landschaft Zauber, der Farben Pracht
Schuf harmlos glückliche Stunden,
Da ward gesungen, gemalt und gelacht
Und zu Kränzen Blaublumen gewunden.

Heut pfeift der Sturm, heut brandet der See
Mit Gischt zu des Sträßleins Dämmung,
Frost schauert mich an, und wohin ich seh':
Sündflutliche Überschwemmung.

Im Erkerstüblein hängt blaß und verblüht
Der Kranz, den ich niemals vergesse..

Und sorgenmüd wälzt das Gemüt
Fünf schwere Zivilprozesse.

Aus Heimat und Thurgau bedrohn mich im Chor
Die Nachbargemeinden wie Drachen,
Und schnuppernd schnappt aus Schilf und Rohr
Des Fiskus Haifischrachen.

Kläng' nicht Windharfengetön aus der Höh'
Wie Erlösung von irdischen Nöten,
Ich spräche: »Der Teufel hol' dich, o See,
Du Pfütze voll Schlangen und Kröten!«

Ludwig Finckh
Das alte Bauernhaus
1949

Auf dem freien Platz vor dem Schulhaus von Gaienhofen,
wo die Kinder zwischen den Stunden sprangen und spielten,
stand eine junge Linde, etwas älter als wir selber, eine Frie-
denslinde, und dahinter begann schon ein kleines Gärtchen,
in dem Frau Maria Gemüse und Blumen zog, Kapuziner
gelb und rot, die ihr Mann so liebte. Das nächste Haus mit
den starken Eichenbalken war das Hessehaus. Es mochte
nicht lange nach dem Brand des Dorfes im Dreißigjährigen
Krieg – 1632 – erbaut worden sein, denn die Eichenbalken
waren so hart, daß sich die stärksten Nägel, die man hinein-
schlug, bogen.

In diesem einfachen Bauernhaus gegenüber der Kapelle,
dem Kirchle, wohnte und dichtete Hermann Hesse drei
Jahre lang (1904-1907). Es waren die glücklichsten Jahre

seiner jungen Ehe. Nach dem gewaltigen Erfolg seines »Peter Camenzind« war er der gefeiertste Dichter in Deutschland, umworben und begehrt von Zeitschriften und Verlegern, und doch immer der bescheidene, gütige, zärtliche Mensch, allen offen und zugewandt, der den Dorfbewohnern Rätsel aufgab. Schriftsteller? Was war das für ein unbekannter Beruf? Wir galten den Leuten als Müßiggänger; »so, gont'r spaziere?« war der alltägliche Gruß für die Schriftsteller, da wir keine Sensen trugen, wenn wir über Feld gingen. Dabei war Hesse der fleißigste Arbeiter, den ich kannte.

Zu ebener Erde in der Südostecke des Hauses lag die altersbraune, getäfelte Stube mit dem grünen Kachelofen und der Fensterbank um den Tisch, auf der wir saßen, wenn erzählt, gehört und gespeist wurde, der geliebte schwarze Kater Gattamelata schnurrte und ließ sich hätscheln, und der Hausherr holte ein Krüglein roten Seeweins aus dem Keller herauf. Nebenan im kleinen Zimmer stand das Klavier, auf dem Frau Mia am Abend meisterlich spielte, oft Chopin, dessen Musik in manchen Versen Hesses durchzuklingen scheint. Ich wußte damals so wenig wie er, daß unter seinen estländischen Vorfahren eine polnische Ahnfrau aufspielte. Wenn dann Gäste kamen – wir hatten in Konstanz Freunde gefunden, und Max Bucherer, der dritte in unserem Bunde, Maler und Holzschneider, war von Gottlieben hergezogen – nahm er sie wohl mit hinauf in sein Arbeitszimmer in dem Stock über der Stube, wo die schön gebundenen und sorgsam gepflegten Bücher standen. Man sah vom Fenster hinaus auf den Bodensee und das Schweizer Ufer gegenüber von Berlingen bis Konstanz, die Reichenau und der Bodanrück wurden noch gestreift, und der Brunnen am nachbarlichen Brennhaus schloß die Sicht. Eine lange schwarze Brissago hatte er sich angesteckt, es war immer ein fast feierlicher Augenblick, – er rauchte sie genußvoll langsam ab und ließ doch noch einen gehörigen Stumpen übrig, um dem Nachbarn, dem alten Meßnernaz, eine Freude zu machen, der von Woche zu Woche die in einem Becher gesammelten Tabakreste zu holen kam, um sie ebenso genußvoll vollends aufzuschmauchen. Voller Freude zeigte Hesse dann den Gästen, was er inzwischen in Büchern gemalt hatte, – hier fingen die ersten beglückenden Malereien an, die er dann später in Montagnola unter einem blaueren Himmel so farbenfreudig weiter entwickelte.

Hier entstanden nun auch die kostbaren Betrachtungen und Erzählungen der frühen Novellenzeit und wundervolle Gedichte, die er uns beim abendlichen Lampenschein vorlas. In diesem Haus kam auch der älteste seiner drei Söhne, Bruno, auf die Welt. –

Wir lagen in diesen Sommern viel im Boot auf dem See, sonnten uns, fuhren nach Steckborn hinüber oder ins »Schweizerland«, ein Gasthaus zwischen Steckborn und Berlingen, wo Rudolf G. Binding Ferienwochen verbrachte; oder wir lagen an unserem schilfumsäumten Pappelplatz Hornstaad zu, wo eine kleine Bucht den schönsten Badeplatz bot. Es waren sonnige, unbeschwerte, sorgenlose Tage unter Blumen und Tieren; die Haubentaucher schwammen um uns, die Wildenten quakten, grüne, goldene und rosenfarbige Libellen schwebten im Schilf, Eidechsen und auch unschuldige braune Ringelnattern sahen uns zu, sonnenhungrig wie wir selber. Manchmal zog Hesse, Chattus puer, wie als Knabe in Calw mit dem Schmetterlingsnetz aus – Meister im Falterfang –, und manchmal stand er am Ufer oder auf dem langen Landungssteg und hing die Angel ins Wasser. Auch dies wohlgeübt an der Nagold im Schwarzwald.

Von Zeit zu Zeit suchten wir Freunde auf in der Stadt,

Wilhelm von Scholz, Emil Strauß, der damals noch in Überlingen wohnte, Emanuel von Bodman in Gottlieben; einmal wanderten wir von Emil Strauß her über die Felder und Wiesen nach Friedrichshafen, und einmal fuhren wir nach Graubünden ins Bergell, nach Bergün, wo Bodman nachts einen seltenen Schmetterling, den Alpenbären, fangen wollte. Wir lernten bei der schmucken Wirtstochter Rätoromanisch und riefen nachher im Zug vergnüglich den Reisenden aus dem Fenster ein Wort zu, das als volkstümlicher Gruß gedacht war – Ronjux –, aber bald an den befremdeten Gesichtern als ein bündnerischer Vetter des Schwäbischen Grußes erkannt wurde. Von Sils Maria, Maloja zielten wir in den Tessin und kürzten die Wanderung, auf einem Pritschenwagen stehend, hinter flinken Maultieren ab. Damals kamen wir, berauscht von Sonne und Farben, hinunter bis an den Luganer See, – vielleicht ging in dem Freund da jener Funken auf, der nachher zur warmen Herdflamme einer eigenen Heimat wurde. –

Welche Wonne dann immer wieder, wenn wir von einer Fahrt zurückkehrten und aus dem Wald Langeneichen heraustretend unseren blauen Untersee mit dem weltvergessenen Dörflein unter uns liegen sahen! Noch waren wir vom alten Zauber gefangen und bestrickt und lebten als Bauern unter Bauern. – Ich hatte mir ein halbverfallenes Häuschen erstanden, aus dem ersten Erlös des »Rosendoktors«, das ich wieder herrichtete und anstrich. Eine Hecke mit wilden Rosen pflanzte ich um das kleine Gut. Einen *Rosenstock* pflanzte ich auch einmal hehlings vor Hesses Haus und hatte die Dorfmusikanten von Schienen heruntergebeten, ihm in aller Herrgottsfrühe unter seinem Fenster ein zünftiges Ständchen zu bringen; denn es war sein Geburtstag. –

Die Linde auf dem Schulplatz ist heute ein mächtiger

Baum geworden, unter dem wie einst die Schulkinder springen und spielen, davon die Nachbarinnen sommers auf Leitern die goldgelben Lindenblüten zupfen. Die Aussicht auf den See ist zur Hälfte verbaut durch ein neues Haus auf dem Hügel gegenüber, und ein roher Elektrizitätsmast, der im Weltkrieg hineingesetzt wurde, zerschneidet das friedliche Plätzchen. Der arme, schwachsinnige Othmar, der nur wenige Worte lallen konnte und uns immer freundlich grinsend anlachte, ist längst gestorben. Auch das zweite Hessehaus über dem Döbele, das 1907 gebaut wurde, im gleichen Sommer mit dem meinigen nach dem Brand, vom gleichen Architekten Hans Hindermann aus Basel – Geburtshaus von Heiner und Martin Hesse –, wird von andern Menschen bewohnt. Hermann Hesse lebt seit Jahrzehnten in der Schweiz weitab – am Luganer See. Aber gestern, da ich wieder einmal im alten Bauernhaus stand, stiegen all die schönen, reichen und glücklichen Tage aus der Seele herauf, die wir zusammen erlebten, und ich meine, es hätte niemals eine gnädigere Sonne über uns geschienen, und niemals wäre irgend ein Wetter oder Unheil über der Welt gestanden.

Werner Helwig
Letzte Begegnung mit Otto Dix
in Hemmenhofen

1974

Ein junges Mädchen in Blue Jeans, anscheinend der vielköpfigen Familie des Malers angehörend, öffnete uns, und wir erfuhren nebenbei, daß hier nicht nur die Kinder des Ehepaares Dix, sondern auch die Kindeskinder, kurzum der gesamte Clan, einträchtig beieinander lebe. Die Geräusche schienen das beweisen zu wollen. Aus der Küche scholl Kleinkindergeschrei, Geschirrklappern, und es herrschte ein Hin und Her wie in einem vielfältig durchwohnten Bauernhaus. Wir wurden ins obere Stockwerk gewiesen, erklommen eine massive Holztreppe absichtlich langsam, um die vielen Dixgemälde, die im Aufgang hingen, nicht zu verpassen.

Wir erkannten Frauenporträts in jener Manier, die ihn berühmt machte. Die Farben leuchten wie Emaille. Oben trat uns, aus dem Raum kommend, überraschend der Meister entgegen und reichte uns eine rauhe, fest anzufühlende Hand. Er wirkte schwerfällig, legte beim Gespräch die Hand ans Ohr. Hatte er das Gehör im Ersten Weltkrieg eingebüßt, oder war es die böse Mitgift des Alterns, denn er ging zu jener Frist ins Siebenundsiebzigste. Wir wagten nicht, uns danach zu erkundigen, denn er hielt uns mit seinem Blick fest. Aus dem bekanntermaßen scharfgeschnittenen, dabei völlig verwetterten Gesicht blitzten seine Augen mit einer Art von heiterem Ingrimm.

Mittelgroß, wie er war, untersetzt, soweit man das bei seiner Magerkeit behaupten kann, verlieh ihm der senfgelbe Blazer, den er trug (dazu Arbeiterhosen, die ihm um die Beine schlotterten), ein Flair von Nonchalance, die denn auch das Klima der Begegnung spürbar bestimmte.

Was uns auffiel, als wir hinter ihm her einen atelierartigen, hellen Raum betraten, war das aschig Fahle seiner Züge. Er war seinen Selbstbildnissen sozusagen ähnlicher, als man annehmen konnte. Wir setzten uns auf altmodische Salonstühle mit Schutzbezügen. Als wir uns nach dem Gespräch zu Aufnahmen anschickten, führte er uns, allmählich auftauend, durchs ganze Haus, zunächst ins Vorzimmer, in dem sich auch wohl der Dix-Clan zum Essen versammeln mochte. An der Wand ein Triptychon aus der besten

Zeit des Künstlers: in der Mitte ein wohlproportionierter Frauenleib, umfaßt von einem entzückten Kavalier. Die Zeitkritik (sie fehlt selten) kommt mit einer auf den Flankenbildern angedeuteten Kriegshandlung zum Ausdruck: eine Schlacht, Soldaten, die sich in einen sinnlosen Tod werfen; groß ragt ein Stahlhelmgesicht im Profil hervor. Auf unsere Frage, ob sich hier das eine aus dem anderen erkläre, oder ob sich das eine im anderen negativ aufhebe, antwortete er, jeder dürfe sich aussuchen, was er darüber denken wolle.

Seine rauchige Stimme verriet Dialektfärbung vom Sächsischen her. Was er von der neueren und neuesten Malerei halte, versuchten wir aus ihm herauszubringen. Seine Auskunft war ausweichend: es müsse jeder Generation überlassen bleiben, die Möglichkeiten des künstlerischen Ausdrucks, der ihr gemäß sei, zu entdecken. Was ihn betreffe, so entbehre er diese Hervorbringungen nicht, empfände auch keine Nötigung, sie anzuschauen. Aber das hinge mit der Wucht der Jahre zusammen, die er hinter sich habe, sei also kein Urteil.

Wir waren unterdessen in der »guten Stube« des Landhauses angelangt. Sie erinnerte – natürlich in gehobener Form – an das kleinbürgerliche Ambiente seines berühmten Elternbildnisses (1924). Wollte er sich dadurch das Milieu seiner Kindheit gegenwärtig halten? Er war 1891 als Sohn eines Eisenbahnarbeiters im Sächsischen geboren worden. Unsere vorsichtigen Fragen ließ er offen. Das Verschlossene seines Wesens wurde plötzlich spürbar. Um seinen Mund entstand ein Ausdruck schroffer Ablehnung. Zum Abschluß wurden wir in ein Zimmer geführt, in dem sich Grafiken neueren Datums in Borden häuften. An den Wänden Ölgemälde des Spätwerkes in zeitgemäß aufgelokkerter Formgebung. Auch hier erinnerte nichts an einen

Künstlerhaushalt. Bücher, Plastiken, Antiquitäten in bescheidenen Mengen. Andere Malereien als die eigenen waren nicht zu entdecken. Zum Abschluß unseres Besuches wurde Kaffee gereicht. Otto Dix zündete sich eine schwarze, lose gedrehte Zigarre an, von der er voraussetzte, daß sie uns nicht munden würde. Auf dem Tisch stand eine Kartei, in der alle Verkäufe, anscheinend bis zu den Anfängen zurück, mit den Anschriften der Besitzer eigenhändig eingetragen waren. Wir hätten gerne hinein geschaut, wagten es aber nicht.

Berty Friesländer-Bloch
Von Gailingen nach Gurs

1990

War es gestern, war es ehegestern oder war es heute, da all dies, was ich hier in Kurzform beschreibe, geschah? Nie wird die Erinnerung daran verblassen, und nie werden die Wunden, die eine gnadenlose Meute uns geschlagen, verheilen, ja, kaum vernarben.

Der 10. November 1938 (die sogenannte Kristallnacht, die sich bei uns in Gailingen bei hellichtem Tag zugetragen hat), dieser Tag mit seinem grauenvollen Geschehen, seinen Schrecknissen und Qualen (die Deportation der Ostjuden in unserem Dorfe erfolgte schon einige Wochen früher) sowie die Deportation unserer Männer nach Dachau, woselbst zwei unserer Glaubensbrüder leider umgekommen waren, lagen bereits hinter uns. Doch schon lange vor dieser Zeit hatten die Verfolgungen und Diskriminierungen in unserer Kehilla (Gemeinde), aber auch im ganzen badischen Land und in ganz Deutschland begonnen und uns in Angst und

Schrecken versetzt. Tag und Nacht hatten wir das Schlimmste zu befürchten.

Für die jüdische Bevölkerung unseres Dorfes, vom Bürgermeister willkürlich befohlen, bestand ein Ausnahmezu-
stand, ein Ausgehverbot sozusagen. Einkäufe durften nur
während zwei vorgeschriebenen Stunden am Tag erledigt
werden; ein Spaziergang war, wie es in jenem Flugblatt
hieß, am Morgen zwischen 6 und 7 Uhr, jedoch nur vor dem
Judenfriedhof erlaubt. Verzweifelt hielten wir uns an diesen
Befehl bzw. Terror, ein Nichtbefolgen hätte zu schwersten
Repressalien geführt. Unsere Kinder konnten nicht mehr
im Freien spielen; das Lachen und Singen hatten sie fast
schon verlernt, denn der Kummer und die Angst ihrer
Eltern übertrug sich sehr bald auch auf das Gemüt dieser
unschuldigen Geschöpfe.

Familien sowie auch Einzelpersonen mußten zwangsweise ihre teils eigenen Häuser oder Wohnungen räumen
und zwar unter Mitnahme von nur einigen wichtigen Mö-
belstücken. Diese enteigneten Wohnungen mitsamt dem
verbliebenen Inventar wurden für die Parteigenossen bzw.
Nazis requiriert. Hausrat und Wertgegenstände aller Art
sowie die Geschäfte der jüdischen Besitzer wurden zu
Schundpreisen an die »Arier« veräußert. Viele Personen
wurden gezwungen, im israelitischen Krankenhaus und im
Altersheim eine notdürftige Unterkunft zu suchen. Ein einziges Zimmer statt einer Wohnung war dann ihr Obdach,
das ihnen diese Institutionen notgedrungen geben mußten.
Da unsere Familie noch immer in einem arischen Hause
wohnte, wurden wir ebenfalls zwangsweise aus unserer
Wohnung evakuiert. Eine jüdische Familie, es waren zwei
Schwestern und ihre alte, gelähmte Tante, mußte uns – so
war es von Amts wegen befohlen – zwei Zimmer ihrer
Wohnung und ein Kellerloch ohne Licht als Notküche ab-

treten. Bei ihnen aber waren wir trotz unserer Zwangslage sehr unerwünscht, was uns zusätzliche Unannehmlichkeiten und Leid verursachte.

Das Leben in unserem einst so friedlichen Dorfe gestaltete sich immer unerträglicher. Wer aber über ein gewisses Kapital verfügte, konnte noch seine Auswanderung betreiben oder in die nahe Schweiz mit oder ohne dem beweglichen Hab und Gut ausreisen. Wir anderen aber harrten wie in einer Mausefalle der Dinge, die da kommen sollten und auch kamen.

Um uns in frischer Luft ergehen zu können, blieben uns nur noch die Parkanlagen des jüdischen Krankenhauses und des Altersheimes. Aber auch dorthin flogen Steine und das faule Obst wie ein Bombardement über die Gartenzäune. Am schlimmsten für uns waren die christlichen Sonn- und Feiertage nach Beendigung der Gottesdienste. Die Hitlerjugend und auch die Jugend in reiferen Jahren fanden sich gerade an diesen Tagen bemüßigt, uns zu belästigen, zu beschimpfen, ja, sogar anzuspucken oder mit ihren Fahrrädern so zu tun, als ob sie uns überfahren wollten. Mein noch nicht dreijähriger Sohn Julius war es bereits gewohnt, mit: »Judius, Hände hoch!« angepöbelt zu werden.

Wie Ausgestoßene, Verfemte, kamen wir uns vor. Eine Flucht schien uns – da Felder und Wälder von der SS und SA bewacht wurden, und wir oft deren Schießereien aus der Ferne vernehmen konnten – eine Unmöglichkeit, zu groß waren die Gefahren für solch ein Unternehmen. Unsere Männer konnten kaum noch einem Verdienst nachgehen, d. h., die Israeliten konnten höchstens noch mit ihren Glaubensgenossen unbedeutende Geschäfte abwickeln. Fahrräder, Autos, Radios und Telefone (später auch Silberbesteck und Wäscheaussteuern, welche über eine gewisse Norm hinausgingen) wurden requiriert, enteignet.

Die jüdischen Beerdigungen, Abdankungen wurden von der Hitlerjugend, die sich hinter Gebüschen versteckt hielt, des öfteren mit ›Hurrarufen‹ gestört, besser gesagt, entweiht. Unser Leid schrie zum Himmel (aber der Himmel hatte kein Einsehen). Unser Äußeres trug bereits den Stempel eines »Ahasverus« (d. h. der ewig wandernde Jude).

Weil meine Waschfrau noch nicht 45 Jahre alt war, mußte mein teurer Gatte s. A. eine Strafe als sogenannter Rassenschänder im Radolfzeller Gefängnis absitzen. Aus dem gleichen Grunde war auch unser verehrter Rabbiner Dr. Bohrer sowie Herr Meier-Bloch zu dieser Strafe verurteilt. Rabbiner Bohrer starb leider 1938 (er hinterließ 7 kleine Kinder) in Dachau.

All unsere Bemühungen um eine Auswanderung blieben ohne Erfolg. Kein Tor tat sich auf. Eine illegale Auswanderung nach Palästina wurde unserer Familie, mit Rücksicht auf die Strapazen für unseren noch nicht ganz 3jährigen Jungen, abgelehnt und noch vielen aus unserer Gemeinde ist es leider so ergangen. Jeder Ausbruch aus dieser Hölle, in der wir lebten, schien uns ein aussichtsloses Unterfangen. Wir waren sowohl in Übersee wie in europäischen Ländern unerwünscht, sofern wir uns nicht zu den oberen ›Zehntausend‹ zählen konnten. Die ablehnende Haltung dieser Länder und deren Regierungen, die Millionen Juden hätten retten können, bleibt ein ewiger Schandfleck. Die Toten aber klagen an.

Eines der von Haß strotzenden Lieblingslieder der durchs Dorf ziehenden Nazihorden war das ominöse ›Horst-Wessel-Lied‹, ›Eins, zwei – Marsch‹. Wir verkrochen uns, wenn sie also durch die Straßen marschierten, wie Aussätzige in unserer Behausung. Die Fanatischsten unter diesen Reinariern waren nicht allein die Mitglieder der Hitlerjugend, sondern vielmehr die sog. Frauenschaften. Ich habe sie noch alle namentlich im Gedächtnis. Sie alle wollen heute nicht dabei gewesen sein. Sie zeigen weder Scham noch Reue für ihr unrühmliches Tun.

So vergingen seit dem grauenvollen November 1938 noch zwei weitere qualvolle, hoffnungslose Jahre in unserem naziverseuchten, einst so blühenden, friedlichen Dorfe Gailingen, an der Schweizer Grenze.

Am 1. September 1939 erfolgte dann schließlich die Mobilmachung des unseligen Zweiten Weltkrieges. Aus dem Nachbarhaus des Fahrradhändlers K. A., in dessen Hause der Nationalsozialismus nie Eingang gefunden hatte, vernahmen wir dann die Gift und Galle speiende Ansprache Adolf Hitlers. Seine Worte waren eine einzige Diskriminierung und Drohung an das Judentum, alles Semitische mit Stumpf und Stiel nunmehr ausrotten zu wollen. Nun erst war uns so richtig klar geworden, daß die Stunde des Unheils für uns geschlagen hatte. Die ganze jüdische Gemeinde zitterte vor dem Kommenden. Obwohl wir kein Gotteshaus mehr hatten – es ist am 10. November 1938 durch die Nazihorden ein Raub der Flammen geworden –, sprachen wir die ›Tehillim‹ (Gebete in höchster Not und Gefahr) sowohl bei uns zu Hause als auch in den nur noch improvisierten Gottesdiensten im Betsaal des Friedrichsheimes bzw. des jüdischen Altersheimes.

Kaum nachdem wir erst vier Wochen unsere uns zudiktierte Not-Wohnung – alles andere als eine ›Idylle‹ – bezogen hatten, als auch schon der schrecklichste der Schrecken über uns hereinbrach, somit auch über unsere Vermieter und über die ganze Gemeinde, einschließlich der hochbetagten Greise, Blinden, Taubstummen und geistig Behinderten des Siechenhauses. Nur einige wenige aus diesem Hause, die nicht transportfähig waren, konnten mit der Oberschwester zurückbleiben. Sie wurden dann schließlich nach Konstanz verbracht, woselbst sie für kurze Zeit in der einstigen verwaisten ›Pension Levi‹ untergebracht wurden. Späterhin verbrachte man diese Menschen in ein jüdisches Heim nach Mannheim, und dann hat man leider nie mehr etwas über ihr Schicksal in Erfahrung bringen können.

Man schrieb den 22. Oktober 1940, der Tag unserer Deportation und der der Juden Badens und der Pfalz. Es war der Tag von ›Schemini Azeret‹, also an Sukkot (Laubhüttenfest). Für unsere Kinder war im Betsaal des Altersheimes von der braven Oberschwester Julie Strauss eine kleine Simchatthorafeier (Simchatthora, Fest der Thora, der 5 Bücher Moses) vorbereitet, die nunmehr den bestialischen Geschehnissen zum Opfer fallen mußte. Zwei Männer der Gestapo führten uns zunächst in die nahegelegene Wohnung unserer Hausgenossen. Mit den Worten: »Sie müssen fort« wurde uns befohlen, uns innerhalb von 30 Minuten zum Abtransport bereit zu halten und nur das Nötigste, auch je eine Wolldecke und pro Person 100 Mark mitzunehmen. Wir waren ahnungslos, was man mit uns vorhatte, und stopften das Unmöglichste und Verkehrteste in einen alten Schließkorb und in ein Bündel. Etwas Lebensmittel durften wir ›gütigerweise‹ auch noch einpacken. Die Schlüssellöcher der Kisten wurden dann mit einem Siegel versehen. Wir mußten schließlich auch noch ein Schriftstück unterzeichnen, in welchem es hieß, daß wir freiwillig auf unser Eigentum verzichtet hätten. Wir wurden auf das Rathaus geführt (das ganze Dorf stand bereits voller Camions und Schaulustiger) und die Befehle der SS-Männer, die größtenteils aus Radolfzell angerückt waren, waren weiterum zu hören. Auf der Rathaustreppe stand der amtierende Bürgermeister, angetan mit einem khakifarbenen Umhang à la Mussolini, und sprach zu meinem Manne: »So Friesländer, jetzt geht's ins gelobte Land.« Neben ihm stand seine Hoffotografin.

Aufnahmen, die sie damals gemacht hatte, befinden sich per Zufall in meinem Besitz. Nachdem wir nun in einem im Parterre liegenden Schulzimmer registriert und mit Anhängenummern versehen waren, führte man uns zu den vor dem Rathaus auf uns wartenden Camions, wo wir dichtgedrängt zur Abfahrt beisammen kauerten.

Auf der Fahrt nach Randegg flog noch mancher Stein an unsere käfigartige Behausung. Es war dies eine neue ›Kraft durch Freude‹ – im nazistischen Sinne.

Als wir an unserem altehrwürdigen ›Beth Aulom‹ (jüdischer Friedhof) vorbeifuhren, sprachen wir alle laut das »Schma Israel (Höre Israel, der Ewige, Dein Gott, ist ein einziger Gott« – das jüdische Glaubensbekenntnis, wie es bei Sterbenden gesprochen wird). Wir sprachen es sowohl für die dort drinnen in der Ewigkeit Ruhenden, wie auch für uns selber. Alle waren wir wie zu Stein erstarrt, aber kein lautes Wehklagen war zu vernehmen. Wir flehten im stillen um ein Wunder Gottes, auf das wir vergeblich bauten und hofften.

Zunächst verbrachte man uns in die Scheffelhalle in Singen a. Htwl., eine Halle, die nach dem 1. Weltkriege für kulturelle Zwecke erbaut wurde. Dort wurden wir erneut von zwei Beamten in Zivil, die jedoch der Gestapo angehörten, registriert. Unsere Kinder bekamen von der Stadt Milch verabreicht, wofür wir sehr dankbar waren; jedoch wir Erwachsenen blieben ohne jedes Labsal. Einige Stunden später wurden wir wiederum, diesmal zur Volksbelustigung der Singener Stadtbevölkerung, auf offene Lastwagen verfrachtet. Auf dem Bahnhof hieß der Befehl aussteigen und sich wie zu einem Appell in Reih und Glied aufstellen.

Und gleich hernach fuhr schon ein Extrazug ein. Diesem entstiegen nunmehr die Juden aus Konstanz. Der Schrecken stand ihnen wie uns selber auf den verhärmten Gesichtern geschrieben. Auf einem Nebengeleise stand bereits ein ausrangierter, alter Eisenbahnzug bereit, die geknechtete Menschenfracht aufzunehmen!

Und fort ging es, einem unbekannten Schicksal entgegen. Natürlich standen wir in jedem Abteil unter strengster Bewachung. In Offenburg wartete bereits die SS auf unsere Einfahrt. Über Lautsprecher hieß es dort: »Wer mehr als 100 Mark und wer wertvollen Schmuck mit sich führt, hat die strengsten Repressalien zu gewärtigen.« Außer dem Ehering und der Uhr warfen viele der Deportierten ihren Schmuck in die Klosettschüsseln oder gar während der Weiterfahrt aus den Fenstern. Auf vielen Stationen, die wir durchfuhren, sind dann die Juden der badischen Gemeinden (oft fand man bei dieser Gelegenheit seine eigenen Verwandten darunter) zugestiegen. Keiner getraute sich zu wehklagen oder laut seine Befürchtungen auszusprechen. Noch wußten wir nicht, wohin man uns bringen und was mit uns geschehen wird.

In Mülhausen im Elsaß verabreichten uns die Nazibewacher noch ein Stück Brot und eine Wurst mit den Worten: »Hier habt ihr noch eine Henkersmahlzeit.« Dann übergaben sie ihre Menschenfracht der französischen Miliz. Noch einmal gab es unterwegs eine Ration Brot, aber kein Wasser.

Auf den Bahnhöfen in Frankreich, wo man uns lange auf toten Geleisen stehen ließ, riefen wir aus den Fenstern und baten die Passanten um einen Trunk Wasser, denn wir litten alle schrecklich unter Durst. Nur selten wurde unserem Hilferuf Gehör geschenkt. Die Hochbetagten, Taubstummen und Geistesschwachen aus dem Altersheim Gailingen, die unsere traurigen Reisegefährten waren, wußten überhaupt nicht, was all dies zu bedeuten hatte. Sie bekamen Schreikrämpfe, verlangten zu essen und zu trinken; einige, ihrer Sinne nicht mehr mächtig, entkleideten sich und legten sich nackt auf den schmutzstarrenden Fußboden ihres Waggons. Nichts geschah zu unserer Hilfe und Errettung!

Eigentlich hätte unser Reiseweg über Lourdes führen sollen, doch war dort just eine große Überschwemmung, die sich bis auf die Bahngeleise ausbreitete, und so führte man uns wieder eine große Strecke zurück, wo wir zunächst wiederum stundenlang auf einem toten Geleise stehen mußten, bis eine Weiterfahrt möglich geworden war.

Nach zwei jammervollen Tagen und Nächten landeten wir schließlich auf der Station Oloron oder war es Pau? – Dort wurden wir von den französischen Häschern der »Vichy-Regierung« aus den Zügen herausgeholt. Unsere Männer wurden dann vor unseren Augen verhaftet, von ihren Familien getrennt und schleunigst in die bereitstehenden Camions verladen.

Selbst das spärliche und gerade so wertvolle Gepäck wurde auf einen separaten Lastwagen verladen, und erst nach Tagen im KZ Gurs mußten wir es auf der Lagerstraße hinter dem Stacheldraht verstreut herumliegend, zusammenlesen bzw. -suchen.

Koffer und Kartons wie auch die Bündel lagen geöffnet im Staub und kaum einer fand seine eigenen Gepäckstücke mit Inhalt wieder. Manch einer nahm sich dann, was ihm eben noch in die Hände fiel. Unser aller Ziel war das schreckliche, verschlammte KZ Gurs, wo man sich nach einer Registrierung, nach langen, schreckensvollen Tagen wiederfand. Doch wurden Frauen und Männer, da die Ilots, also die Blocks, weite Strecken voneinander lagen, in separaten, verseuchten und verlausten Baracken untergebracht.

Damit nahm unser unmenschliches Los im KZ seinen Anfang und leider für allzuviele unserer Leidensgenossen sein Ende.

Jacob Picard
Ein Gang nur
1963

Geboren war er im Jahre 1817 in dem kleinen Dorf am Untersee, wo die Juden mit den nichtjüdischen Menschen schon seit Jahrhunderten friedlich zusammenlebten. Es war zwei Jahre nach der Schlacht bei Waterloo, die das Ende Napoleons bedeutete, der die Juden aus dem Ghetto befreit hat; das heißt die, die noch darin wohnten in den Städten, nicht die auf dem Lande unter den Bauern wie bei uns, die selbst schon bäuerlichen Besitz hatten und ihn bearbeiteten schon seit langer Zeit neben dem, daß sie den Viehhandel trieben, damit die Nachbarn etwas verkaufen oder Ersatz kaufen konnten.

Und er starb im letzten Jahr des Jahrhunderts, nachdem er so drei Generationen überlebt und jeden im Dorf gekannt hatte, Geburten und Tode; und war oft hinter den Särgen hergegangen zum Guten Ort oben am Berg zwischen dem Gehölz und den Feldern, wohin er auch, schon lange her, die Mutter seiner Kinder geleitet hatte.

Fast hundert Frühlinge, Sommer, Herbste und Winter hatte er erlebt, das Kalben der Kühe alljährlich, das Heuen, die Getreide- und Obsternten, die Stürme des Sees, seine sommerliche Stille und die Vereisung, so daß man zu Fuß hinüber in die Schweiz gehen konnte; und die heiligen Festtage immer wieder jedes Jahr, die kirchlichen Weihnachten und Ostern der christlichen Freunde und die eigenen, das Pessachfest und das der Laubhütten mit dem Schmuck der eigenen Feldfrüchte, Neujahr und auch den Versöhnungstag, da er, vom Morgen bis zum Abend stehend, im Gotteshaus fastete, und Chanukka, das Lichterfest zum Gedenken an den Sieg in den Makkabäerkämpfen, aber auch jene der Trauer zur Erinnerung an die letzte Zerstörung des Tempels und die Vertreibung, die alles Unheil über die tausend Jahre zur Folge hatte; ein langes Leben, die vielen Jahre, und es war Friede im Lande gewesen, oder man hatte nur von ferne einige Male von Krieg gehört.

Ein frommer Mann war er gewesen, und alle hatten es gewußt und ihn darum geachtet, Christen und Juden. Er hatte seine Pflichten erfüllt jeden Tag, wie sie vorgeschrieben sind im Gesetz, viele tausend Tage, einen wie den anderen mit ihrer Mühe und Sorge und manchmal Freude, zwischen den Häusern, Gärten und Wiesen, die ihm vertraut und ein Teil von ihm waren. Und nie war er längere Zeit aus dem Dorf, ja aus der Gegend fortgewesen. Einst hatte er dichte, hellbraune, wellige Haare gehabt und einen Vollbart, dann waren sie weiß geworden, wenn auch noch dicht geblieben, und er trug noch die Schläfenlocken frommer Juden wie ehmals.

So war das Jahr 1899 gekommen, sein dreiundachtzigstes Jahr, als er wußte, daß er sterben müsse und es nur wenig Zeit währen konnte, bis er soweit war. Ergeben sah er ihm entgegen, da er in dem engen halbdunklen Alkoven lag, wo er seit Jahrzehnten täglich zur Ruhe gegangen war. Da sagte er, zu sich selber sprechend, vor sich hin, ja, ohne daß er die Worte direkt an jemand anderen gerichtet hätte:

»Jetzt isch mir, als ob ich grad amol durchs Dorf 'gange wär'...«, und die Pflegerin hatte es gehört und weiterberichtet.

Das war die Mutter von Johanna Lang, der alten Bäuerin aus unserem Dorf, die es von ihr wußte und mir erzählt hat, als ich im Jahre 1959 aus Amerika zurückgekehrt war, wohin ich hatte fliehen müssen. Ich war gekommen, um sein Grab zu besuchen. Denn das schönste an dieser Geschichte bedeutet es für mich, daß es die meines Großvaters ist, eines

Die Feste Hohentwiel bei Singen im Hegau im 17. Jahrhundert (nach einem Stich von Matthäus Merian). Im 10. und 11. Jahrhundert Sitz der Herzöge von Schwaben. 1800 nach der Übergabe an die Franzosen geschleift

treuen Juden, seines Lebens und seiner Art, dessen Grab oben am Berg liegt über dem kleinen Dorf am Bodensee, nahe der Schweizer Grenze; der weise wußte, was das Leben ist: nur ein Gang durchs Dorf, zu dem man gehört; wenn man alles recht sieht.

Verse vom Hohentwiel

1917

Drei Fremdenbucheintragungen

Kein ding ist, das ich ringer acht,
Als leichter seckhel vnd leer faß,
Darzu alt hoßen vnd böß schuh,
Wer will setz ein böß weib darzu.

Ein recht vertrauter Freund, ein Glaß mit gutem Wein,
Wo Brett und Kartenspiel und schöne Damen sein,
Die seind in dieser Welt alleinig unßer lust,
Worin uns sonsten nichts, als traurigs ist bewußt.

Die Weiber vnd der Wein, die bringen mich umb das Mein,
So kann ich doch den Deuffels-Ding gleichwohl nicht
feindte sein.

Zwei Geschützinschriften

Wann ich Hahn kräh uf Hohentwiel,
Thu ich dem Feind der Unruh viel.
Wenn mein Geschrey thut erschallen,
Thun viel derselben zu Boden fallen.

Das füchslen man mich nennen thut,
Nehr mich mit meiner feinde blut.
Wann ich derselben thu erschleichen,
Muß er haar lassen, kann nit weichen.

Karoline von Wolzogen
Jede Kraft der Seele schmilzt in
Bewunderung zusammen

1783

Den 10. Mai 1783 betrat ich zuerst den geliebten, langer-
sehnten Schweizerboden. Alles erschien mir schöner und
herrlicher, wie vom Hauch der Freiheit angeweht, das Grün
der Wiesen frischer, die Bäche klarer; die blühenden Bäume
hoben ihr Haupt freier in die Luft. In dem ersten Schweizer-
dorfe, Jechingen, schienen mir schon die Physiognomien
der Bewohner ein Gepräge von Würde und ein Gefühl ihrer
glücklichen Existenz zu tragen. Der Weg bis Schaffhausen
geht an waldigen Hügeln durch Wiesen hin, die im Schmuck
des Frühlings prangten, nahe bei der Stadt durch Weinberge,
die den Reichthum der Schaffhauser ausmachen. Die Stadt
liegt in einem engen Thale. Es freute mich sehr, daß man so
frei, ohne alles Examen in das Thor eingelassen ward; schon
ein Zug schweizerischer, zutraulicher Sitte, die meinem
Herzen nach dem langweiligen Ausfragen in Stuttgart doppelt wohl that.

Der 11. Mai wird mir unvergeßlich sein; ich sah das
größte Schauspiel der Natur, das je mein Auge erblickte,
den Rheinfall. Unmöglich ist es, ihn zu beschreiben, so treu,
so lebhaft, so in seiner ganzen Würde, daß das Bild in eines
Menschen Einbildungskraft sich darstellte und sein Herz

mit der seligen Empfindung erfüllte, die sein Anschauen erregt. Unmöglich ist dies ganz zu erreichen bei jedem Schauspiel der Natur, aber hier wird selbst der Gedanke Verwegenheit. Der Rhein fließt dicht an der südlichen Seite von Schaffhausen hin; sein Wasser hat eine schöne grünliche Farbe. Wir gingen zu Fuß nach dem Rheinfall. Nicht weit von der Stadt gehen schon die Felsen an, der Weg geht zwischen Wiesen und Feldern hin, die Aussicht ist durch eine Kette von Bergen, die schon zu Zürich gehören, eingeschränkt. Der erste Anblick des Falles ist groß und herrlich, doch erregte er das Staunen, das ich erwartet hatte, nicht in meiner Seele. Je mehr man sich aber nähert, desto mehr schmilzt jede Kraft der Seele in Bewunderung zusammen. Ich war so trunken von dem herrlichen Anblick, daß ich, als ich eine Viertelstunde von demselben weg war, kein deutliches Bild mehr davon in meiner Einbildungskraft hatte. Nach und nach erwachten einzelne Züge, und als ich nach Haus kam und ein Gemälde des Falles sah, da stand er wieder in aller seiner Größe vor meiner Seele. Nur für die, die ihn selbst sahen, kann ein Gemälde von ihm unterhaltend sein; sonst kann man sich schwerlich durch ein solches einen Begriff von der Erhabenheit des Schauspiels machen. Zwischen zwei Hügeln stürzen sich die gewaltigen Schaumwogen hinunter. Der an der Zürcher Seite ist hoch und steil; auf ihm steht das Schloß Lauffen, und gegenüber, ganz dicht am Fall, ist eine Drahtzieherei. Gegen drei majestätische Felsen, die der Wuth der Wellen zu trotzen scheinen und deren graue Scheitel ein Kranz von Laub umzieht, brechen sich die Wellen. Wir sollten die Drahtzieherei sehen. So gern ich sonst alle Erfindungen der menschlichen Industrie betrachte, so sehr es mich freut, daß Menschen, meine Brüder, den ganzen Reichthum der Natur zu ihrem Nutzen anwenden, selbst den Metallen Leben einzuhauchen scheinen, so klein kam mir in diesem Augenblick alles Andre vor; ein Gebäude der Würmer gegen ein Werk des Ewigen. – Wir gingen um die Krümmung herum, die der Fluß nach dem Falle macht. Gerade diesem gegenüber steht ein Thürmchen, in welchem ein Fischer wohnt; die Gegend ist romantisch, feierlich, über allen Ausdruck. Die hohen Berge, zwischen denen der Rhein herkommt, ziehen sich zusammen; man sieht nur einen Kessel von Bergen, in der Mitte die Schaumwogen, aus denen die grauen Felsen hervorragen. Der ganze Ort ist ein Tempel, den der Urheber der Natur sich selbst erschuf, in dessen Heiligthum es mehr als irgendwo dem Menschen gegeben ward, seine Unendlichkeit empfinden zu können. Wir ließen uns nun an die Zürcher Seite übersetzen; in einem kleinen Kahne wiegten uns die grünlichen Wogen. Größere, seligere Empfindungen strömten ein aus deinem Anschauen, Natur, du Schöpferin der reinsten Freude, in mein Herz. Wir landeten an dem steilen Felsen, auf dem Lauffen gebaut ist, gingen auf einem schmalen Fußsteige, der sich um den Fuß desselben windet, hin und betraten einen kleinen, bretternen Vorsprung. Hier, gerade am Fall, trunken, betäubt vom Getöse, wo die Wogen uns mit fortzureißen drohen, empfindet man die Gewalt und erhabene Schönheit des Schauspiels in all' ihrer Größe. O selige Minuten meines Lebens! Noch manche Stunden soll mich die Erinnerung an sie beseligen. Wir stiegen zum Schloß hinan, um aus einem kleinen Häuschen noch einmal den Rheinfall zu sehn. Es ist schön; aber das Erstaunen ist hier nicht so lebhaft; man sieht die Ursache des Schauspiels, am Fuße des Hügels die Wirkung. Dies ist der Platz für den, der betrachten will, jener für das Empfinden.

Eduard Mörike
Am Rheinfall

1848

Halte dein Herz, o Wanderer, fest in gewaltigen Händen!
　Mir entstürzte vor Lust zitternd das meinige fast.
Rastlos donnernde Massen auf donnernde Massen geworfen,
　Ohr und Auge wohin retten sie sich im Tumult?
Wahrlich, den eigenen Wutschrei hörete nicht der Gigant
　　　　　　　　　　　　　　　　　　hier,
　Läg er, vom Himmel gestürzt, unten am Felsen ge-
　　　　　　　　　　　　　　　　　krümmt!
Rosse der Götter, im Schwung, eins über dem Rücken des
　　　　　　　　　　　　　　　　　andern,
　Stürmen herunter und streun silberne Mähnen umher;
Herrliche Leiber, unzählbare, folgen sich, nimmer dieselben,
　Ewig dieselbigen – wer wartet das Ende wohl aus?
Angst umzieht dir den Busen mit eins, und, *wie* du es
　　　　　　　　　　　　　　　　　denkest,
　Über das Haupt stürzt dir krachend das Himmelsgewölb!

3. Costnitz heißt heute Konstanz

Otto Feger
Die Gründungssage
1956

Es muß hier noch auf die mannigfache römische Tradition
eingegangen werden, die vielerorts später zu finden ist. Fast
nie handelt es sich dabei um echte Überlieferungen, die
ohne Unterbrechung aus der Spätantike in die neuere Zeit
fortgelebt hätten. Die Volksphantasie vor allem des Spätmit-
telalters hat meist an irgendwelche Anhaltspunkte bunte
Vorstellungen über die örtliche römische Vergangenheit an-
gehängt.

Bekannt ist die Gründungssage von Konstanz, wie sie
bereits in den Chroniken des 14. Jahrhunderts niederge-
schrieben ist. Die Stadt sei im Jahre 309, nach anderer An-
gabe schon 207, durch Kaiser Constantius oder Konstantin
erbaut worden. Dieser sei von seinem Vater Diokletian nach
Deutschland gegen den Herzog von Schwaben ausgesandt
worden. Als sich dieser Herzog zugleich mit fünf Königen
in Konstanz den Römern unterwarf, sei zur Erinnerung
daran die Stadt gegründet worden. Später sei die Kaiserin
Helena hierhergekommen, ihr Sohn Konstantin d. Gr. sei
hier geboren worden.

Nach einer andern, ebenso phantasievollen Überliefe-
rung war ein königliches Gejaidhaus der Römer auf der
Predigerinsel gelegen. König Konstantin habe die Stadt er-
weitert und, nachdem sie durch den feindlichen Herzog
Almann von Allmannsdorf einmal verwüstet wurde, mit
Hilfe der Domherren wieder aufgebaut. Daraufhin wurde

die Stadt nach dem königlichen Bauherrn Konstanz genannt, vorher habe sie Niederwasserburg geheißen, im Gegensatz zur Uffburg. Die Uffburg lag bei Stein a. Rh., ein »köstlich großes Haus« des Kaisers, von dem aus ein unterirdischer Gang unter dem Rhein hindurch ins Freie führte. Konstantin habe in der Mitte der Stadt Konstanz die Kirche St. Johann gegründet, eine kleine Kirche ohne Abseiten. Später wurde sein Pferd bei einer Jagd zu Fruttwilen durch einen Drachen erschreckt; der König stürzte, wurde durch das Pferd bis in die Stadt geschleift und starb hier. Zur Erinnerung wurde an der Stelle seines Todes die Stephanskirche gebaut.

Elsbeth Stagel
Von der Züchtigung seines Leibes
Mitte 14. Jahrhundert

In seiner Jugend hatte Suso eine frische Art. Als er ihrer bewußt wurde und merkte, daß sie ihn selbst bedrängte, empfand er das als bitter und beschwerlich. Er suchte nach mancherlei Kunstgriffen und viel Bußübung, um seinen Leib dem Geist zu unterwerfen. Ein härenes Unterhemd und eine eiserne Kette trug er, ich weiß nicht wie lange, bis das Blut herabfloß: da mußte er es aufgeben. Insgeheim ließ er sich ein härenes Bußkleid für den Unterkörper anfertigen, da hinein Riemen, in denen hundertfünfzig spitz zugefeilte Messingnägel eingeschlagen waren, alle gegen den Leib zu gerichtet. Dies Kleidungsstück wurde gar eng und vorn zusammengezogen, damit es der Haut dichter auflåge und die spitzen Nägel in das Fleisch drängen, und er ließ es bis an den Nabel hinaufgehen. Darin schlief er des Nachts.

Wenn es nun im Sommer heiß und er vom Gehen müde und schwach war oder wenn man ihn zur Ader gelassen hatte und er nun in seiner Mühsal hilflos dalag und ihn das Ungeziefer peinigte, so weinte er zuweilen und knirschte mit den Zähnen und wandte sich von einer Seite auf die andere vor Drangsal wie ein Wurm, den man mit spitzen Nadeln gestochen hat. Oft war ihm, er läge in einem Ameisenhaufen, so quälte ihn das Ungeziefer. Wenn er gern eingeschlafen wäre oder eingeschlafen war, so saugten sie an ihm und bissen ihn um die Wette. Da sprach der dann wohl zu Gott aus vollem Herzen: »O weh, lieber Gott, welch ein Sterben ist das! Wen ein Mörder oder ein großes Tier tötet, der hat es bald überstanden; so aber lieg' ich hier bei diesem widerlichen Ungeziefer, sterbe und komme doch nicht davon.« Doch nie wurden ihm die Nächte des Winters zu lang noch des Sommers zu heiß, daß er davon abgelassen hätte. Und damit er bei dieser Pein um so weniger Erholung gewänne, erdachte er sich noch etwas: Um seinen Hals schlang er ein Stück Gürtel und befestigte daran auf ausgeklügelte Weise zwei Lederringe; da hinein schob er seine Hände und schloß die Arme mit zwei Vorhängeschlössern fest. Die Schlüssel legte er vor sein Lager auf ein Brett, bis zur Mette, da er aufstand und sich selber aufschloß. Seine Arme waren in diesen Fesseln, jeder am Hals hochgezogen, und die Bande waren so befestigt, daß er – wäre die Zelle über ihm in Flammen gestanden – sich selber nicht hätte helfen können. Dies trieb er, bis ihm Hände und Arme von der Spannung zittrig geworden waren; dann ersann er sich etwas anderes. Er ließ sich zwei lederne Handschuhe anfertigen, so wie sie die Arbeiter zu tragen pflegen, wenn sie Dornen entfernen, und ließ sich durch einen Spengler daran um und um messingene Stifte befestigen; die zog er des Nachts an. Er tat das, damit ihn die Stifte stächen, wenn er etwa im Schlaf das härene Bußkleid abwerfen oder sich sonstwie von dem Nagen des Ungeziefers befreien wollte; und dann stachen ihn die Stifte. Wollte er sich dann selbst mit den Händen helfen, so zerkratzte er sich im Schlaf mit den Stiften die Brust; er zog sich damit so schreckliche Wunden zu, als wenn ein Bär mit den spitzen Klauen ihn zerkratzt hätte. An den Armen und in der Herzgegend begannen die Wunden zu schwären; als sie nach vielen Wochen geheilt waren, trieb er es noch schlimmer und zog sich neue Wunden zu. Diese qualvolle Übung trieb er wohl sechzehn Jahre. Als dann sein Blut und seine Natur zugrunde gerichtet war, da erhielt er zu Pfingsten durch einen himmlischen Boten in einer Erscheinung die Nachricht, daß Gott diese Übung nicht länger von ihm haben wolle. Da ließ er davon und warf das ganze Nagel- und Riemenwerk in ein fließendes Gewässer.

Heinrich Suso
daz gegenwúrtig nu der ewikait
Mitte 14. Jahrhundert

Habe eine zurückgezogene Lebensweise und tritt nicht hervor, weder mit Wort noch mit Tat.

Genüge der Wahrheit in Schlichtheit und in dem, was auch immer dazukommt, versuche nicht, dir selbst zu helfen; denn wer sich zuviel hilft, dem hilft die Wahrheit nicht.

Wenn du unter Menschen bist, laß alles abgleiten, was du siehst oder hörst, und sei mit deinen Gedanken nur bei dem, was sich dir im Inneren gezeigt hat.

Bemühe dich, deiner Vernunft in deinen Werken den ersten Platz einzuräumen, denn von dem zu schnellen Vordringen der Sinne kommt alles Übel.

Man soll Freude nicht nach dem Maßstab der Sinne, sondern nach dem der Wahrheit suchen.

Gott will uns nicht der Freude berauben, er will in uns Verlangen nach seiner Fülle erwecken.

In der tiefsten Unterwerfung ist die höchste Erhebung enthalten.

Wer der tiefsten Innerlichkeit angehören will, muß sich aller zerstreuenden Vielheit (der Geschöpfe) entschlagen. Er muß auf all das verzichten, was das Eine *nicht* ist.

Wo die Natur aus ihrer eigenen Wesensart heraus wirkt, stellen sich Mühsal, Leiden und Verdunkelung der Vernunft ein. Wenn ich mich als das Eine, das ich sein soll, und als das All, das ich sein soll, finde, welche Lust kann noch größer sein? Ein Mensch soll in der Freiheit von Erinnerungsbildern und der Loslösung von allem Geschöpflichen verharren: Darin liegt das größte Glück.

Worin besteht die Übung eines ganz gelassenen Menschen? In der Entäußerung seines Selbst.

Wo man ein Bild oder eine Person liebt, liebt Unwesenhaftes das Unwesenhafte; und das ist unrecht. Doch ich wollte mich in Geduld darein schicken, bis ich von solch »Zufälligem« befreit bin. Im Innern des Menschen gibt es irgend etwas Einfaches; da liebt der Mensch nicht die Gegenwärtigkeit des Bildes, sondern das ist dort, wo der Mensch und er selbst und alle Dinge eins sind, und das ist Gott.

Wenn jemand verzichtete auf begehrliches Hervortreten der Sinne, wäre das eine Verleugnung des eigenen Selbst; andernfalls ist solches Hervortreten eine Ausflucht der Sinne.

Sei gelassen in Freud und Leid; denn ein gelassener Mensch kommt in einem Jahr weiter als ein ungehemmter in dreien.

Willst du allen Geschöpfen nützen, so kehre dich von

allen ab. Ein Mensch kann die Dinge nicht verstehen; verhält er sich abwartend, so verstehen die Dinge *ihn*.

Strebe danach, kein Ausbrechen zuzulassen, das deinem Vorbild nicht entspricht.

Der Mensch soll auf das Gelüst achten, das sich ihm zu allen Dingen hin darbietet; darin steckt eine Stütze, die sich gegen die einfache Wahrheit wendet.

Willst du dich nicht in Geduld schicken in Einfachheit, so wirst du dich in Mannigfaltigkeit in Geduld fügen müssen.

Lebe, als ob kein Geschöpf mehr auf Erden sei als du. Sprich (zu den Geschöpfen): »Was du mir bist, kann ich dir nicht sein. Natur liebt Natur und hat dabei nur sich selbst im Sinn«.

Etlicher Menschen Natur ist nicht genug gebrochen, und der äußere Mensch zu äußerlich geblieben.

Das Vermögen, sich über die Dinge zu erheben, gibt mehr Kraft, als die Dinge zu besitzen.

Eine Unordnung zieht die andere nach sich.

Sieh zu, daß die Natur frei von Anhänglichkeit ist und der äußere Mensch mit dem inneren übereinstimmt.

Nimm des inneren Menschen wahr, daran liegt das äußere und das innere Leben.

Zur höchsten Gelassenheit gehört, daß man allezeit die Natur in der Gewalt habe.

Etlichú menschen hein einen ufgang ane hinderniss; sú hein aber nút ein stetes bliben.

Sezze dich in ein bloss gelassenheit, wan unmessigú begerung, so der ze vil ist, hier zů môhti ein verborgen mitel werden.

Ein gelassenr mensch sôlte alle siner sel krefte also gezemmen, wenn er in sich sehe, daz sich daz al da erzogti.

Ein gelassenr mensch blibet sin selbs müssig, als ob er

umb sich selb nút wússe; wan in dem, daz got ist, so sind in im ellú ding erlich berihtet.

Hab flizz och zů dinem ussren menschen, daz der geainiget werd mit dem inren mit underzogenheit aller vihlicher gelústen.

Ein gelassnr widerker ist gote dik lieber denn ein behangnú steti.

Samen din sel zesamen von den ussren sinnen, da sú sich inne zerströwet hein uf die menigvaltekeit der ussren dingen.

Gang wider in, ker aber und och wider in in din ainmůt, und gebruche gotes.

Hert vast und la dir niemer begnůgen, unz daz du erkriegest in der zit daz gegenwúrtig nu der ewikait, als verr es muglich ist menschlicher krankheit.

Manche Menschen steigen ohne Hindernisse auf zur Höhe; aber ihres Bleibens ist dort nicht lange.

Verzichte gänzlich auf deinen Willen; denn wenn des unmäßigen Begehrens zuviel ist, könnte hieraus ein verborgenes Hindernis werden.

Ein gelassener Mensch sollte alle seine Seelenkräfte so zähmen, daß, blickte er in sich, sich ihm dort die (göttliche) Alleinheit zeigte.

Ein gelassener Mensch beschäftigt sich so wenig mit sich selbst, als ob er von sich selbst nichts wüßte, denn in dem Umstand, daß Gott (in ihm) ist, sind in ihm alle Dinge herrlich ausgerichtet.

Kümmere dich auch um deinen äußeren Menschen, damit der mit dem inneren übereinstimme unter Entziehung alles sinnlichen Begehrens.

Eine Sinnesänderung unter Verzicht auf den eigenen Willen ist Gott oft lieber als eine selbstgefällige Stetigkeit (auch im Guten).

Ziehe deine Seele in Sammlung von den äußeren Sinnen ab, wenn sie sich über die Mannigfaltigkeit der äußeren Dinge hin zerstreut haben.

Kehre in dich zurück, wende dich wieder und wieder in deine innere Einmütigkeit und erfreue dich an Gott.

Bleibe fest und sei niemals zufrieden, bis du in dieser Zeitlichkeit das gegenwärtige Jetzt der Ewigkeit erlangst, soweit das menschlicher Schwachheit möglich ist.

Wilhelm Wolfgang Schütz
Kirchenpolitik im Badezuber

1977

V. Akt · 1. Szene

Konstanz.

BÜRGERMEISTER *verliest ein Dokument:* »Bürgermeister und Rat der gottgefälligen Stadt Konstanz übertragen hiermit zu Ehren des heiligen Konzils dem ehrsamen Basler Bürger Nikolaus Lamparter und der hochgeschätzten Dorothea Pfisterin von Mantafun das Haus im Süßen Winkel am Gerberbach zu öffentlichem und freiem Verkehr, der Gestalt, daß keine Frau dort geschlagen werde, damit sie jede Nacht, die sie dort liegt, einen Pfennig an unsere Stadt abführe, einen weiteren Pfennig Schlafgeld für jeden Mann, der bei ihr liegt, ebenfalls einen Pfennig von dem Mann selbst, der es mit ihr treibt. Macht insgesamt drei Pfennig. Gottesfürchtig bleibe das Haus an Feiertagen, zum Apostelfest, zu heiligen Zeiten, am Marientag immer nach außen geschlossen. Wer dort bereits liegt, der bleibe liegen. Den Beamten unserer frommen

Stadt werde jedem ein Gulden zu Weihnachten gespendet, gestohlene Waren werden abgeliefert, Messerstechereien werden dem Bürgermeister ordnungsgemäß gemeldet, insgesamt der allgemeinen Nutzen gefördert, das Haus in Ehren gehalten und dem Bürgermeister, den Ratsherren, Gott und den lieben Heiligen ein Treueschwur geleistet, insbesondere angesichts der vielen frommen und hohen Herren aus Kirche und Staat, die wir zum gottgefälligen Konzil beherbergen, so soll auch das ehrbare Haus im Süßen Winkel zum allgemeinen Wohlbehagen sittsam beitragen, zum höheren Ruhm unseres geliebten Konstanz. Gegeben vom Bürgermeister und Rat der Stadt.«

2. Szene

Konstanz. Haus im Süßen Winkel, Kerzenlicht. Im Vordergrund Badezuber. Im Hintergrund Karin als Bademädchen Isabella auf einer Bank. Gerson und Medici kommen, in Badetücher gehüllt.

GERSON *sieht sich um:* Ein eigenartiges Lokal, Herr von Medici.

MEDICI: Das angenehmste am Bodensee, Professor Gerson. Ich komme jede Woche hierher, um etwas für meine Gesundheit zu tun. Sie sollten das auch tun, Eminenz.

GERSON: Der Prozeß ist schwierig. Ein Schuldspruch muß einwandfrei begründet sein.

MEDICI: Aber ohne strikte Zentralisierung der Staatsautorität, was gleichbedeutend mit Kirchenautorität wäre ...

GERSON: Und umgekehrt!

MEDICI: Stimmt, ohne eine harte Entscheidung droht ein totaler Geld- und Kreditverfall.

GERSON: Seine Heiligkeit ...

MEDICI: Keine Namen bitte. Die kleine Isabella versteht, wie ich vermute, zwar nur Spanisch, aber hier wie im Bankgewerbe empfiehlt sich Diskretion.

COSSA (Johannes XXIII., Papst von 1410 bis 1415): Das Bad erinnert mich an meine besten Jahre. Als ich noch eine Armee befehligte, haben wir stets um Mitternacht im Meer gebadet.

Medici winkt Isabella, die mit einem Holzkessel voll Wasser kommt.

MEDICI: Ich ziehe die Badestuben in Florenz doch vor. Man wird bedient. Die Finger dieser Mädchen! Jedem eine Wanne, dann ein warmer Quell über Schultern und Rücken. Wir benötigen Stärke, sonst zieht jeder seine Kredite zurück.

Sie steigen in die Zuber. Isabella gießt langsam Wasser über jeden.

GERSON: Wir brauchen einen Ketzer. Sonst einigen sich die Gläubigen nie auf einen Papst.

COSSA: Habt ihr erst einmal den Brandgeruch eines Scheiterhaufens in den Nüstern, dann treibt euch die Lust an der Feuerbrunst wer weiß wohin.

GERSON: Wir benötigen auch Feuer unter das Konzil. Der Prozeß gegen den Böhmen stagniert.

COSSA: Von mir erwartet man, wie ich höre, Unterwerfung, um einen Einheitspapst zu wählen. Als Reitergeneral habe ich gelernt, daß auch Rückzüge planmäßig angelegt sein müssen. Als General Christi habe ich das nicht vergessen.

MEDICI: Unordnung, Eure Heiligkeit, wird für Kirche und Krone wie für Handel und Gewerbe bedrohlich. Das kann doch nicht eure Absicht sein, schließlich müssen auch Kirche und Papst Besitztümer wahren.

COSSA: Habe ich nicht Ablaß gewährt in Hülle und Fülle?

Das hat die Kassen gefüllt, auch eure in der Florentinischen Bank.

MEDICI: Auch wenn wir als Bankleute gerne volle Kassen sehen, die Gnade droht neuerdings zu versiegen. Seit wir von Ketzern gestört werden, stagniert das Geschäft.

GERSON: Das Konzil wäre bereit, die Abdankung des Papstes Johannes mit der Ernennung des Herrn von Cossa zum Kardinal zu belohnen. Das Konzil wählt einen neuen Papst statt der drei...

COSSA: Dreifaltigkeit, Professor.

GERSON: Für uns reicht Petri Stuhl.

MEDICI: König Sigismund würde dem Konzil ein Urteil gegen den Ketzer Jan zubilligen, ohne daß der Böhme sich auf den sogenannten Freibrief berufen könnte. Man hätte also auch den Teufel mit im Pakt.

COSSA: Aber das Volk glaubt an das königliche Wort. Da liegt doch der Hund begraben. Und ein Papst bleibt ein Papst.

MEDICI: Nun, was den Papst Johannes betrifft, wird ja von dunklen Missetaten gemunkelt – Schändung von Nonnen...

COSSA *klopft sich lachend an die Brust:* Dreihundert allein in Bologna!

MEDICI: Giftmord an seinem Vorgänger Alexander.

COSSA *lacht Isabella an:* Gib mir einen Becher Wein, Mädchen, ich traue dir keinen Giftmord zu.
Isabella holt Wein und gießt ihn in einen Becher.

GERSON: Folterung von politischen Gefangenen...

Medici: Erpressung ehrlicher Kaufleute, ich kenne mindestens zwei Kunden meiner Bank in Florenz. Geheime Konten.

COSSA *trinkt:* Also gut, Johannes quittiert. Wer garantiert, daß er überlebt?

MEDICI: Der Magister aus Böhmen. Wenn erst ein Sünder vor aller Augen in Konstanz verbrennt, dann hat die Mordlust ihr Genügen und alle anderen Sünden sind vergessen. Wir wollen die Kirchenordnung nicht auf die Spitze treiben. Mich treibt es zurück nach Florenz. Florenz! Der Arno!

GERSON: Nach einer heiligen Handlung wird es meistens für einige Zeit still im Volk. Das Konzil wird sich mit einem Scheiterhaufen begnügen. Vorläufig.

MEDICI: Und dann, eure Heiligkeit, sind Sie längst Kardinal. Man muß die Umwandlung der Papstmütze in einen Kardinalshut nur rasch vollziehen.

COSSA: Wenn ihr ihn aber nicht überführt? Er ist ein Volksredner und Volksaufwiegler. Man muß ihm über's Maul hauen.

MEDICI: Man wird das Volk aufklären. Mit Wandanschlägen, Spottliedern, kurz, die Volksmeinung muß das Konzil antreiben. Dafür garantiere ich.

GERSON: Gerüchte über einen Teufelspakt erregen immer den Zorn der Gerechten. Wir werden den Teufel auf den Scheiterhaufen bringen. Wir werden den heiligen Eifer der Gerechten anfeuern.

COSSA: Aber keine Vorwürfe gegen Papst Johannes.

GERSON: Das ist schon etwas schwieriger, weil manche nach Gründen des – wie soll ich sagen – des Ämterwechsels fragen werden. Ein neuer Papst – wenn erst der Tscheche verbrannt ist – weckt natürlich Fragen nach dem bisherigen Stellvertreter Christi.

COSSA: Wozu besitzen wir die Theologie? Ich anerkenne die Wahrheit und Autorität des Heiligen Konzils. Damit auch die Weisheit seines Entschlusses, Papst Johannes abzusetzen und ihn in das Kardinalskollegium aufzunehmen. Ich schweige, ihr schweigt, wir alle schlagen ein

Kreuz, und eine Messe des neuen Kardinals läßt den alten Papst vergessen.

MEDICI: Stürzt ein Papst, dann stürzen alle drei. Ein neuer Papst, ein neuer Kaiser, und das Heilige Reich ist gerettet. Handel und Wandel erneuern sich. Ich garantiere, daß sogar die Geheimkonten für den Kardinal Cossa erhalten bleiben.

GERSON: Was mir als Jurist die schwierigste Rolle überläßt, den Magister auf den Scheiterhaufen zu stellen.

MEDICI: Wir alle müssen für die gute Sache kleine Opfer bringen. Isabella, mehr Wasser...

COSSA: Und mir mehr Wein...

GERSON: Ich ziehe mich zurück.

MEDICI: Ich werde König Sigismund berichten.

Beide ab.

Cossa *gießt sich Wein ein und legt sich auf eine Pritsche.*

Volkslied
Johann Hus in Costnitz

1917

O Johannes Hus!
Armer Dominus!
Seufzest Ach und Weh,
Armer Domine!

Wärst du doch daheim geblieben!
Dein Geleit war falsch geschrieben,
Ob's der Kaiser selbst verspricht,
Hält' man's doch dem Ketzer nicht.

Conrad Ferdinand Meyer
Hussens Kerker
1867

Es geht mit mir zu Ende,
Mein Sach und Spruch ist schon
Hoch über Menschenhände
Gerückt vor Gottes Thron,
Schon schwebt auf einer Wolke,
Umringt von seinem Volke,
Entgegen mir des Menschen Sohn.

Den Kerker will ich preisen,
Der Kerker, der ist gut!
Das Fensterkreuz von Eisen
Blickt auf die frische Flut,
Und zwischen seinen Stäben
Seh ich ein Segel schweben,
Darob im Blau die Firne ruht.

Wie nah die Flut ich fühle,
Als läg' ich drein versenkt,
Mit wundersamer Kühle
Wird mir der Leib getränkt –
Auch seh ich eine Traube
Mit einem roten Laube,
Die tief herab ins Fenster hängt.

Es ist die Zeit zu feiern!
Es kommt die große Ruh!
Dort lenkt ein Zug von Reihern
Dem ewgen Lenze zu,

Sie wissen Pfad und Stege,
Sie kennen ihre Wege –
Was, meine Seele, fürchtest du?

Gustav Schwab
Hussens Feuertod
1827

Jetzt konnte sich die Kirchenversammlung mit ungetheilter Aufmerksamkeit der Angelegenheit des armen Hus widmen, dem seine Böhmen vergebens beistanden. In zwei Unterredungen im Speisesaale der Barfüßer vertheidigte er sich vor der Versammlung der Bischöfe, besonders in der zweiten gegen seinen furchtbaren Gegner, den berühmten *Peter d'Ailly*, den beredtesten und geistreichsten Prälaten seiner Zeit, der in mancher andern Hinsicht ein Licht und Salz der Kirche genannt zu werden verdient – mit der siegreichen Kraft der Wahrheit. Als er nun am Ende ganz einfach versicherte, daß es ihm – falls er sich nicht hätte freiwillig stellen wollen – ein leichtes gewesen wäre, bei den Großen Böhmens Hülfe zu finden, entrüstete diese Versicherung seinen Gegner Peter d'Ailly so sehr, daß er den Hus vor der ganzen Versammlung einen Unverschämten schalt.

Die ganze Versammlung murmelte. Da erhub sich der muthige Böhme Johann von Glumm und sprach mit fester Stimme: »Ich bin nur der ärmsten und geringsten Edelleute Einer, dennoch getraue ich mir, den Hus ein ganzes Jahr lang in meinem Schlosse wider alle Gewalt, ja selbst wider die vereinte Macht beider Könige zu schirmen!« Niemand wagte darauf zu antworten. Von Hus verlangte jetzt der Kaiser selbst mit drohenden Worten den Widerruf, aber sein böses Gewissen zwang ihn, unaufgefordert den freien Geleitsbrief zu erwähnen und so an seine eigene Wortbrüchigkeit zu mahnen. Er schloß endlich seine Rede: »Wenn Hus auf seinen Irrthümern beharre, so werde er, der Kaiser, mit eigenen Händen das Holz zusammentragen, um ihm einen Scheiterhaufen zu bereiten.«

Hussens Antwort, ehrlich gemeint, lautete wie der bitterste Spott: er *dankte* dem Kaiser für das Geleite – das dieser gebrochen; dann erklärte er sich zum Widerrufe bereit, wenn er nur Eines Irrthums überwiesen würde.

Nach einer in der Qual furchtbarer Zahnschmerzen zugebrachten Nacht wurde Hus zur letzten Unterredung abgeholt, diesmal aber von der Versammlung überschrien und zu unbedingter Unterwerfung aufgefordert. Er bat um Belehrung, allen Zwang lehnte er ab: so ward er in den Kerker zurückgebracht. Den andern Tag suchte der Kaiser Hus durch seine böhmischen Freunde selbst zum Widerruf zu bewegen, aber Johann von Glumm erfüllte den Auftrag so, daß er zu seinem Freunde sprach: »wenn du dich schuldig weissest, o schäme dich nicht, von deiner Meinung abzustehen; glaubst du dich aber unschuldig, so muß ich dich aufmuntern, lieber die schrecklichste Qual auszustehen, als die erkannte Wahrheit zu verläugnen.« Weinend blickte Hus seinen Freund an und erklärte standhaft: »wenn er aus der heiligen Schrift widerlegt sey, wolle er seinen Irrthum von Herzen gern mit einem Eid abschwören: aber eher nicht.« Dann schrieb er Abschiedsbriefe, empfahl seinen Freunden den edlen Glumm, seinen Beschützer, dankte dem wortbrüchigen Kaiser für alle Wohlthaten und schloß: »Geschrieben im Kerker, zur Zeit, da ich stündlich erwarte, zum Tode geführt zu werden.«

In der fünfzehnten Sitzung des Konzils am 6. Juli ward endlich das feierliche Verdammungsurtheil in der Kirche über ihn ausgesprochen. Als die Sentenz abgelesen war, fiel der Gerechte auf seine Knie nieder und hub laut an zu beten: »daß sein Herr, Jesus Christus, seinen Feinden, die ihn fälschlich angeklagt, mit lügenhaften Zeugen umringt, durch erdichtete Beschuldigungen unterdrückt, mit ungerechter Verdammung belegt hätten – diese ihre übergroße Schuld nicht anrechnen, sondern sie ihnen Allen gnädig verzeihen möge.« Auf dieß Gebet eines Heiligen antwortete die ganze Versammlung mit einem höhnischen Gelächter. Hierauf folgte seine Degradation. Man zwang ihn, den Kelch in der Hand, feierlich vom Gerüste herabzusteigen: dann nahten sieben Bischöfe, und Einer rieß ihm den Kelch aus der Hand und redete ihn als den verfluchten Verräther Judas an. »Ich aber hege die Zuversicht« – erwiderte Hus sanftmütig – »noch heute den Kelch, den ihr mir nehmet, in Christi Reich zu trinken.« Dann zogen ihm die andern Bischöfe die priesterlichen Kleider aus und setzten ihm eine spitzige Papiermütze, mit drei Teufeln bemalt und *Häresiarcha* (Erzketzer) überschrieben, mit den Worten auf: »Anmit übergeben wir deine Seele dem Teufel!« »Ich aber«, erwiderte Hus, »empfehle meinen Geist in die Hände meines Erlösers!«

Den Verdammten übergab die Kirchenversammlung der weltlichen Gewalt. Kaiser Sigmund erhub sich, rief den Beschirmer des Konzils, den Kurfürsten und Pfalzgrafen am Rhein, und sprach: »Weil wir das Schwert nicht umsonst tragen, sondern zur Strafe über die, welche Böses thun, so nehmet diesen Mann Johann Hus und strafet ihn, wie einem Ketzer gebührt.« Der Pfalzgraf übergab den Verurtheilten dem Stadtvogt, dieser den Henkersknechten. Und alsobald setzte sich der Zug in Bewegung, und Hus wurde von 3000 Mann Stadtwache zu Roß und zu Fuß und einer unermeßlichen Volksmenge begleitet, vor das Thor, wo man nach *Gottlieben* gehet, auf den Richtplatz geführt. Betend und Psalmen singend wandelte er zum Tode. In der Nähe des Holzstoßes angelangt, sah er mit Lächeln, wie man seine Bücher verbrannte und fuhr mit Beten und Singen fort. Das erbarmte die Menge; sie rief einen Beichtiger für ihn, aber kein Priester wollte sich dem Ketzer nähern. Jetzt griffen ihn die Henker und führten ihn auf den Marterplatz. Dort ward er mit rückwärts gedrehten Armen an den Pfahl gebunden, erst zufällig gen Morgen; dann mußte der Henker ihn umbinden gen Westen; denn der Verdammte sollte Gottes Sonne nicht mehr sehen. Als man ihn mit der rostigen Kette an den Pfahl schmiedete, sprach er bewegt: »Gern dulde ich diese Kette, hat doch mein Erlöser dem sündigen Menschengeschlechte zu lieb viel schwerere Bande getragen!« Nun wurden Holzbündel mit untermischtem Stroh um und um an seinen Leib gelegt, bis an den Hals. »Heilige Einfalt!« rief Hus, als er ein altes Weib geschäftig einige Hölzer hinzutragen sah. Als er so in dieser gräßlichen Stellung den Tod erwartete, ritten der Kurfürst von der Pfalz und ein andrer auf ihn zu und ermunterten ihn nochmals, durch Widerruf sein Leben zu retten. Aber der Märtyrer wies sie mit Unwillen zurück und der Holzstoß wurde sofort auf des Kurfürsten Befehl angezündet. Das Feuer loderte hell auf.

Jetzt fing Hus an mit heller Stimme zu singen: »Jesu Christe, du Sohn des lebendigen Gottes, der du für uns gelitten hast, erbarme dich meiner!« Dreimal sah man ihn, dies Gebet wiederholend, die Lippen hinter den Flammen bewegen. Da erstickte ihn der Rauch und er starb im Gebet. Die Wuth der Henker ließ auch sein Gebein nicht in Ruhe. Das Haupt wurde gespalten, damit es um so schneller verbrennen sollte, das unversehrt gebliebene Herz in Stücke zerhackt und aufs Neue gebraten. Seine Asche kehrte man zusammen und warf sie in den Rheinstrom. Seine böhmischen Freunde aber kratzten die Erde auf der Brandstätte zusammen und nahmen sie als ein Heiligthum mit in die ferne Heimath.

In den folgenden Sessionen wollte das Konzil sein abscheuliches Werk durch Grundsätze verewigen und erklärte alle Ketzern ertheilte Geleitsbriefe für ungültig.

Francesco Giovanni Poggio Bracciolini
Noch ein Feuertod: Hieronymus von Prag

1416

Die Erwartung herrschte allgemein, daß Hieronymus von Prag sich reinigen würde durch einen Widerruf der Beschuldigungen oder um Verzeihung seiner Irrtümer bäte. Statt dessen aber behauptete er, daß er keine Irrtümer in sich trage und keineswegs gesonnen sei, die Irrtümer anderer als die seinigen zu widerrufen. – Dann ging er über auf das Lob des Johannes Hus, der des Jahres vorher zum Feuertode verdammt worden und welchen er einen redlichen, rechtschaffenen und heiligen Mann nannte, der solcher Todesart nie schuldig gewesen sei. Auch er stehe bereit, mit festem und unerschrockenem Mute sowohl jegliche Strafe zu erdulden, als auch seinen Feinden und falschen Zeugen, die so unverschämt lügen, zu unterliegen; allein diese würden einstens vor Gott, den sie nicht betrügen könnten, Rechenschaft über ihre gewissenlose Aussage ablegen müssen. – Es bemächtigte sich der Anwesenden eine große Beklommenheit des Herzens; denn sie wünschten, daß dieser vorzügliche Mann, wenn er nur guten Sinn dafür besäße, gerettet würde. Er dagegen beharrte steif auf seinem Entschlusse und schien den Tod begierlich zu wünschen. Dem Lobe des

Johannes Hus ließ er einfließen, daß derselbe nichts wider das Wesen der Kirche Gottes, sondern nur gegen die Mißbräuche der Geistlichkeit, gegen den Stolz, die Pracht und Üppigkeit der Kirchenobern eingewendet habe. Denn weil die Kirchengüter erstlich für die Armen und Pilger, sodann für den Kirchenbau vorhanden seien: so müsse einem rechtschaffenen Manne unwürdig erscheinen, wenn dieselben Güter für Huren, Gastmahle, Marställe, Koppeln, Hunde, schöne Kleider und andere Dinge vergeudet würden, die der Religion Christi zuwider liefen.

Die Gewandtheit seines Geistes bewies er hierbei vornehmlich dadurch, daß er keinen derjenigen, die seinen Vortrag unterbrachen, dazwischen murmelten oder seine Behauptungen anfochten, ungeschmitzt entschlüpfen ließ, denn er jagte ihnen entweder eine Schamröte ab oder nötigte sie zum Schweigen. Wurde das Murren zu stark, so beklagte er sich darüber gegen die ganze Versammlung, und wenn Ruhe eintrat, nahm er den Faden seines Vortrages wieder auf, indem er die Anwesenden bat und beschwur, ihn ungestört fortreden zu lassen, weil sie ihn ferner ja nimmermehr anzuhören genötigt sein würden. Sein Gemüt war so unerschrocken und fest, daß ihn kein Geräusch außer Fassung zu bringen vermochte.

Der Beweis für sein außerordentliches Gedächtnis besteht darin, daß er 370 Tage in der Tiefe eines feuchten und finstern Turmes lag, über dessen Scheußlichkeit er sich nicht aus dem Grund beklagte, weil er darin viele Leiden erduldet habe, sondern weil er sich über die an ihm verübte Unmenschlichkeit verwundern müsse. An jenem Orte konnte er nicht einmal lesen, weil er überhaupt kein Tageslicht sah. Rechnet man hierzu noch die Seelenangst, von welcher er tagtäglich gepeinigt wurde, so hätte ja diese allein schon sein Gedächtnis völlig zerstören sollen. Nichts desto minder führte er so viele der gelehrtesten und weisesten Männer als Zeugnisse seiner Meinungen, und so zahlreiche Kirchenlehrer als Stützen seiner Behauptungen an, daß es selbst für einen Mann sattsam gewesen wäre, der diese ganze Zeit mit größter Muße und Ruhe dem Studium der Weisheit hätte widmen können. Seine Stimme war angenehm, offen, wohlklingend und mit Würde gepaart; seine Gebärden wußte er als Redner zum Ausdruck der Entrüstung und zur Erregung des Mitleids anzuwenden, obgleich er das Letzte weder begehrte noch zu erlangen strebte. Er stand furchtlos, unerschrocken, den Tod nicht bloß verachtend, sondern wünschend, gleich einem andern Cato. O Mann, des ewigen Andenkens in der Menschheit würdig! Wenn er den Anordnungen der Kirche widerstrebte, so lobe ich dieses nicht; sondern ich bewundere seine Gelehrtheit, seine mannigfaltige Wissenschaft, seine Wohlredenheit und den Scharfsinn seiner Antworten. Leider aber waren ihm, wie ich erachte, alle diese Gaben von der Natur zu seinem eigenen Verderbnisse gespendet worden.

Hierauf ward ihm zur Besinnung eine Frist von zween Tagen anberaumt, während welcher ihn viele der kenntnisvollsten Männer besuchten, um ihn von seinen Gesinnungen abwendig zu machen. Auch der Cardinal (Erzbischof) von Florenz (Zabarella) ging in der Absicht zu ihm, ihn auf den rechten Weg zu leiten.

Da er aber hartnäckig auf seinen Irrtümern beharrte, ist er von dem Concilio als ein Ketzer verdammt und auf dem Scheiterhaufen verbrannt worden. Mit heiterer Stirne, fröhlichem Antlitz und lebhaftem Blicke schritt er seinem Tode entgegen. Das Feuer und die Henkerswerkzeuge jagten ihm keinen Schrecken ein, sodaß kein Stoiker jemals mit so festem und unerschüttertem Mute den Tod, welchen er wünschte, scheint ertragen zu haben.

Als er auf der Richtstätte angelangt war, zog er seine Kleider selbst aus und warf sich sodann vor dem für ihn errichteten Pfahl auf die Knie nieder, um zu beten. Hierauf ward er mit nassen Stricken und einer eisernen Kette entblößt an den Pfahl gebunden, wo man ihn mit Scheitern Holz, zwischen welche Späne eingemischt worden, umlegte. Im Augenblicke, da die Flamme das Holz entzündete, begann er einen Hymnus zu singen, den Rauch und Feuer endlich in seinem Mund erstickte.

Ein großes Zeichen seiner Seelenstärke gab er insbesondere dadurch, daß er dem Henker, welcher das Feuer rückwärts von ihm anlegen wollte, damit er es nicht sähe, zurief: Tritt hervor und lege mir das Feuer an unter Augen! denn so ich dieses gefürchtet hätte, wäre ich an den Platz, welchem zu entgehen in meiner Willkür stand, niemals gekommen.

So endigte dieser vorzügliche Mann, dem es nur an Willigkeit des Glaubens gebrach. Mit eigenen Augen sah ich seinen Ausgang und alle einzelnen Vorfälle dabei. Mag er nun aus böser Gesinnung oder Hartnäckigkeit das Äußerste gesucht haben, so würdest du nicht desto minder urteilen, daß er als ein Mann aus dem Schoße der Philosophie in den Tod gewandelt sei. – Ich habe dir aus Anlaß meiner gegenwärtigen Muße ein langes Liedlein gesungen; denn ich zog dem Nichtstun vor, dir Gegenstände zu erzählen, welche den Berichten unserer Alten so ziemlich nahe kommen. Jener Mutius Scävola hat sich mit keiner größeren Seelenstärke seinen Arm verbrennen lassen als dieser Hieronymus seinen ganzen Leib; auch trank Sokrates mit keinem festern Entschlusse den Giftbecher, als dieser den Scheiterhaufen bestieg. Doch nun genug; und verzeihe mir, wenn ich in Worten zu weitschweifig gewesen bin. Die Sache selbst würde wohl eine ausgedehntere Darstellung verdienen; allein ich wollte nicht gar zu schwatzhaft werden. Gehabe dich

wohl, mein teurer Leonardo. Gefertigt zu Konstanz am
3. Tage vor den Kalenden des Juni (den 30. Mai 1416), an
welchem Tage Hieronymus den Feuertod erlitten hat.

Nochmals, gehabe dich wohl und bleibe mir freundlich
gewogen.

Ulrich von Richental
Die Herrschaften reiten von dannen

1418

Am 12. April 1418 wurden die Bücher des Magisters Domi-
nicus de Laude auf dem oberen Hof verbrannt, weil sie der
husitischen Lehre nahe stehen sollten. Er und noch ein
anderer widerriefen ihre Ketzereien und schwuren, nicht
mehr daran zu glauben. [...]

Am 22. April war wiederum eine Sitzung. In dieser gab der
Papst allen denen Urlaub, die wegen des Konzils in Konstanz
waren, zugleich gewährte er ihnen auch Ablaß. Darauf erhielt auch das Volk auf dem oberen Hof den Segen. Neben
dem Papste stand der König als Evangelist gekleidet, die
kaiserliche Krone auf dem Haupte, den Reichsapfel in der
Hand, ein Kardinal verkündete den Segen auf lateinisch und
Magister Peter in deutscher Sprache. Auch Ablaß wurde auf
sieben Jahre gegeben und jedem erlaubt, nach Hause zu
fahren. Ablaß erhielten alle Geistlichen und Weltlichen, die
wegen des Konzils in Konstanz waren oder gewesen waren,
wenn sie ein ganzes Jahr jeden Freitag fasteten und darnach
weiter jeden Freitag es tun wollten. Wer das aber nicht tun
wollte, sollte nach des Beichtvaters Rate an seine Stelle einen
armen Menschen setzen oder Geld für die Kirche geben.

Am 25. April einigten sich der König und der Herzog
Friedrich im Kloster zu Münsterlingen.

Am letzten Tag des April schlug der Papst an alle Kirchtüren Briefe an, daß jeder, der in Konstanz fremd wäre, in acht Tagen seinen Wirt bezahlen und alle Schulden beseitigen sollte, damit die Abreise nicht gehindert würde. Am 4. Mai schlug er abermals an die Kirchtüren an, daß er von Konstanz ziehen wolle. Wer mit ihm nach Genf im Savoyerlande reisen wollte, sollte in 15 Tagen bereit sein.

Am 8. Mai zwischen 11 und 12 empfing Herzog Friedrich seine Lehen am oberen Markt wieder. Der König saß auf seinem Thron unter blauem golddurchwirkten Taffet und trug einen goldenen Rock und seine kaiserliche Krone. Der Markgraf von Brandenburg hielt das Scepter und der Herzog von Brieg das bloße Schwert über seinem Haupte. Es waren mehr als 30 000 Menschen auf dem Markte und in den Häusern anwesend. Es standen nicht weniger als 1500 Pferde dort.

In der Woche vor Pfingsten pflog der König mit den Konstanzern Verhandlungen, daß sie seine Diener von Konstanz fahren ließen und daß die Geldschuld aufgeschrieben würde. Er wollte dafür goldene und silberne Pfänder stellen, die bis zum Michaelistag einzulösen seien. Darauf wollte der Rat nicht eingehen, und er antwortete ihm, der König wisse doch wohl noch, was er oft gesagt hätte, daß man niemanden hinwegziehen lassen sollte, bevor er nicht bezahlt hätte. Wenn sie dagegen handelten, würde ihnen wohl Ärger daraus entstehen. Wie das der König merkte, befahl er, die Bürgerschaft zu Konstanz in dem Rathaus zu versammeln. Als sie dahin kam, stand er auf und erzählte, was er alles denen von Konstanz getan hätte, indem er das Konzil dahin legte und daß er sie so angesehen hätte, wie sonst keine seiner Städte. Dann rühmte er die Konstanzer laut, wie sie sich während des Konzils so treu und fromm gehalten hätten und wie das jedermann von ihnen auch sage. Darauf bat er sie, ihm und seinen Dienern die Abreise nicht zu erschweren. Sie waren dazu geneigt, wenn er ein Pfand hinterlege, das doppelt so viel wert wäre. Das geschah. Der König verpfändete denen von Konstanz die kostbaren Tücher, die noch daliegen und vielleicht niemals eingelöst werden. Man ließ zwei Verzeichnisse anfertigen, von denen das eine Anna Biedermann, das andere Bentz Keller erhielt. Darin waren alle Schulden aufgezeichnet, die jeder Diener des Hofes irgendeinem Konstanzer schuldig geblieben war. Von diesen Verzeichnissen nahm der König eine Abschrift und versprach durch eine Urkunde, die Schuld bis nächste Pfingsten zu bezahlen, mit vielen Gülten der Schuldner, wenn sie gemahnt würden. Die Frist verging, und die Schuld wurde nicht bezahlt. Obgleich die Konstanzer die Schuldner bei ihrem Eide an die Gülten mahnten, wollte doch keiner bezahlen. Also sind die von Konstanz angeführt worden. Sie konnten nämlich die Pfänder nicht angreifen, denn es waren goldene Wappen darauf gemacht, so daß sie niemand kaufen wollte.

Zu Pfingsten, am 15. Mai, hielt Papst Martin das Hochamt im Dom zu Konstanz. Beim Segen standen wieder viele Menschen da, so daß man kaum vor Gedränge auf den oberen Hof kommen konnte.

Am folgenden Tage zwischen 7 und 8 Uhr früh ritt Papst Martin von Konstanz weg. Zuerst kamen 12 mit roten Tüchern bedeckte Rosse, dann 4 rote Hüte mit langen Haaren, wie die Kardinäle haben, wenn sie reiten. Die Hüte wurden auf Stäben getragen. Dann kam ein Priester mit einem goldenen Kreuz, dann 12 Kardinäle und die Magister mit einem goldenen Kreuz. Darauf führte man ein weißes Roß mit rotem Tuch, auf dem das Sakrament und viele brennende Kerzen standen. Nun endlich kam der Papst auf einem weißen Roß, das mit goldenen Tüchern behängt war, und er war mit einem goldenen Gewand bekleidet wie ein Bischof, der Messe halten will. Den goldenen Baldachin trugen 4 Grafen, nämlich Graf Eberhard von Nellenburg, Graf Wilhelm von Montfort, der Graf von Tierstein und Graf Berthold von Orsini. Am Zaume führten das Roß der König und Markgraf Friedrich von Brandenburg. Hinter beiden schritten Herzog Ludwig von Bayern-Ingolstadt und Herzog Friedrich von Österreich, die die Zipfel der Roßdecke trugen. Darnach kam ein Gewappneter mit einem großen roten und gelben Hut, nun alle Erzbischöfe und Bischöfe, alle geistlichen und weltlichen Fürsten mit vielen Söldnern, zuletzt alles Volk, das in Konstanz war. Solange die Abreise dauerte, läutete man mit allen Glocken. Als der Papst zum Geltinger Tor kam, stieg er ab, zog sein Priestergewand aus und kleidete sich in ein rotes Gewand, in einen roten Mantel und setzte einen der vier Hüte auf. Nun stiegen auch der König und alle Fürsten zu Pferde und begleiteten den Papst bis nach Gottlieben. Jedermann glaubte, daß er dort speisen würde. Er aber bestieg sofort ein Schiff und fuhr nach Schaffhausen, seine Diener und die Pferde ritten rheinabwärts dahin. Vom Schiff aus gab er noch einmal dem Volk den Segen. Der König und alle anderen kehrten nun wieder nach Konstanz zurück, wo sie am späten Abend ankamen.

Am Dienstag nach Pfingsten fuhr von Konstanz der Erzbischof von Gnesen mit fünf Bischöfen. Sie hatten bei sich 700 Pferde, 8 Wagen und 6 Karren. [...]

Es ist noch zu bemerken, daß im Jahre 1418 eine große Pestilenz in Konstanz Mitte April eintrat, so daß viele starben. Das dauerte auch noch im Mai bis in den Herbst, so daß tagtäglich 8-10 Leichen in Konstanz waren und mehr als 600 Bürger mit Frauen und Kindern aus der Stadt zogen. Erst vom Oktober an nahm die Seuche ab.

Im selben Jahre gab es viel Wein, Getreide und andere Früchte, da der Herbst trocken war und gutes Wetter herrschte. Die Leute waren jedoch in ihrem Lohn so teuer geworden, daß man einem Weinleser 10 Pf. geben mußte und trotzdem kaum einen fand.

Es ist eine gemeine Verleumdung, daß während des Konzils viele Leute durch Henkers Hand gestorben seien. Obwohl das Konzil mehr als drei Jahre währte, habe ich nur erfahren können, daß während jener Zeit 22 und keineswegs mehr hingerichtet wurden. Darunter hatten sich zwei selbst getötet. Es tat das aber kein städtischer Beamter, obwohl der König, als er in Petershausen war, einige Diener dem Rate schickte und sie hinzurichten befahl.

Hermann Bahr
In Geheimnissen standen die Bäume
1912

Und dann steht wieder jene Zeit in mir auf, jene dunkle Zeit vor fünf Jahren. Da war ich am Tode, die Kraft entsank meinem Herzen. Der Arzt schickte mich nach einer Anstalt am Bodensee. Ganz einsam saß ich dort, in Erwartung. Schnee. Sturm. Nebel. Und kein Atem. Und die Furcht. Damals habe ich das Wort Trübsinnig verstehen lernen. Und Schleimsuppe. Und kein Mensch. Vita minima, innen und außen. Und kein Schlaf. Da saß ich und sah dem Nebel zu. Mein Kopf sah zu, mein Kopf lebte noch; sonst war ich abgestorben. Einmal las ich damals, Conrad Ferdinand Meyer habe von seiner Mutter gesagt, sie sei »heiteren Geistes, traurigen Herzens« gewesen. Dies traf mich so, daß es mir geblieben ist. Es war wie von mir gesagt. Traurig hatte ich das Herz, den heiteren Geist focht es nicht an. Ich las den ganzen Tag. Um abends kein Wort davon zu wissen. Ich konnte zuletzt nicht mehr durch das Zimmer gehen. Da sagte der Geist zu mir: Das blaue Meer! Und der Geist gebot mir zu fliehen. Ich gehorchte. Ich fürchtete den Tod gar nicht mehr. Nur voll Angst war ich, das blaue Meer nicht mehr zu sehen. Das blaue Meer noch einmal zu sehen war alles, was ich wußte. Das hatte ich noch zu tun. Dann war's gut. Dann meinetwegen –.

So floh ich. Ich erinnere mich noch an den merkwürdigen Abend im Inselhotel in Konstanz. An diesem Tag war der Frühling angekommen. Der See glänzte, weiß flog sein Schaum auf. Das Inselhotel ist ein altes Kloster, Dominikaner haben hier gehaust. Ich war der einzige Gast. Da saß ich, ließ mir Rheinwein bringen und rauchte große Zigarren. Ich fand, daß alles, was es auf der Erde gibt, wunderschön ist; und als hätte ich das noch gar nicht gewußt, sondern eben jetzt erst entdeckt. Und ich dachte mir, daß kein Mensch sterben kann, so lange er noch mit seinen Augen sieht, wie schön die Welt ist; er darf nur die Augen nicht sinken lassen. Da hörte mein Herz auf, so traurig zu sein. Am anderen Morgen mußte ich früh heraus. Noch war die Nacht übrig, als ich zum Schiff ging. In Geheimnissen standen die Bäume des Stadtgartens, die Umrisse der alten Häuser. Nun hatte ich im Hafen zu warten. Der Horizont war wie ein großer schwarzer Ring. Gaslicht, elektrisches daneben, grünes und rotes an schwanken Schiffen und an der Bahn, durch weißen Nebel glühend. Die Uhr der Station und noch eine andere Uhr am Ufer wie zwei große böse Monde. Und der stille Morgenstern. Und plötzlich ein Blitz, erst violett, dann rot, die Sonne kommt, die Nebel fallen, es lacht der Tag. Da fuhr ich über den hellen See.

Uwe Oldenburg
Paranoia-Sitty

(einige notizauszüge aus einem längeren text). 1978

Überfremdung

als ich jünger war, sagte meine großmutter, die aus dem schwäbischen stammt, ›biäble‹ zu mir, meine mutter, gebürtige singenerin, sagte ›bueb‹, und mein vater, der aus lübeck kommt, fragte: na, jung, hastu deine schularbeiten schon gemacht?

seit einigen jahren nenn ich mich in gesprächen mit mir selbst »gynter«.

vor knapp einem jahr habe ich diese notizen begonnen. ich saß in meinem zimmer und las den bericht eines jungen mannes, der auf einem lsd-trip durch frankfurt reiste. daher stammt auch der titel des textes: Paranoia-Sitty.

›Paranoia-Sitty‹ ist wie wunderland, nämlich überall.

›Paranoia-Sitty‹ ist eben gerade dieser zustand der heimatlosigkeit.

du fühlst dich wohl in der vertrautheit dieser fremde, die du heimat oder heimatstadt nennst.

du kennst dich aus, was heißt, daß du weißt z. b. wo die einzelnen straßen liegen, die verschiedenen orte, wo du kriegst, was du brauchst fürs überleben. oder: du verstehst gerade NOCH die sprache, die hier von den einheimischen gesprochen wird.

oder: dir sind noch einige fetzen aus der geschichte dieser stadt, in der du geboren und aufgewachsen bist, geläufig.

oder: aus trotz gegenüber den »zuegroasten« findest du immer wieder einen anlaß es hier TOLLER zu finden, als sagen wir einmal in frankfurt. hier ist wenigstens der ›hertie‹ übersichtlicher.

hier weißt du genau wo das amtsgericht liegt, wo die polizeiwache, wo der knast.

hier sind die straßen schöner geteert, die fußgängerzonen fußgängerfreundlicher und autofahrerfeindlicher als irgendwo anders –

oder: sagen wir einfach du hast heimvorteil, du weißt wo es die besten orte zum baden im see gibt.

und: wenn einer ›frichtle‹ zu dir sagt, ist das für dich grund genug, daß es dir warm ums herz wird.

ja, und da fällt sie dir auch schon ein, die rechtfertigung fürs hierverbleiben: verteidigung der ›marktstätten‹-idylle mit eisdiele und so, verteidigung der kneipenlandschaft in der ›niederburg‹, der widerstand des herzens, oder einfach nur geborgenheit im luftleeren raum, bewegungslos und angriffsfrei versteht sich.

home is where i wonna be
but where i wonna be – (if not here ...)

einige jahre zuvor las ich in etwa folgende zeitungsnotiz: relativ gesehen hat hanau von allen städten der bundesrepublik die höchste mordrate, und ich begann konstanz mit hanau zu vergleichen, um gemeinsamkeiten herauszubekommen.

konstanz.

hier in dieser Stadt, dreihundertachtundneunzig meter über dem meer, gibt es mehr kirchen als öffentliche pissoirs.

das höchste gebäude ist das münster oder vielleicht das neugebaute post- und fernmeldeamt in ›petershausen‹.

diese stadt liegt am ›schwäbischen meer‹, sagt man, und meint damit den größten binnensee der bundesrepublik, jachthäfen und eine seeflotte für turisten. in dieser stadt gibt es alles, was eine stadt zu einer stadt macht: kaufhäuser, banken, kirchen, schulen, eine universität, öffentliche dienstgebäude, einen hafen, einen bahnhof, etwas industrie, kneipen, kinos, theater, sex-shops und zwei puffs, – die seien ein produkt der grenznähe, die schweizer vögeln eben gern, sagt man.

es gibt eine brücke, die hier mit dort verbindet und dazwischen den vater rhein, ein paar fische mit noch nicht ganz ausgeprägten fosfatflossen. diese stadt, sagt man, sei weder schweizerisch noch schwäbisch, sagt man. hier in konstanz gibt es weniger morde als zum beispiel in hanau.

weniger morde als in hanau, dem bundesdurchschnitt entsprechend viele verkehrsunfälle, grünuniformierte polizisten, eine freiwillige und mehrere betriebsfeuerwehren, die regelmäßig üben, französische soldaten, die nach kaserne riechen und in ihrem eigens für sie geschaffenen foyer essen. auch in konstanz rauchen alle franzosen ›gauloises‹, alle türken tragen oberlippenbärte und haben klappmesser in den hosentaschen, die italiener sind itacker oder spaghettis, die spanier stolz. gemeinsam haben sie: keine lust zu arbeiten und miese unterkünfte.

diese stadt, sagt man, sei eben ganz diese stadt, ganz anders als ... hanau zum beispiel.

Was ist konstanz?

der unter himmelblauhimmel schlummernde südlichste zipfel des brd-arsches?
mein geburtsort.
meine heimat?
und: ist die verwendung des begriffs ›heimat‹ nicht bereits Ausdruck eines zur unbeweglichkeit und bequemlichkeit heruntergeschundenen lokalpatriotismus?

jedenfalls: als vollblutbadener fühl ich mich wohl in konstanz, meinem geburtsort, wie in einem von kindheitserinnerungen zusammengenagelten sarg. für die schwaben ist konstanz schweizerisch, für die schweizer schwäbisch, ebenso für die badener aus der freiburger gegend. für die norddeutschen, die preußen, ist rund um den bodensee eh alles bayrisch, damit basta!

im hochsommer ist konstanz mit sicherheit eine kolonie in internationaler turistenhand mit einem umstrittenen zukünftigen Autobahnanschluß, ein grenzort an der zweiten nord-süd-verkehrsachse hamburg/stuttgart/konstanz/mailand.

das frühstück ist serviert
die morgennachrichten sind gehört
und ich bin so weit weg von meiner heimat
(eric burdon)

ich bin in konstanz und denke an paris.
ich bin in paris und denke an konstanz.
wo liegt da ein unterschied?
an WAS denke ich wirklich?
(rätsel für lebenslustige)

augenblicke (1)

fünf uhr früh.
    vom stadtgarten her wedelt ein noch nicht faulig stinkender seeduft rüber zur marktstätte.
    es ist kühl am morgen in konstanz, selbst im sommer.
    die ersten dreckigroten omnibusse schieben sich wie

brummende würmer an der jahrhundertwendefassade des postgebäudes vorbei.

sie transportieren die allerersten, im fahrtrütmus geschaukelten, blassen, frühaufstehergesichter.

seit ›kohls bierbrunnen‹, der täglich schon um fünf uhr morgens öffnete und um den sich die nachtschwärmer wie fliegen ums licht scharten, geschlossen hat, sind die linienbusse das einzige, was so früh am tag hier an etwas großstädtisches erinnert.

kratzgeräusche fegender besen vor den geschäften am bahnhofplatz.

hinter den neu errichteten, zwei meter hohen eisengittern: ›engstlers biergarten‹ – ein abgestuhlter, abgetischter, menschenleerer, ausgemisteter affenstall, der den turistenansturm des neuen tages erwartet.

dann wieder dieselbe abgeschaffte nutte, die nach arbeitsende denselben gestriegelten pudel nochmal gassi gehen und aufs trottwar vor der post kacken läßt, direkt an der untersten stufe des haupteingangs.

seit drei stunden hat der schlupfwinkel aller wärmesuchenden, die diskothek ›katakombe‹ geschlossen.

die sich dort gefunden haben für eine flüchtige gemeinsame nacht liegen sich vielleicht noch in den armen.

die tage in konstanz beginnen mit kopfschmerzen und hustenanfällen.

augenblicke (2)

mittags wölbt sich ein durchsichtiger, langweiliger himmelblauhimmel über der stadt, ein himmel so richtig zum fotografieren, ein niedlicher postkartenhimmel.

was macht der über konstanz?

131

ich stehe mitten in der stadt.

ich schaue mich um und sehe nur noch veränderungen, wo ich hinblicke: neue verkehrsregelungen, frische, klaffende wunden im stadtbild, bißwunden ausbetoniert und verglast, eine grüne welle jagt die andere. kaum hab ich mich einmal um meine eigene achse gedreht, schon steht der neue rheinübergang in seiner vollen blüte, nur die anschlußstraßen fehlen noch. kaum hab ich die augen für einen kurzen moment verschlossen und wieder geöffnet schon gibts ein neues kinoprogramm. die eine kneipe wird dicht gemacht, dafür entstehen zwei nette rustikale weinlokale. es gedeihen die fußgängerzonen wie einstmals pflanzen, die man heute nur noch vereinzelt in naturschutzgebieten vorfindet.

das industriegebiet wächst immer deutlicher zu einer amerikanischen kleinstadt aus, so sind da alle häuser rechts und links einer geraden hauptstraße angeordnet, so erstrahlen die niederen neureichenbungalows in ihrem weißgetünchten glanz, daß man die holzbaracken der ausländischen bauarbeiter nicht mehr sehen kann. dort gibts kleine fabrik- und handelsanlagen, dort gibts eine kläranlage, die stinkt, ein *einkaufszentrum*, eine tankstelle mit autowaschanlage und würstchenbuden, dort kann man den industriellen menschen bei seiner liebsten freizeitbeschäftigung beobachten: dem einkaufen.

auch ein teil der mentalität der menschen hier:

das hat alles nix zu sagen angesichts der größe des weltalls!

entscheidend sind die kantineöffnungszeiten! sagt h., ein langjähriger postarbeiter.

ein freitag im juli 77, nachmittags.

in der innenstadt ist kein bekannter zu sichten.

ich will menschen treffen und begegne turisten, die sich in endlosen, heftigen schwällen durch die schmalen gassen wälzen.

ausgestattet mit superacht und spiegelreflex grasen sie in bunten hundertschaften die stadt ab auf der suche nach sensationen.

wieviel mal bin ich, schnapp, schnapp, ohne es bemerkt zu haben auf solchen urlaubsfotos festgehalten. wie oft, will ich wissen, strecke ich unterbelichtet meine fresse in deren alben? eingequetscht fühl ich meinen kopf zwischen den kunstledernen deckeln als andenken irgendwelcher turisten, z. b. im fußgängerstrom auf dem obermarkt oder als ächdes konschdanzer frichtle im gondelehafe.

in sämtlichen gartenrestaurants der stadt sind fast alle stühle von irgendeinem mitglied dieser motivgeilen schmalfilmer-spiegelreflex-mafia besetzt. ich stehe vor einem sexshop.

auch in diesen heimatlichen straßen merke ich nix von einer allgewaltig hereingebrochenen neuen wirklichkeit.

dort zum beispiel im sex-shop werden in den reizvollen, spitzenbesetzten minislips mit aufklappbarer lasche, die in der vorstellung eines jeden einzelnen gedachten fotzen eben auch nicht sofort mitgeliefert.

unterm himmelblauhimmel über ›WASISTKONSTANZ‹ zieht ein gurrender turistentrupp in richtung altes stadttor. er bleibt vor dem schnetztor stehen, vielhändig gestikulierend zeigt er auf das an der linken turmseite befestigte spendenbarometer und fragt: was ist das? das ist, meine damen und herren, das schlechte gewissen, nein besser noch, die skrupellosigkeit und verlogenheit einiger spendierfreudiger stadt- und landgrößen. mit dieser groß angelegten spendenaktion zur erhaltung und zum ausbau des turms wollen sie davon ablenken, daß sie gleichzeitig massiv an der zerstörung der stadt durch eine autobahn beteiligt sind.

das barometer steht auf ... tausend

zu den ehrenspendern gehören unter anderen:

der oberbürgermeister helmle, der ministerpräsident filbinger, der ex-bundeskanzler kiesinger.

zu den verfechtern einer autobahn durch konstanz sind unter anderen zu zählen: der oberbürgermeister, der ministerpräsident, der ex-bundeskanzler.

gleich hinter dem schnetztor ist ausland: GRÜEZI!

dieses ausland schweiz, das auch munter weiterwurschtelt in seiner alpenländischen gebirgsordnung. dieses musterland westlichen demokratieverständnisses mit volksentscheid und gebirgsvolk in waffen, wo du wochenends angehörige des militärs mit umgeschnallten karabinern auf fahrrädern über die landstraßen radeln sehen kannst.

schweiz, du vollmilchschokoladeland, du billig-rauchenmekka, du nie versiegender schokoriegelquell. [...]

ich malte mir folgende situation aus:

einer, der in konstanz geboren wurde und lange Jahre hier lebte, dann aber wegging nach irgendwo, kehrt nach zehnjähriger abwesenheit von der heimatstadt hierher zurück.

mit dem letzten abendzug rollt er ein.

was sich wohl alles verändert hat, denkt er, während er noch im ratternden abteil sitzt, nervös an der zeitung herumzupft und in den nach außen hin fast undurchsichtigen fensterscheiben sein erwartungsvolles, verschwitztes gesicht sieht.

viel ist ehrlich gesagt nicht zu erkennen, denkt er, als der zug langsam über die rheinbrücke in den bahnhofsbereich einfährt. der graue turm der mittelalterlichen stadtmauer, das rote angestrahlte polizeipräsidium rechts, linkerhand die mattschwarze, glatte fläche des sees, die dürren kahlen bäume der promenade, alles eingetaucht in eine ruhige, fast beängstigende nachtglocke. zwischendurch flackernde lichter, eine dürftige verkehrskette, die vorbei an den gleisen über die trockene straße schleicht. er schiebt das fenster halb herunter.

in der jetzt hereinziehenden luft meint er eine eigenartige geruchsmischung aus verwesung, gasen und süßwasserdämpfen zu verspüren.

er kneift die augen ein wenig zusammen, ja, auch dort hinten in der altstadt ragt immer noch protzig in seinem grünlichen kunstlicht das münster in die dunkelheit wie ehedem.

es hat sich also nix verändert, denkt er zufrieden, und er hat dabei die schemenhaften umrisse, die drohend aus der altstadt herausragen und sich gegen die dunkelheit fast nicht abheben, übersehen.

Jochen Kelter
Fremde am See
1984

Die Zeit arbeitet mit einem Zeitraffer. Die Jahre verdünnen sich. Die Jahre werden kurz. Sie erscheinen auf einem anderen Schauplatz. Neue Bilder entstehen im Kopf. Die Zeit hält an, läuft auch einmal rückwärts, macht sich breit und voll.

Der tägliche Schauplatz änderte sich. Statt des Blicks über melancholische Buchten der Blick auf Plätze und Gassen der Stadt. Der Schauplatz wechselte über die Grenze, bewegte sich fort vom See, kehrte immer wieder zurück in Streifen, Ausschnitten und Wochenenden. Die Stadt hat ein neues Unterfutter bekommen. Fassaden sind restauriert worden, Geschäfte, Boutiquen wurden eröffnet, Weinstuben, Bierschwemmen traten dazu. Die Nutten wurden vertrieben, Jazz wird gespielt. In den »Burengeneral« ist eine Pizzeria eingezogen und heißt »Papillon«. Das hat etwas Leichtes. Und auch der Name »Deutsches Heer« ist aus dem Gaststättenverzeichnis verschwunden. In der Innenstadt kann man ohne Glück keine Wohnung finden. In den nicht sanierten Quartieren leben Italiener und Türken. Die Ureinwohner sind gestorben oder in die seenahen Vororte gezogen. Die Stadt hat gegen Rezession und Dauerkrise einen neuen Anstrich bekommen. Dagegen haben auch die Stadtväter nichts ausrichten können. Mit Brückentorso. Mit Bodenpolitik. Mit Verkehrschaos. Mit Fehlplanung einmal ums andere. Mit Schildbürgerstreichen, der nächste schöner als der letzte. Am See ist der Mezzogiorno. Der hört gleich danach auf und geht in eidgenössischen Ordnungssinn über.

Die Geographie im Kopf hat sich verkehrt. Wenn ich über die Hügel im Süden oder aus dem Norden komme, kehre ich heim. Heim an den See, dessen Wintermöwen ans Zugfenster schreien. Heim in die Stadt. Zurück über die Grenze. Sehe die Stadt liegen, sehe die Stadt überwintern, sehe die Stadt im Nebel verschwinden. Spinne meine Fäden um die Stadt. Dringe in ihr Herz, spreche mit den älteren Heiligen und im Gasthaus gegenüber mit Narren und Zwergen. Die Stadt ist ein Kleinod. Wenn da aus Frankfurt jemand das Gegenteil sagt, mag er zum Teufel gehn. Die Stadt ist eine magere Milchkuh. Die Stadt ernährt mich nicht. Die Stadt mag zum Teufel gehn. Ich wohne nicht in der Stadt. Ich komme über die Grenze und stell mich hin. Mit einmal bin ich betroffen, wenn die Autobahn kommt, weil ich hier wohnen will.

Wofür und wogegen ich bin, zeigt, wie weit ich mich eingelassen habe. Im Kleinen kann ich zeigen, was ich will. Was ich will, kann ich im Kleinen zeigen. Wer will schon eine auf Pfeiler gestellte Autobahn durch ein städtisches Wohngebiet rollen lassen? Doch, es gibt sie, die das wollen. Den See als Müllkippe. Die Stadt als Schnellimbiß. Den Kopf zu mit Lärm. Die wissen sich eins im Geiste mit jenen Planungsidioten an den ominösen grünen Tischen und der ganzen staatlichen Macht, die das Faktische schafft, wie immer dies auch beschaffen sein mag. Die fürchten das Loch in der Welt, den Stillstand, den Riß quer durch den eigenen Schädel.

Dafür bin ich, die Grenzen zu öffnen und die Zollschranken dazu. In dieser Stadt und im Landkreis zum Exempel. Daß die Schweizer ihren Schnaps, so viel sie tragen mögen, im Badischen kaufen, Menschen, auch ohne wechselseitigen Einkaufsvorteil gelockt zu werden, hinüber-, herübergelangen. Hier am See können floatende Wechselkurse, hier kann die Weltwirtschaft, hier können freier Handel und Wandel beweisen, was sie zu leisten imstande sind. Als späte Kompensation für die Trennung von Stadt und Land durch eine gedachte Grenze, die allmählich aufzulösen anders kaum möglich ist, weil die als Ergebnis von wer weiß was so gedachte Linie Wirklichkeiten geschaffen hat. Die Wirtschaftsstruktur der Region ist andererseits zu stärken durch eine solide Planung, die Asphaltrollbahnen fernhält von Ballungsgebieten. Die verhindert, daß einbetonierte Großstädter an einen einbetonierten See eilen und nach dem

Verzehr zweier Grillwürste mit Dosenbier auf die Piste heimwärts einspuren. Daß eine ganze Bevölkerung – oder was von ihr vor Ort dann bleibt – sich auf die Bereitstellung von Eiskrem und Liegestühlen spezialisiert. Daß der See, der Träume von Nähe und Ferne, Sehnsüchte befördert durch ungewohnte Distanz und einmalige Perspektive, eingemauert wird in Bettenburgen und Freßsilos, in Leuchtfassaden und sterilisierte Abziehbilder, die tödlich wirken.

Schließlich sind ein paar Reformen angezeigt, um zu verhindern, daß die Stadtväter die Stadtgeschichte über die fünfhundert Jahre hinaus zu einer Kette von Betriebsunfällen gestalten. Ein Ausschuß von Bürgern prüft am Ende einer Wahlzeit, ob die Kollegen Stadträte aufgrund ihrer Leistungen in ihren Stadtbezirken wiederum wählbar sind. Ob sie kein Amt bekleiden, das ihrem Einsatz und wohlverstandenem Interesse als Rat entgegensteht; immerhin erhalten die Ratsherren ein volles Gehalt. Parteilisten, über die man zu Würden gelangt, sind nicht gestattet. Die Verwaltung ist zur Exekutive entmachtet, das Beamtentum abgeschafft, jedermann in kommunaler Behörde und Verwaltung vom Rat zu wählen auf Zeit. Die Mandatsträger ihrerseits aber sind nicht ihrem Gewissen, dafür ihren Wählern Verantwortung schuldig.

Reformen, für die zu wahlkämpfen sich lohnt. In die Stadtgeschichte käme erstmals seit den Schwabenkriegen Bewegung. In die Adern der Stadt flösse Blut.

4. In der Ostschweiz

Ivar Lissner
Spuren des Neandertalers
1975

Wandern wir hoch in die großen Felseinsamkeiten der Alpen hinauf, so stoßen wir in den majestätischen Hochburgen der Natur wieder auf die Spuren des Neandertalers.

In den Höhlen der Schweizer Kantone St. Gallen und Appenzell, im Wildkirchli, im Wildenmannlisloch und im Drachenloch hat man erstaunliche Entdeckungen gemacht. Die Drachenlochhöhle reicht 70 Meter tief in das Innere des Felsgesteins. Sie besteht aus 6 Räumen. Nahe am Eingang der Höhle sind die Innenwände von Höhlenmoosen und Flechten überkleidet. Es ist ein schönes, leuchtendes Grün. Und es reicht tief hinein in das fahle Dämmerlicht des Kuppelbaues, wo die Strahlen des Tages nur noch eben hintreffen.

Wunder über Wunder hat diese der Welt so unbekannte Höhle offenbart. Und der Naturforscher Emil Bächler bemühte sich ein Leben lang, die wissenschaftliche Anerkennung »seiner« Höhle zu erkämpfen. Er erkannte, daß der Mensch dort vor 70 000 oder 80 000 Jahren Opfer darbrachte. Das sind die Bärenopfer, die uns plötzlich den schweren, undurchsichtigen Vorhang einer so alten Zeit um einen Spalt öffnen und in das Seelenleben des Steinzeitmenschen hineinblicken lassen. In der Drachenlochhöhle befanden sich Steinkisten. Als man die Seitenwand einer großen Steinkiste anhob, waren dort im Hohlraum sieben sehr gut erhaltene Bärenschädel aufgebaut. Sorgfältig hatte der

Steinzeitmensch sie aufeinandergelegt. Und alle Schädel waren mit dem Schnauzenteil auf den Ausgang der Höhle gerichtet.

Diese Steinkisten im Drachenloch sind überhaupt *die ältesten künstlichen Bauwerke von Menschenhand, die uns bisher bekannt wurden!* In allen drei Höhlen grub man noch viele Bärenknochen aus, die zum Teil verstreut herumlagen, zum Teil aber sorgfältig aufgebaut waren. Gut geordnete Lager von Skeletteilen der Höhlenbären waren über- und nebeneinander geschichtet. Über einer größeren Steinplatte waren 31 gebrochene Wadenbeine regelrecht magaziniert. Alle gleichen Gelenkenden waren nach einer, die Bruchenden nach der entgegengesetzten Seite gerichtet. Ein Bärenschädel war rings mit dicht aneinanderliegenden Steinplättchen umstellt, die in etwa Handgröße genau die Form des Schädels umrissen. In einem Abstand von rund 50 Zentimetern von der Höhlenwand im Drachenloch waren kleine Steinmauern errichtet. Auch hier fand man Skeletteile des Höhlenbären, vollständige oder zerschlagene Schädel, einige mit Löchern versehen. Mehrere Schädel lagen in nischenartigen Einbuchtungen der Seitenwände oder zwischen alten Sturzblöcken. [...]

Die Bewohner dieser Höhlen bemühten sich nicht um kunstvolle Formgebung, weil sie sich hier nur kurzfristig aufhielten und nur für den Bedarf ausreichendes aus dem vorhandenen und wenig geeigneten Rohmaterial schufen. Sie brauchten zudem nur einfache Werkzeuge, denn sie besaßen Arbeitsgeräte, die ihnen vertrauter waren und zweckmäßiger erschienen. Das sind die Knochen des Höhlenbären. Fast allen nicht geöffneten Schädeln des Höhlenbären fehlte der Unterkiefer. Er diente als Schlagwerkzeug. Man hatte zum Zerschlagen nur einen Eckzahn im Kiefer belassen. Hüftgelenkpfannen wurden als Fellschaber verwendet, was aus der starken Abscheuerung der Ränder hervorgeht. Es ist klar, daß hier *Gerberei* betrieben wurde, und so wissen wir, daß der Mensch schon vor rund 80 000 Jahren *Fellkleidung* trug. Nimmt man so eine Hüftgelenkpfanne in die Hände, so erkennt man sofort, daß sie noch anderen Zwecken gedient haben kann. Denn sie ist ein vorzüglicher Napf, eine Blutschale, und würde sich auch gut als Trinkbecher eignen. Ich kann mir gar nicht denken, daß der Neandertaler aus anderen »Bechern« getrunken hat als aus solchen natürlichen Knochengefäßen. Die Höhlen waren in der Tiefe dunkel. Vielleicht lösten die Hüftgelenkpfannen auch das Lichtproblem. Sie hätten jedenfalls sehr praktische Ölschalen sein können, die Lampen des Steinzeitmenschen. Alle nur möglichen Werkzeuge wurden aus den Knochen eines Höhlenbären hergestellt, vielleicht sogar Pfeilspitzen, was allerdings sehr fraglich bleibt. Kleine Messer schnitt man aus den Zähnen der Tiere. Und bei all dem kann man nur staunen, daß dem Menschen die Jagd auf den gefährlichen Höhlenbären überhaupt gelang. Die Waffen des damaligen Jägers waren sehr primitiv. Vielleicht trieb er das Tier in das Innere der Höhle, stellte es dort und suchte es mit schwerer Holzkeule zu töten. Vielleicht lauerte er ihm am Wildpfad aus der Höhe eines Felsens oder aus einer Baumkrone auf und warf dann seinen Speer. An Bärenschädeln, die man in der steierischen Drachenhöhle fand, erkennt man oft Knochenbrüche auf der linken Schädelseite. Diese Brüche waren zum Teil verheilt. Das bedeutet, daß der Mensch im lebensgefährlichen Kampf nicht immer der Sieger blieb!

In jeder der drei Höhlen, in Wildkirchli, Drachenloch und Wildenmannlisloch, fand man Skelette von rund tausend Bären. Bächler nahm wahrscheinlich ganz richtig an, daß das gesamte Knochenmaterial von Drachenloch und Wildenmannlisloch durch den mittelsteinzeitlichen Menschen mit der Jagdbeute in *die Höhlen gebracht* worden ist. Freiwillig scheinen die Bären diese beiden Höhlen als Schutzorte nicht benutzt zu haben. Nur Wildkirchli diente wahrscheinlich zeitweise dem Bären allein als Winterschlafplatz, wurde aber hin und wieder auch von Menschen aufgesucht. Man weiß, daß die Aufspeicherung von Jagdtrophäen nicht durch die Natur, nicht durch Tiere oder irgendeinen erstaunlichen Zufall erfolgte, sondern nur durch die bedachte Hand des urgeschichtlichen Menschen möglich war. So gibt einer der Schädel ohne Unterkiefer aus dem Drachenloch Rätsel auf, die man kaum lösen kann. Durch seinen rechten Jochbogen war der Oberschenkelknochen eines Bären so hindurchgezogen, daß er nur durch eine ziemlich komplizierte Bewegung herausgenommen werden konnte. Das kann nur menschlicher Verstand ausgedacht haben. Die Natur baut auch nicht rechteckige Kisten aus flachen Steinplatten! Und sie zaubert nicht sieben Bärenköpfe hinein! Da war der Mensch am Werk.

Man hatte nicht vermutet, in so großen Höhen die Spuren des Neandertalers zu finden. Wildkirchli liegt 1477 bis 1500 Meter hoch. Wildenmannlisloch in den Churfirsten hat eine Höhe von 1628 Metern. Und Drachenloch ob Vättis im Taminatal erreicht 2445 Meter!

Alles in allem bleiben die Höhlen »ein ungelöstes Rätsel«, wie schon Bächler sagte. Denn wie kann man dieses Wunder erklären? Sorgsam nach allen Seiten geschützt, in einer Felswandnische, ganz abseits in einer Höhlenkammer, wurde eine kleine Figur entdeckt, das sogenannte »Unikum« des Wildenmannlisloch. Diese Figur scheint eine Frauenplastik zu sein, entstanden aus einem Unterkiefer des Höhlenbären. Sie ist entweder künstlich gemacht, oder sie ist ein Zufall der Natur. Ganz sicher sind die Flächen am Kopf durch menschliche Reibungsarbeit entstanden, vielleicht –

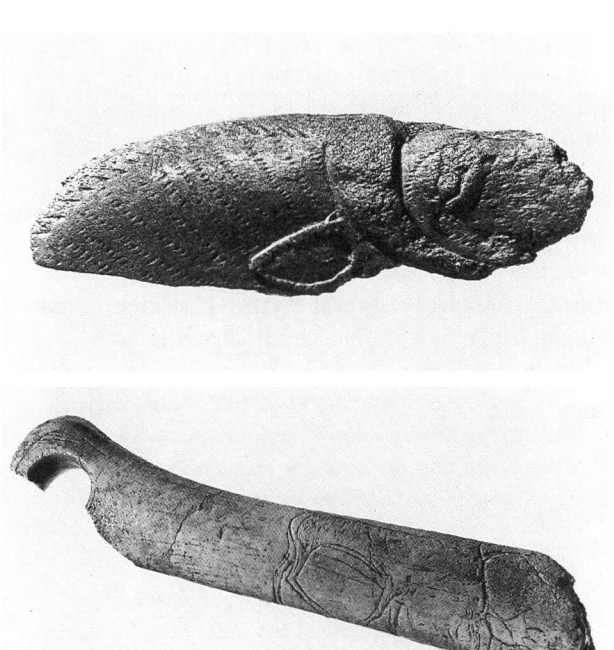

Kunst der Eiszeit
oben: Kopf eines Moschusochsen, 12 000 bis 9 000 v. Chr., aus dem
Kesslerloch bei Thayngen (Schaffhausen);
unten: Lochstab mit Ritzzeichnung eines suchenden Rentiers, gleiche Zeit, gleicher Ort. Heute im Rosgarten Museum Konstanz

wie E. Bächler vermutet – weil der Knochen ursprünglich als Glättinstrument für Tierhäute benutzt wurde. Deshalb erscheinen gewisse Stellen der »Pseudo-Venus« wie poliert. Bächler ist also der Ansicht, die Figur sei durch Glättarbeit zufällig geworden, durch langzeitige Reibetätigkeit, nicht aber in der Absicht, eine menschliche Kopfform oder eine Venus herzustellen. Ich habe die Figur genau betrachtet. Die geschlossenen Augen, der zarte Mund, die kleine Stirn, der schmale Hals, der Rücken, alles scheint ganz fein gearbeitet zu sein. Übrigens wurde in dem gleichen Versteck noch eine zweite »Venus« gefunden, die allerdings keinen erkennbar geformten Kopf besitzt, aber geglättete Stellen aufweist.

Auch wenn die »Pseudo-Venus« nicht vom Steinzeitmenschen gemacht war, so hatte der Höhlenbewohner sie doch als das Abbild eines Mädchens erkannt. Nur so ist es erklärlich, daß er sie sorgfältig und abgesondert aufbewahrte. Friedrich Behn sagt, den Menschen der Neandertalrasse habe jegliches Kunstwollen und Kunstmüssen gefehlt. Die berühmten Venus-Statuetten aus der Steinzeit gehören durchweg in die viel spätere Epoche des Aurignaciens. Die »Pseudo-Venus« wäre dann unbestritten die einzige und erste Ausnahme, und wir hätten hier die älteste menschliche Figur vor uns, von Menschen gemacht oder doch wenigstens von Menschen erkannt. Dies ist wohl das erstaunlichste Zeugnis vorgeschichtlichen Tuns oder Begreifens auf unserer Erde! Die 10 bis 12 Zentimeter große Venus wurde am 21. Oktober 1926 gefunden und steht heute unendlich einsam, von kaum einem Menschen beachtet, im Heimatmuseum zu St. Gallen, das im Dornröschenschlaf auf Besucher wartet.

Friedrich Hölderlin
Briefe aus Hauptwil
1801

An die Mutter

Hauptweil bei Konstanz,
d. 24. Jänner 1801

Teure Mutter!

Lassen Sie die guten Nachrichten, die ich Ihnen von meiner hiesigen Lage sagen kann, den ersten Dank sein für all Ihre gütigen, treuen Sorgen, die Sie besonders während meines Aufenthalts im Lande für mich gehabt haben.

Ich kann in der Tat nicht anders sagen, nach der Überzeugung, die ich mir seit 10 Tagen geben konnte, als daß die zahlreiche Familie, in der ich lebe, aus solchen Menschen besteht, unter denen man mit zufriedener Seele leben muß, so viel unschuldiger Frohsinn ist unter den jüngeren und so ein gesunder Verstand und edle Gutheit unter den älteren. Besonders ist mir der Vater vom Hause ein ehrwürdiger Mann, der für seinen Stand besonders viel gelernt und viel erlebt zu haben scheint und doch eine Einfalt beibehalten hat, die mich äußerst interessiert und unter seinen Kindern (wovon der älteste Sohn verheuratet und auch im Hause mit ist) ein stilles, anspruchloses, aber sehr reelles Ansehn ausübt.

Ich will mich für diesmal nicht weiter in Beschreibungen einlassen; genug, so wie es jetzt steht, bin ich vergnügt, und mein Geschäft ist eingerichtet und gehet gut vonstatten, und ich hoffe, man soll in Jahr und Tagen so zufrieden mit mir sein, wie man es jetzt ist, und Ihr, Ihr Teuersten, sollt immer gute Nachricht von mir hören und einmal über mich recht ruhig sein können. Ich fühle mich auch völlig gesund. Wie soll es mich freuen, nun auch von Euch bald etwas zu hören und Eure Liebe wieder nahe zu fühlen, Ihr Guten! Es ist mir sehr lieb, daß ich voriges Jahr doch einige Zeit in Eurer Nähe gelebt habe; ich war so fremde geworden unter den Menschen und hab es unter Euch erst wieder und vielleicht zum ersten Male ganz gefühlt, wie unter Euch mein Leben lang mir eine Zuflucht für mein Herz bleibt und eine unvergängliche Freude, die mir niemand nehmen kann. Das nächstemal will ich meiner teuren Schwester und meinem Karl besonders schreiben. Den Brief von Konstanz aus werden Sie wahrscheinlich nun erhalten haben. Meine Schuld werd ich, wenigstens zum Teil, abtragen können mit nächstem Briefe. HE. Gonzenbach hat mir schon aufgetragen, ihm die Reisekosten zu nennen, und ich werde ihm, sobald es Gelegenheit gibt, die Rechnung vorlegen.

Ich bin genötiget, schon hier zu schließen. Ich soll in Gesellschaft, und der Brief muß vor Abend fort.

Erhalten Sie mir Ihre Liebe, teure Mutter! und lassen Sie die ruhigen Zeiten, die nun kommen werden, Ihrem Leben recht wohltun. Es stehet Ihnen auch an, die ehrwürdigen Jahre, in welchen Sie jetzt sind, mehr in Feier und Ruhe und Heiterkeit als bisher zuzubringen. Wie vieles haben Sie für uns getan! Und Sie wissen selbst, daß es nicht jedermanns Glück ist, eine solche Mutter und eine solche Tochter und solche Enkel täglich vor Augen zu haben.

Und die abwesenden Söhne sind Ihnen ergeben genug, um so zu leben, wie es vor Ihrem geprüftesten Urteil bestehen kann.

Empfehlen Sie mich meiner verehrungswürdigen Großmutter!

Ewig

Ihr treuer Sohn

Hölderlin

Meine Adresse ist: bei HE. Anton Gonzenbach in Hauptweil bei Konstanz.

Den Brief der Jfr. Schwabin habe ich richtig überliefert. Man erinnerte sich ihrer mit Vergnügen.

An die Schwester

Hauptweil bei St. Gallen,
d. 23. Febr. 1801

Teure Schwester!

Ich schreibe Dir und den lieben Unsrigen an dem Tage, da unter uns hier alles voll ist von der Nachricht des ausgemachten Friedens, und da Du mich kennest, brauche ich Dir nicht zu sagen, wir mir dabei zumut ist. Ich konnte auch diesen Morgen, da der würdige Hausvater mich damit begrüßte, wenig dabei sagen. Aber das helle Himmelblau und die reine Sonne über den nahen Alpen waren meinen Augen in diesen Augenblicke um so lieber, weil ich sonst nicht hätte gewußt, wohin ich sie richten sollte in meiner Freude.

Ich glaube, es wird nun recht gut werden in der Welt. Ich mag die nahe oder die längstvergangene Zeit betrachten, alles dünkt mir seltne Tage, die Tage der schönen Menschlichkeit, die Tage sicherer, furchtloser Güte, und Gesinnungen herbeizuführen, die ebenso heiter als heilig und ebenso erhaben als einfach sind.

Dies und die große Natur in diesen Gegenden erhebt und befriediget meine Seele wunderbar. Du würdest auch so betroffen, wie ich, vor diesen glänzenden, ewigen Gebirgen stehn, und wenn der Gott der Macht einen Thron hat auf der Erde, so ist es über diesen herrlichen Gipfeln.

Ich kann nur dastehn, wie ein Kind, und staunen und

stille mich freuen, wenn ich draußen bin, auf dem nächsten Hügel, und wie vom Äther herab die Höhen alle näher und näher niedersteigen bis in dieses freundliche Tal, das überall an seinen Seiten mit den immergrünen Tannenwäldchen umkränzt und in der Tiefe mit Seen und Bächen durchströmt ist, und da wohne ich, in einem Garten, wo unter meinem Fenster Weiden und Pappeln an einem klaren Wasser stehen, das mir gar wohlgefällt des Nachts mit seinem Rauschen, wenn alles still ist und ich vor dem heiteren Sternenhimmel dichte und sinne.

Du siehest, Teure! ich sehe meinen Aufenthalt wie ein Mensch an, der in der Jugend Leids genug erfahren hat und jetzt zufrieden und ungestört genug ist, um herzlich zu danken für das, was da ist. Und je friedlicher es in meinem Inneren wird, um so heller und lebender gehet das Angedenken an Euch, Ihr teuern Entfernten! mir auf, und ja, ich darf es sagen, denn ich fühl es zu lebendig, wenn mir noch glücklichere Tage vorbehalten wären, Du und alle unsre Lieben würden nur mir unvergeßlicher sein. Indessen verlasse ich mich darauf, daß ich mit gutem Gewissen lebe und meine Pflicht tue; das übrige, wie Gott will! Und wenn die Zukunft mir nichts Freudiges verspräche, als daß ich von Zeit zu Zeit Dich und die Mutter und den Bruder und Deine Kinder wiedersehen und an Eurem Tische Gast sein kann, so wär es genug.

Daß unsre gütige Mutter mich von meiner Schuld auch diesmal wieder dispensieren will, ist gegen das Ausgemachte. Sie muß mir wenigstens erlauben, daß ich auf irgendeine andere Art noch auch ihr wieder danke als mit diesen Worten, die so leicht von Herzen gehn.

Bleibe nur gesund und sei so gut und berede unsre lieben Mütter diesen Frühling manchmal auch zu einem Gange ins Grüne, bis es ihnen zur Gewohnheit wird; ich habe großen

Glauben daran und meine, daß es langes Leben und Stärke dem Geiste bringt.

Entschuldige mich doch bei unserem Karl, daß ich ihm noch nicht geschrieben habe; er weiß ja auch, so gut, wie ich von ihm weiß, daß wir uns immer nahe sind und immer angehören. Freilich muß alles gefeiert werden, was gut und heilig ist, und darum soll auch unser Briefwechsel ja nie zu lange unterbrochen bleiben. Indessen gelten ja die Briefe an Dich auch ihm, wie allen den teuern Unsrigen.

Leb wohl und schreibe mir bald wieder!

Dein

H.

An Christian Landauer

[Hauptwil,

Mitte bis Ende Februar 1801]

Mein Teurer!

Ich wollte Dir erst schreiben, wenn ich mich hier gesammelt und erst ein wenig umgesehen hätte, und ich darf wohl sagen, daß ich in der gegenwärtigen Lage zu bestehen hoffe.

Der Umgang mit Dir und den übrigen Freunden hat mir einen reellen Gewinn gegeben, den ich immer entbehrte und den ich zu gebrauchen suchen werde. Ich habe bei Euch erst eine rechte Ruhe gelernt, mit der man sich auf den Grund der Seele bei Menschen verläßt, nachdem man sie an echten Zeichen kennengelernt hat. So hält man dann auch fester und treuer am Leben und unter denen, die einen angehn.

Dies kann ich bei den Menschen, unter denen ich jetzt lebe, recht gut anwenden. Sie sind, nach meinem kältesten Urteil, gerade das, was ich erwarten mochte, solche gründliche Menschen, die gerade so viel Anteil nehmen an Fremden, als es ihr Herz nicht schwächt und als die Teilnahme und Geselligkeit noch ungezwungen und wahr bleibt.

Eben darum seid Ihr ja mir unvergeßlich, und ich werde in den besten Stunden, die ich hier in Gesellschaft lebe, an Euch gemahnt.

Ich möchte jeden gerne mit eigenem Gruße grüßen und jedem sagen, wie wahrhaft ein schönes Echo aus unserem Zusammensein in Stuttgart mich begleitet, besonders während der Reise mein Morgen- und Abendlied gewesen ist.

Vor den Alpen, die in der Entfernung von einigen Stunden hieherum sind, stehe ich immer noch betroffen, ich habe wirklich einen solchen Eindruck nie erfahren; sie sind wie eine wunderbare Sage aus der Heldenjugend unserer Mutter Erde und mahnen an das alte, bildende Chaos, indes sie niedersehn in ihrer Ruhe und über ihrem Schnee in hellerem Blau die Sonne und die Sterne bei Tag und Nacht erglänzen.

Dann kannst Du wohl auch denken, wie mir jetzt, im Frühlingsanfang, alle Elemente wohltun und wie ich die Augen weide an den Hügeln und Bächen und Seen herum, da dies seit drei Jahren der erste Frühling ist, den ich mit freier Seele und frischen Sinnen genieße.

Teurer Freund! ich habe mich lange mit Täuschungen getragen, die anderen und mir zur Last und vor dem Herrn des Lebens und vor meinem Schutzgeist eine Schande gewesen sind. Ich meinte immer, um im Frieden mit der Welt zu leben, um die Menschen zu lieben und die heilige Natur mit wahren Augen anzusehen, müsse ich mich beugen, und um anderen etwas zu sein, die eigene Freiheit verlieren. Ich fühl es endlich, nur in ganzer Kraft ist ganze Liebe; es hat mich überrascht, in Augenblicken, wo ich völlig rein und frei mich wieder umsah. Je sicherer der Mensch in sich und je gesammelter in seinem besten Leben er ist und je leichter er sich aus untergeordneten Stimmungen in die eigentliche wieder zurückschwingt, um so heller und umfassender muß auch sein Auge sein, und Herz haben wird er für alles, was ihm leicht und schwer und groß und lieb ist in der Welt.

Ich hätte natürlich vom Frieden zuerst angefangen, wenn nicht die ersten Seiten des Briefs, ich glaube, schon vor 14 Tagen geschrieben wären. Was mich vorzüglich bei demselben freuet, ist, daß mit ihm die politischen Verhältnisse und Mißverhältnisse überhaupt die überwichtige Rolle ausgespielt und einen guten Anfang gemacht haben zu der Einfalt, welche ihnen eigen ist; am Ende ist es doch wahr, je weniger der Mensch vom Staat erfährt und weiß, die Form sei, wie sie will, um desto freier ist er.

Es ist überall ein notwendig Übel, Zwangsgesetze und Exekutoren derselben haben zu müssen. Ich denke, mit Krieg und Revolution hört auch jener moralische Boreas, der Geist des Neides, auf, und eine schönere Geselligkeit als nur die ehernbürgerliche mag reifen!

Verzeih, mein Teurer! wenn ich Dir mit meinen redseligen Gedanken Langeweile mache. Ich darf ja wohl Dir gegenüber sprechen, als spräch ich mit mir selbst.

Bei den Damen mußt Du mich in gutem Angedenken erhalten, wenn Du großmütig sein willst. Ihr werdet mich auslachen, aber ich muß doch noch besonders danken für die goldnen Stunden der Musik! Die freundlichen Töne ruhen in mir, und sie werden manches Mal erwachen, wenn es friedlich im Innern und um mich still ist.

Grüß also alle Freunde! Ich glaube, sie wissen und fühlen es, ob ich getreu bin. Mit einem um den andern halte ich Gespräche; nein! es verläßt mich von keinem, was mir teuer war, das Bild. Leb wohl!

Dein

H.

Carl Seelig
Mit Robert Walser in Hauptwil
1944

2. Januar 1944

»Wollen wir heute Hölderlin unsere Reverenz erweisen?« –
Robert: »Hölderlin? Das ist eine reizende Idee! Hoffentlich
werden wir nicht so aufgeweicht wie ich am vergangenen
Sonntagnachmittag, als eine wahre Sintflut auf mich nieder-
stürzte. Ich kam wie der lausigste Vagabund in die Anstalt
zurück.« Auch heute hat er trotz der Kälte weder einen
Überzieher noch einen Schirm mitgenommen. In seinem
gelblich karierten, ausgetragenen Anzug sieht er mit dem
enzianblauen Hemd, der rotgestreiften Krawatte und den
aufgekrempelten Hosenstößen ziemlich verwegen aus.

Wir schlagen auf der mit einer leichten Schneedecke ge-
puderten Straße, die nach Goßau führt, sofort ein scharfes
Tempo an; ein weißes Wiesel flitzt vorbei, gräbt sich ein
bißchen in den Schnee und guckt mit gespitzten Ohren
neugierig heraus. Wir sprechen zuerst von der Bombardie-
rung der deutschen Städte. Ich bringe die Bemerkung vor,
daß ich es schändlich finde, Krieg im Hinterland gegen
Frauen, Kinder und Kranke zu führen, gleichviel, von welcher Nation sie geführt werden. Die Tatsache, daß die Hit-
ler-Leute London bombardiert hätten, berechtigen die Alli-
ierten nicht, die gleiche unmenschliche Taktik anzuwenden.
Robert entgegnet heftig, ich urteile da zu subjektiv und zu
sentimental. Wer so bedroht sei wie die Briten, müsse sich
auf die schonungsloseste Realpolitik besinnen. Die Hitler-
Hunnen hätten keine bessere verdient. Jede Nation ent-
wickle sich bei der Entscheidung um ihre nackte Existenz
zum brutalen Egoisten; da müsse sich sogar das Christen-

Robert Walser, Wanderer in der Ostschweiz

tum mit einer sekundären Rolle begnügen. Ich: »Haben sich die zivilisierten Völker gewehrt, als die Italiener mit Bombengeschwadern gegen die Abessinier losgegangen sind?« – Robert: »Erlauben Sie mir das ›Bemerkigli‹, daß die Abessinier nicht in diese Lage gerutscht wären, wenn sie den Verlockungen der Zivilisation widerstanden hätten und dem Althergebrachten treu geblieben wären. Auf die Treue zum Althergebrachten kommt es an, immer und überall!«

Robert zeigt mir mit Behagen den alten, schönen Dorfteil von Goßau. Die meisten Leute befinden sich in der Kirche. Es ist sehr still; man sieht nur ein paar schlittelnde Kinder und internierte Polen in ihren gelbgrünen Uniformen. Wir marschieren weiter, manchmal begegnet uns ein Bauernschlitten mit klingelndem Pferdegeschirr; der Schnee reicht uns oft bis zu den Knien. Aus einem Stall kommt ein Knecht mit geschulterter Mistgabel. Ich rufe: »Guete Morge!« Er antwortet nicht, was Robert zur Bemerkung veranlaßt: »Er ist gewiß jaloux, daß er nicht spazieren kann wie wir!« In Arnegg klopfen wir bei einem Wirtshaus an. Aber es bleibt totenstill. Nach zwei Stunden sind wir in Hauptwil, wo Hölderlin um 1800 Hauslehrer bei der Familie Gonzenbach war. Gegenüber einem barockartigen Bürgerhaus, unter dessen Sonnenuhr der Spruch steht:

»Wirket und wacht, solange es Licht,
Die Stunden der Nacht künde ich nicht«,

liegt der Gasthof »Zum Leuen«. Wir bekommen vorzüglichen Kaffee und rezenten Tilsiter. Robert fragt mich: »Glauben Sie nicht, daß die Wirtin eine ehemalige Süddeutsche war? Ich vermute es nach ihrem Dialekt. Vielleicht hat Hölderlin Süddeutsche hierhergezogen.« Wir bleiben vor dem geräumigen Patrizierhaus der Gonzenbach stehen, die sich zu Beginn des 17. Jahrhunderts hier angesiedelt haben und durch den Leinwandhandel reich wurden, und bewundern das Türmchen, unter dem die Straße durchgeht, sowie die venezianischen Balkone, den stillen Hof, die ruhigen Fronten des Herrschaftshauses mit den beiden Freitreppen und die Wetterfahne. Das Gut gehört jetzt der thurgauischen Haushaltungsschule der Gemeinnützigen Gesellschaft; aber Robert findet, das Haus besitze auch jetzt noch seine schöne Gemäldehaftigkeit und etwas vornehm Träumendes. Ich: »Wollen wir uns die Hölderlin-Gedenktafel ansehen, die vergangenes Jahr angebracht wurde?« Robert wehrt ab: »Nein, nein, um solches Plakatgeschrei kümmern wir uns lieber nicht! Wie widerwärtig sind doch Dinge, die sich demonstrativ als pietätvoll gebärden! Übrigens war ja Hölderlin nur eines der vielen Menschenschicksale, die sich hier abgespielt haben. Man darf über einer Berühmtheit nicht das Unberühmte vergessen.«

Wohl eine Viertelstunde stehen wir so gaffend herum, und als wir uns auf einer Nebenstraße dem waldigen Hügel zuwenden, der Hauptwil von Bischofszell trennt, fragen wir einen älteren Mann, der vor seinem Haus Schnee schaufelt, ob es noch immer Abkömmlinge der ehemaligen Gutsbesitzer gebe? Er schaut uns mit seinem rechten Auge an, das linke ist ausgelaufen, und antwortet: »Ja, noch einen. Aber er ist halbtaub und ein wenig verdubelt. Er kommt manchmal hierher.« Nach einer Weile setzt er hinzu: »Die Menschen verdienen ein so prächtiges Haus gar nicht, jetzt, wo sie auf alles Bomben schmeißen.« Ich sage: »Vielleicht bessern sie sich allmählich...« Der Mann: »–die und sich bessern?« Ich: »Vielleicht werden sie zur Besserung gezwungen!« Er: »Allerdings. Das kann sein. Hoffen wir es!« und Robert nickte dazu.

Dino Larese
Mit Heidegger in Hauptwil
1960

Wir standen am frühen Abend im Schloßhof von Hagenwil,
einige Gruppen von angeregten Menschen, die von der
Eröffnung einer Manzù-Ausstellung in St. Gallen in die
stille Abgeschiedenheit dieser Wasserburg zusammenge-
kommen waren, um das Gespräch weiterzuführen, das vor
den Plastiken des italienischen Bildhauers begonnen hatte.
Manzù selber, klein, konziliant, gütig, aufmerksam aufge-
tan, mit dem offenen Gesicht, unterhielt sich mit einigen
deutschen Malern, Schweizer Kunstkritikern und lebhaften
Italienerinnen. In einer Ecke des Schloßhofes, wo das Holz
aufgeschichtet war und die Kühle des Schloßweihers herein-
drang, lehnte der Maler Otto Dix mit dem verkniffen-
listigen, braungebrannten Gesicht und zeichnete unauffällig,
verstohlen, als müßte er einen kleinen Diebstahl verbergen,
die gedrungene Gestalt des Philosophen Martin Heidegger,
eine Gestalt, die einem hiesigen Bauern entsprechen würde,
der eben über die Zugbrücke hereinkäme, einen Abend-
schoppen in der Schloßwirtschaft zu trinken. Dann blickten
mich seine Augen an, verschmitzt, hintergründig, aber dann
schienen sie mir auf einmal groß, von einer durchdringen-
den Klarheit und Helle. Er war zurückhaltend, fast scheu,
schweigsamer Art, aber im Laufe des Gesprächs, wenn der
Wein gut war, leuchtete ein hiesig-ländlicher Humor auf,
Freude am Witz. Er sprach ruhig, ohne dramatische Ak-
zente, die innere Gelassenheit drückte sich in den spärlichen
Gebärden aus.

Ich fragte ihn nach dem Eindruck, den er von der Kunst
Manzùs bekommen hatte.

In seiner pausierenden, das Wort bedächtig setzenden Art

sagte er: »Auf Ihre Frage ist eine sehr einfache Antwort zu geben. Es ist die Unmittelbarkeit der plastischen Darstellung, in der für mich etwas Ursprüngliches der griechischen Plastik wieder zur Erscheinung kommt, ohne daß es als eine Nachahmung aufgefaßt werden dürfte. Ich sehe in dieser Kunst einen neuen Versuch, das, worin ich das Wesen der Kunst zu sehen meine, das Ins-Werk-Setzen der Wahrheit wieder zu verwirklichen – auf dem Wege, das Bild des Menschen und des zwischenmenschlichen Verhältnisses wieder zur Darstellung zu bringen.«

Von der griechischen Plastik ausgehend, nahm unser Gespräch eine überraschende Wendung, indem wir auf Hölderlin, dessen Dasein und Dichtung als schmerzlich-heldischer Hymnus Heideggers Denken immer heftig beschäftigt, zu sprechen kamen.

»Ist nicht Hauptwil in der Nähe?« fragte mich Heidegger.

»Doch, in einer knappen Viertelstunde erreichen wir es mit dem Wagen.«

Ich bemerkte ein Aufleuchten in Heideggers Augen, das ich als Wunsch und als Bitte gleichermaßen verstand.

Wir fuhren durch die Felderweiten, streiften die Einsamkeit der Hudelmooser Ried- und Moorlandschaft, die Stille und verträumte Traulichkeit von Bischofszell und hielten dann auf der Höhe über Hauptwil einige Augenblicke inne, als müßten wir diese stille Landschaft, in der Erinnerung an den Aufenthalt Hölderlins, verklärter sehen und erkennen.

Denn das thurgauische Dorf Hauptwil, das in einer von Weiher und Bach angenehm belebten Mulde, hart an der sanktgallischen Grenze und im Anblick des nah aufblauenden Alpsteingebirges liegt, von Wald und Hügeln in besonderer Stille und Abgeschiedenheit gehalten und gleichsam nur durch die Bahn, die vom mittleren Thurgau hinauf nach St. Gallen führt, an die Welt gebunden, wäre durch sein bloßes Dasein eines der vielen stillen, verträumten Dörfer geblieben, die ihre Eigenart wohl treu bewahren und für sich im Verborgenen blühen, kaum bemerkt und geachtet; durch den Aufenthalt Hölderlins aber, wenn er auch nur wenige Monate dauerte, ist das Dorf Hauptwil hinaufgehoben worden ins Licht deutscher Dichtung und für uns Verehrende zu einem geweihten Boden geworden, den wir mit gleichsam jünglingshafter Andacht betraten.

Inniger und eindrücklicher ist die Begegnung mit diesem Dorf, wenn wir dabei wissen, daß sich sein Gesicht seit Hölderlins Aufenthalt im Jahre 1801 nicht stark und wesentlich geändert hat; denn die schönen alten Häuser in ihren kleinen Parks stehen noch und lugen uns aus halberblindeten Fenstern überlegen und liebevoll an; das Tortürmchen mit seinem Glockenspiel stemmt sich an die graue Schloßmauer und läßt uns auf einem Sträßchen ins Dorf hinein, den gleichen Weg, den wahrscheinlich Hölderlin geschritten ist, von Bischofszell her durch den Wald des Bischofsberges; und im Hofe eines der beiden Schlösser [...] knirscht noch der Kies unter den Füßen wie zu Hölderlins Zeiten. Wir können uns im Park des Kaufhauses ergehen, wo Hölderlin sich ergangen hat, und dem Dorfbach lauschen, aber auch dem Geraune und Plaudern der Dorfbrunnen, die auch in seine Nächte hinein gemurmelt haben, und abends können wir auf dem »Chüngeliberg« sitzen, wo auch er in Ergriffenheit und Schauer gestanden ist vor den heranschreitenden Waldbergen und dem Gebirge. [...]

Zu Hölderlins Zeit lebte hier die Familie Gonzenbach in einem gesicherten Reichtum, betrieb Mühlen, Färberei, Wirtshaus und vieles andere mehr, handelte mit Marseille, Lyon, Oberitalien, Portugal und Peru, und mit eisernem Willen und rührigem Fleiß entfalteten sie in Dorf und Landschaft als Geschäftsherren und bis zum Umsturz als junkerliche Gerichtsherren [...] eine umfangreiche Tätigkeit, wie sie uns, wenn auch in reicherem Ausmaß, in den Kaufmannskreisen der norddeutschen Hansastädte begegnet. Ein Reisebericht eines schaffhausischen Pfarrers, der im Jahre 1800 nach Hauptwil kam, schildert uns mit wenigen, aber eindeutig charakterisierenden Worten den Geist jener Familie, in die ein Jahr später Hölderlin eintreten sollte. »Der ältere Gonzenbach, der nachher Regierungsstatthalter des Kantons Thurgau werden sollte, wohnte im sogenannten ›Oberen Schloß‹, der jüngere mit seiner zahlreichen Familie im ›Unteren Schloß‹, das gewöhnlich ›das Kaufhaus‹ genannt wurde.«

Diese Angaben sagen uns, daß demnach das älteste Schloß, das »Schlößli«, wahrscheinlich nicht mehr von den Kaufherren selbst, sondern eher von Bedienten bewohnt wurde. Ob Hölderlin nun in diesem »Schlößli« oder im Kaufhaus wohnte, ist schwer zu entscheiden; wir vermuten aber, uns vor allem auf seinen Hauptwiler Brief stützend, wo er schreibt: »Und da wohne ich, in einem Garten, wo unter meinem Fenster Weiden und Pappeln an einem klaren Wasser stehen«, daß er im Kaufhaus wohnte, in jenem Zimmer, das hinausschaut in den Park mit seinen Bäumen. Er schreibt zudem noch von der zahlreichen Familie, in der er lebt und vom ältesten Sohne Gonzenbach, der mit im Hause ist.

Der Reisebericht erzählt uns nun von diesem Gonzenbach im Kaufhaus, in dessen Dienst Hölderlin trat: »Er ist es eigentlich, der die Fabriken in Hauptwil hält; für ihn arbeitet alles, was in diesem Ort lebt und webt. Hauptwil hält sich aufrecht durch den Handel und die Tätigkeit dieser Familie. Die Frau des Kaufmanns, die Schwester des Gerichtsherrn von Gonzenbach, ist eine mit männlicher Tätigkeit und Spekulation handelnde Kaufmännin.« [...]

Mit Heidegger betrat ich den Friedhof, wo in einer grünen Stille an der Friedhofmauer zwei Gedächtnisplatten an die Familie von Gonzenbach erinnern. Heidegger beugte sich über die Rabatte, um im Dämmerlicht die Aufschriften lesen zu können, die er leise vor sich hinmurmelte: »Daniel von Gonzenbach, geboren am 31. Oktober 1796, gestorben am 9. Oktober 1853; Pauline von Gonzenbach, geboren am 11. Oktober 1795; gestorben am 14. September 1863; Wilhelm von Gonzenbach, geboren am 4. Mai 1789, gestorben am 26. September 1866.« Dann schaute er mich an, als wollte er sagen: »Könnten das nicht die Kinder sein, die Hölderlin unterrichtete?«

Schweigend schritten wir dann hinunter zum Kaufhaus, öffneten das schnarrende Eisentor und traten in den gepflegten, biedermeierlich-traumhaften Garten mit den hohen Bäumen, schauten hinauf zu den geschlossenen Fensterläden, hinter denen wir Hölderlins Zimmer vermuteten, überquerten dann auf einem schmalen Holzsteg den Bach, um die Gedächtnisplatte über dem Eingang des »Schlößlis« zu lesen. »Nur in ganzer Kraft ist ganze Liebe«, sagte hernach Heidegger, die Worte wiederholend. [...]

Als wir in der Nacht nach Hagenwil zurückfuhren, rauschte ein kurzer kräftiger Regen hernieder. In einem seltsamen Zwiespalt saßen wir am Tisch. Otto Dix zeichnete gegenwärtig weiter und suchte das Geheimnis dieses verschlossen-aufgetanen, widersprüchlich scheinenden Antlitzes von Heidegger zu ergründen. Manzù, glücklich in sich und in der Geborgenheit der herben Schönheit seiner Freundin ruhend, lächelte gewinnend, als wäre sein Griechentum nur Heiterkeit, Harmonie. Jemand öffnete ein Fenster, ein kühler Luftzug strich herein; die Kerzen flackerten kurz, als wollten sie verlöschen.

1. Vom schönen Kreßbronn nach Süden über den Bodensee hin zum schweizerischen Säntis

2. *St. Georg auf der Reichenau mit dem ältesten Freskenzyklus Deutschlands (9. Jahrhundert)*

3. Der Rheinfall bei Neuhausen / Schaffhausen:
»Rastlos donnernde Massen auf donnernde Massen geworfen,
Ohr und Auge wohin retten sie sich im Tumult?« Mörike

4. Gebäude des Konzils von Konstanz (1414–1418):
»O Johannes Hus! Armer Dominus!
Seufzest Ach und Weh, armer Domine!« Volkslied

*5. Der Rheintorturm in Konstanz und das Münster: »... die Sonne
kommt, die Nebel fallen, es lacht der Tag. Da fuhr ich über den
hellen See.« Hermann Bahr*

6. *Münster von Konstanz: Hier wurde das tödliche Urteil*
über Jan Hus ausgesprochen (1415)

7. *Der See, das Auge und Herz der Region*

8. *Kathedrale von St. Gallen (nach Mitte des 18. Jahrhunderts erbaut); bis zur Aufhebung des Klosters Stiftskirche der fürstlichen Benediktinerabtei (1805)*

9. *Winkel mit Haus zum lieben Augustin, Spieldosenmacher und*
Gotteskind in Lindau um 1800

10. Der See bestimmt das Stadtbild: Bootsverleih in Friedrichshafen

11. Marienplatz in Ravensburg: Waaghaus mit Blaserturm und Rathaus

12. *Das Oberstadttor in Meersburg (um 1500); auch dieser Stadtteil »das alte Meersburg, deutsche Romantik«*

13. *Saal in der ehemaligen Zisterzienserabtei Salem (JeruSalem),*
eine Festhalle des Glaubens

14. *Alemannische »Fasnacht«: Überlinger Hänsele beim Karbat-schenschnellen auf der Hofstatt*

15. Park mit subtropischen Bäumen und Schloßkirche auf der Insel Mainau

16. Münster in Überlingen, dem heiligen Nikolaus geweiht, dem Schutzherrn der Fischer und Schiffer, spendefreudig, der einst auch drei arme heiratslustige Jungfern im Schlaf mit drei goldenen Kugeln beschenkte

Nikolaus Schubert
Uttwil, das Dörfchen der Dichter und Maler
1957

Uttwil, das Fischer- und Bauerndörfchen am schweizerischen Bodenseeufer, kannte im ersten Jahrzehnt unseres Jahrhunderts eine kleine Blüte als Fremdenkurort. Ein Hotelbetrieb, aus mehreren Wohn- und Wirtschaftsgebäuden bestehend, mit schönem Park am See, konnte bis zu hundert Gästen Sommeraufenthalt, Erholung und bescheidene Zerstreuung bieten. Die aufstrebende Gemeinde schien selbst einem Arzt, dem jungen Basler Felix Martin Barth, Gewähr zu bieten für die Errichtung einer Landpraxis. Einige Jahre später als Kurarzt nach Brestenberg berufen, überließ er sein Haus dem Maler Theodor Barth, einem Vetter des Malers Paul Basilius Barth und des Prof. Karl Barth. Eine Studie, der »Schulspaziergang«, erinnert noch an den Uttwiler Aufenthalt des eigenwilligen, persönliche Wege gehenden Künstlers. Der Erste Weltkrieg bereitete dem Kurleben des kleinen Ortes ein unerwartetes Ende. Der Fischer und Bauer gab dem malerischen Dörfchen wieder das Hauptgepräge. Dessen einzige kleine Sensationen bestanden in den Köpenickiaden und Schildbürgerstreichen seiner schmuggelnden Seefahrer, die für die Beteiligten mitunter schlecht ausgingen und bald Heiterkeit, bald mitfühlende Anteilnahme bei der Mitbevölkerung erweckten.

Es war daher für die kleine Gemeinde ein außergewöhnliches Ereignis, als gegen Ende des Ersten Weltkrieges der Architekt Henry van de Velde Uttwil als Wohnsitz wählte. Nach manchen Enttäuschungen und Irrfahrten führte ihn der Weg des Zufalls aus Weimar, seiner langjährigen Wirkungsstätte, in das stille, große und von alten Bäumen umgebene Haus am See. Hier fanden sich seine in alle Winkel

Europas zerstreuten Familienmitglieder endlich wieder zusammen.

Dieser »Europäer« und seine Familie fanden sehr rasch herzlichen und menschlichen Kontakt mit den Dorfbewohnern, und das anfängliche mit Neugierde gepaarte Mißtrauen machte einer großen Zuneigung Platz. Im Hause des Künstlers setzte ein reges Kommen und Gehen ein. Unbewußt fühlte man, wie vieles in dem Dörfchen sich wandelte, wie es unbemerkt Weltanschluß fand, für eine Klasse Menschen Anziehungspunkt wurde.

Wohl einer Anregung Veldes folgend, hielt wenige Monate später der Schriftsteller und Dichter René Schickele in Uttwil Einzug. Ihm wiederum ist es zu danken, daß Annette Kolb sich von Zeit zu Zeit für kurze Besuche einfand.

Durch die Söhne und Töchter van de Veldes und Schickeles, die hier die Schule besuchten, reihten sich beide Familien auf natürliche Weise der Gemeinde ein, ohne Fremdkörper zu sein, sie vielmehr auf wertvollste Art belebend und bereichernd.

Van de Velde war damals 55jährig. Der Flame, den seine künstlerische Laufbahn vom Maler zum Kunstgewerbler und Architekten führte, ließ vor allem in Deutschland ein Lebenswerk hinter sich, das europäische Anerkennung gefunden hatte. Seinen ersten, Aufsehen erregenden Schöpfungen von Innenräumen an der Dresdener Kunstausstellung von 1897, waren im Laufe der Jahre reiche Herrschaftshäuser und Museumsbauten gefolgt. An der Ausstellung des deutschen Werkbundes in Köln 1914 war er der Erbauer des Ausstellungstheaters, auch auf diesem Gebiete neue Wege gehend.

In der ländlichen Abgeschiedenheit Uttwils reiften neue Pläne heran. Van de Velde befaßte sich ernstlich mit dem Gedanken, ein weiteres Nachbarhaus zu erwerben und in

Uttwil eine Kunstgewerbeschule zu gründen, wie er es bereits in Weimar getan hatte. Dieser Plan, der dem Fischerdörfchen ein grundlegend verändertes Gepräge gegeben hätte, kam leider nicht zur Ausführung. Der holländische Finanz- und Großkaufmann Kröller-Müller hatte sich entschlossen, durch den Bau eines Museums seiner bedeutenden Van Gogh-Sammlung und weiterer Kunstsammlungen ein würdiges Heim zu schaffen. Für diese große Aufgabe berief er van de Velde, den er vor Jahren in Deutschland kennengelernt hatte. So verließ der Künstler mit seiner Familie nach einem Aufenthalt von mehreren Jahren Uttwil wieder, um nach Holland überzusiedeln. Schwere Wirtschaftskrisen und Wechselfälle verzögerten die Verwirklichung dieses Werkes, das erst im Laufe von Jahrzehnten, und manche Änderung erfahrend, vollendet werden konnte. Van de Velde war inzwischen vom belgischen Königshaus nach Brüssel berufen worden, wo er seinen immer gehegten Lieblingsplan erfüllen konnte, von neuem eine Kunstgewerbeschule nach seinem Sinn und Geiste zu errichten. Heute wohnt der betagte Künstler in der Schweiz, in Oberägeri. Dort arbeitet der 94jährige noch täglich stundenlang an seinem Arbeitstisch, sich noch immer mit den aktuellen Fragen und Problemen der Architektur befassend. Noch immer denkt er gerne an Uttwil zurück und erzählt, wie gerührt er damals war, als sich bei seiner Abreise aus dem Dorfe die halbe Gemeinde auf dem Bahnhof zum Abschied versammelt hatte, und er fügt rückblickend hinzu: »Das Haus am See war der schönste Wohnsitz meines Lebens.«

Auch Schickeles Weg führte nach einiger Zeit weiter. Inzwischen war der Maler Ernst E. Schlatter nach Uttwil zugezogen. Er beabsichtigte nur einige Jahre hier zu bleiben. – Vor zwei Jahren wurde er hier zu Grabe getragen.

Der impulsivere und dynamischere Nachfolger im Hause Schickele war der Schriftsteller Carl Sternheim. Im Gebaren und in seiner ganzen Lebensart war er reiner Gegensatz seines Vorgängers. Er lebte sehr zurückgezogen, und auch seine Tochter und sein Sohn, durch einen Hauslehrer erzogen, fanden weniger Kontakt mit den Gleichaltrigen des Ortes. Sternheim entschloß sich, in Uttwil ein kleines Gartenhaus zu bauen, das ihm, dem »Heimatlosen und Verfolgten«, als Absteigequartier dienen sollte. Wenig später ließ er ein stattliches Wohnhaus erstellen, in das er allein mit seiner Gattin übersiedelte, das Gartenhaus seinen Kindern überlassend.

Auch den nicht weniger temperamentvollen Schriftsteller Paul Ilg zog es nach Uttwil. Er stieg mit seinem blondgelockten Jungen im ländlichen Gasthaus am See ab. Oft sah man die beiden ungleichen Gestalten, Sternheim und Ilg, durch die Straßen des Dorfes spazieren oder im Hotelgarten sitzen. Der eine mit halb kahlem, schmalgeschnittenem Kopf, in einen Anzug gezwängt, der immer zu eng schien, seine Worte mit nervösen, zerrissenen Gebärden begleitend, der andere lässiger, bohèmehafter und erdverbundener.

Aus den Schrullen und Eigenarten Sternheims wußte mancher Uttwiler Nutzen zu ziehen. Der Dichter arbeitete oft bis in die frühen Morgenstunden. Kaum hatte er sich dann zur Ruhe gelegt, begann sein Nachbar, der Zimmermann, sein Handwerk mit Hämmern und Sägen, munter dazu singend. Das brachte die Nerven des halb Schlafenden zum Siedepunkt. Wütend öffnete er das Fenster, um unter Begleitung nicht allzu höflicher Worte dem Störenfried einige Franken zuzuwerfen, ihn auffordernd, seine Arbeit noch für einige Stunden einzustellen. Der Zimmermann machte denn auch reichlich Gebrauch von dieser Art,

Geld zu verdienen. Eine andere Eigenart Sternheims war es, seine ganze Korrespondenz zu jeder Tag- und Nachtzeit im Nachbarorte Romanshorn zur Post bringen zu lassen. Dieser Umstand bewog einen alten eingefleischten Bauern, sein Bauerngut zu veräußern und sich einen Personenwagen anzuschaffen und Chauffeur zu spielen. Er soll damals mit dieser Beschäftigung sein Auskommen gefunden haben.

Im Hause Sternheim waren Pamela Wedekind, Erika und Klaus Mann häufige Gäste. Der Schriftsteller verließ Uttwil, schon gezeichnet und verfolgt von seiner späteren Krankheit.

Auch Ilg verließ Uttwil wieder, kehrte aber in späteren Jahren hierher zurück und lebt hochbetagt, aber noch streitbaren und jungen Geistes im sternheimschen Gartenhäuschen.

Das Wohnhaus von Carl Sternheim erwarb der Kunstkritiker Walter Kern, dieses wieder einem weiten Kreis von Malern, Schriftstellern und Künstlern öffnend. Das Haus van de Veldes ging in den Besitz von Dr. Emanuel Stickelberger über. So ist das Schloß Uttwil kultivierte, traditionsgebundene und gastfreundliche Heimstätte eines Dichters und Schriftstellers geworden, dessen Werk weit über die Grenzen seines Heimatlandes hinaus Bedeutung und Anerkennung gefunden hat. Durch das Tor, dessen Bogen das Familienwappen des alten Basler Geschlechtes trägt, kommen und gehen wieder Freunde und Verehrer des noch unermüdlich Schaffenden. Abends leuchtet das Licht aus den Bibliotheksräumen und dem Arbeitszimmer des Dichters über dunkle Baumkronen, sich in der Dunkelheit der weiten Wasserfläche des Sees verlierend. An Sommer- und Feiertagen klingt durch das sonst stille Haus und den alten Park das Lachen einer Schar fröhlicher Enkelkinder. Auch der Sohn Dr. Stickelbergers, Dietegen Stickelberger, dessen erstes literarisches Werk vor zwei Jahren erschien, wohnt seit längerer Zeit in Uttwil.

Das verlassene Haus Schlatter aber, in dem einst so viel fröhliches Leben und so viel herzliche Geselligkeit herrschten, und sein großes, helles Atelier mit dem weiten Blick über den Bodensee warten geduldig auf den Einzug eines neuen Malers.

So ist Uttwil das Dörfchen der Dichter und Maler geblieben. Ein stiller ruhiger Flecken, nicht aber eine Künstlerkolonie mit lautem und gekünsteltem Aushängeschild. Ein Fischer- und Bauerndorf ist es noch immer, dem einige wenige Menschen – Künstler, Maler und Dichter – durch ihre stille Anwesenheit köstlichen Reichtum und stilles Leuchten verleihen.

Paul Häberlin
Jugend in Kesswil
1959

Eine deutliche Erinnerung geht etwa in das 14. Lebensjahr zurück. Ich saß gegen Abend am Ufer des heimatlichen Sees, ganz versunken in die Schönheit der Farben und das leise Wellenspiel, welches die große Ruhe nicht störte, sondern vertiefte. Die Schöpfung war schön und gut. Es schlug sechs Uhr vom Kirchturm, und um sechs Uhr sollte ich zuhause sein. Aber ich blieb. Ganz klar wußte ich: es wird Schläge geben, aber was bedeutete das gegen dieses hier! – Vieles ist mir an diesem Abend aufgegangen; ich versuche es in Gedanken zu übersetzen. Vor allem: es gibt Anderes und Höheres als Gebot, gesetzte Pflicht, Moral. Über allem

Menschlichen steht Ewiges. In ihm ist kein Widerstreit und keine Unzulänglichkeit. Der See wurde zum offenbarenden Symbol – Symbol der Einheit in der Mannigfaltigkeit, der Ruhe in der Bewegung. Das Erlebnis hatte mehr als ästhetische Bedeutung, besser: in seiner ästhetischen Bedeutung war es kosmologische Schau ewiger Vollendung. Zugleich aber Erlebnis des großen Wunders. Es war Entzücken, Erkenntnis und Ehrfurcht zugleich. – Als ich, fast vierzig Jahre später, an der »Ästhetik« arbeitete, sah ich mich immer wieder an jene Uferstelle versetzt.

Ich erinnere mich an ein zweites Erlebnis, das wohl etwas später liegt. Es war im Vorfrühling. Ich betrachtete am Ufer eines kleinen Baches die ersten sprießenden Blätter von Dotterblume und Himmelsschlüssel. Ihre Verschiedenheit regte Fragen an: Was bedeutete die Verschiedenheit? Und wie kommt es, daß jede Pflanze jedes Frühjahr gerade diese und keine anders geformten Blätter treibt? Ich weiß, daß ich diese Antwort fand: Jeder Pflanze gefällt dieses ihr Kleid, und kein anderes, sie will es so haben; warum aber, das ist Geheimnis. Das Erlebnis weist wieder in die kosmologische Richtung, aber nun – vom Bewußtsein des Wunders abgesehen – in neuer Weise. Es zeigt das keimende Verständnis für die Individualität alles Existierenden.

Von Jugend auf habe ich die »Natur« geliebt und ernst genommen, und vielleicht hat sie mir ursprünglich mehr Eindruck gemacht als die Menschen. Wohl erlebte ich meine Jugend in der engen Gemeinschaft eines kleinen Dorfes, wo jeder den andern kannte. Wohl gab es da genug Menschliches zu sehen. Da waren die Bauern und Handwerker des Mittel- und Oberdorfes mit den behäbigen Häusern, fleißiges, nüchternes, ehrenfestes Volk. Ich habe ihr Leben mitgelebt, als Helfer in der Landwirtschaft des Großvaters und als interessierter Beobachter aller handwerklichen Tätigkeit in den Werkstätten. Und da waren auch die Schiffsleute und die Fischer des Seedorfes, anders geartet, weniger standfest, Neuem zugänglicher, ein wenig »abenteuerlich«, ein wenig »poetisch«. War es der See, oder war es diese Eigenart, jedenfalls fühlte ich mich zu ihnen und ihrer Beschäftigung hingezogen. – Aber die starken Eindrücke der frühen Jugend gingen von der Natur aus.

Das Dorf mit Feldern und Wiesen liegt zwischen Wald und See. Felder und Wiesen waren die Stätten der Arbeit, Wald und See waren die Orte der Beschaulichkeit, der »uninteressierten« Hingabe an das, was sie zu sagen hatten. Ich *liebte* sie, vor allem den See. Wenn ich später, fern von zuhause, Heimweh fühlte, so galt es nicht den Menschen, sondern der heimatlichen Umgebung, und hier in erster Linie dem See. Die Natur war nie zweideutig, sie enttäuschte nie. Man fühlte sich wohl in ihr, auch im Geheimnis des Waldes, sosehr es manchmal erschauern machte; auch im Sturm auf dem See und in der winterlichen Öde seiner eisbekränzten Ufer. Auf dieser Grundlage fanden die Belehrungen des Vaters über die Eigenart der Bäume, des Vogelgesanges und Vogelfluges und manches andere ein williges Ohr, und war für mich das Leben mit den Fischern mehr als Arbeit oder interessante Unterhaltung. Unvergeßlich der Eindruck des maßvoll bewegten Sees früh vor Sonnenaufgang, fern von allen Ufern, in der Stille der Erwartung des Lichtes. – In der Natur erlebte ich das kosmisch Umfassende und Tragende der eigenen kleinen Existenz. Sie war groß und klar.

Menschliches war zwiespältig und oft sehr kleinlich. Ich muß früh vertraut gewesen sein mit menschlicher Relativität. Bezeichnend, daß mir ein Spruch meines Großvaters in ständiger Erinnerung geblieben ist. Nach der sonntäglichen Predigt (das Haus war der Kirche benachbart) trafen sich bei ihm fast regelmäßig ein paar Bekannte zu einem Gläschen Kirsch- oder Zwetschgenwasser. Dann wurde geredet und disputiert, die Meinungen stießen oft heftig zusammen. Der Großvater pflegte zuzuhören, kaum je sich einmischend. Als wieder einmal der Disput ohne Einigung sich zu erschöpfen schien, sagte er in seiner ruhigen Art: »Säged er grad, er wesseds nöd.«

Relativität läßt sich nur empfinden auf der Basis der Liebe zur Wahrheit. Ich erinnere mich aus der frühen Jugend nicht nur an eine gewisse Empfindlichkeit gegen Verstellung und Unwahrhaftigkeit, sondern auch an ausgesprochenen Drang nach unzweideutiger Erkenntnis. Er war es, der mich zum »guten Schüler« werden ließ. Ich habe begierig alles aufgenommen, was der Unterricht mir bot. Noch am Gymnasium waren alle Fächer mir interessant, nicht als Fächer, sondern als mögliche Zugänge zur Wahrheit überhaupt. Nie hätte ich »Spezialist« werden können, wenn auch ungefähr jeder meiner Lehrer mich als zukünftigen Spezialisten seines Faches taxierte. Wenn man sich über mein »gutes Gedächtnis« wunderte, so verstand man wohl nicht, daß das Einzelne gewissermaßen nicht um seinetwillen, sondern wegen seiner Erkenntnisbedeutung haftenblieb (weswegen denn auch mein Gedächtnis zeitlebens »schlecht« gewesen ist, wo es sich um Daten ohne diese Bedeutung handelte).

Wille zur Wahrheit verlangt Selbständigkeit des Urteils, eigene Überzeugung. Es ist mir, soweit ich zurückdenken kann, unmöglich gewesen, eine Meinung einfach anzunehmen, auch wenn sie durch autoritative Tradition gestützt war. Im Religionsunterricht in der Sekundarschule erhielt ich einmal deshalb eine schlechte Note. Vor der Konfirmation hatte der Pfarrer einige Mühe, mir das Gelübde möglich zu machen. Am Gymnasium war der Chemielehrer erstaunt und entrüstet darüber, daß ich Zweifel an der damals geltenden Atomlehre und besonders an ihrer welt-anschaulichen Bedeutung, wie er sie schilderte, zu äußern wagte.

Was ich hier zur Vorgeschichte der philosophischen Wendung meines Lebens erwähnt habe, wäre unvollständig ohne den dankbaren Hinweis auf das, was mir die dörfliche Jugend an äußerer und innerer Gesundheit, Arbeitskraft und Arbeits-Selbstverständlichkeit mitgegeben hat. Philosophie verlangt all das in hohem Maße. Gesund war auch der bäuerliche »Realismus«, der die Dinge nimmt, wie sie sind, und sich nicht Illusionen oder Spekulationen hingibt, welche keinen Boden haben.

Als ich das Gymnasium verließ, trug ich zwei Keime in mir, welche zur Entfaltung drängten: den schon ahnungs-vollen Willen zu wahrhafter Einsicht und den Willen zur Hilfe. Diesem zweiten aber war der erste eingeordnet. Die noch lebende Tochter eines meiner Universitätslehrer be-zeugt, ich habe (es war in den ersten Basler Tagen) auf ihre Frage nach meinen Absichten geantwortet: Möglichst viel »wissen«, um möglichst viel helfen zu können.

Rainer Maria Rilke
Zwei Briefe aus Ragaz
1925

⟨Ragaz, 19. 9. 1925, Samstag⟩
G^dHôtel Hof Ragaz,
Ragaz,
am 19. September 1925

An Fräulein Ida Walthert,
Bristelstraße 22
Bern
Weissenstein.

Geehrtes Fräulein Walthert,

von den mir, auf mein Inserat im Berner Bund hin, zugekommenen Angeboten hat mich das Ihrige am Meisten angesprochen; an dieses anknüpfend, möchte ich Sie noch um einige weitere Auskünfte bitten, ebenso Ihnen, durch ein paar weitere Einzelheiten, meinen Wohnsitz betreffend, die Aufgabe, die Sie in meinem Haushalt erwarten würde, etwas genauer bezeichnen.

Das beiliegende kleine Bild (das Sie mir freundlichst wiedersenden wollen) zeigt Ihnen das alte ländliche Haus, eine halbe Stunde überhalb Sierre gelegen, »Château de Muzot« genannt. Ich bewohne es ganz allein, Sie hätten also nur für mich zu sorgen. Da das Schlößchen aus dem XIII^ten Jahrhundert stammt, fehlt natürlich der jetzt in den Städten übliche Comfort: es giebt weder Centralheizung, noch elektrisches Licht (:dieses letztere soll allerdings diesen Herbst oder nächstes Frühjahr in einigen Räumen, in der Küche, im Zimmer der Haushälterin etc. eingeführt werden.) Vor der Hand ist man auf Petroleum-Lampen und Kerzenbeleuchtung angewiesen. Die Heizung geschieht durch Kachel- d. h. walliser Stein-Öfen und (in meinem Arbeitszimmer) durch ein⟨en⟩ modernen Dauerbrand-Füllofen. Wasser ist kürzlich bis in die Küche geleitet worden, was eine angenehme Erleichterung bedeutet. Das Haus ist, wie Ihnen das Bild vorstellt, nicht groß, und, mit schönen alten Möbeln eingerichtet, leicht in Stand zu halten. Die untere Etage umfaßt: das Eßzimmer, ein kleines Wohnzimmer und das Zimmer der Haushälterin, ebenso die in einem Anbau befindliche Küche. Darüber befinden sich: mein Arbeitszimmer, mein Schlafzimmer und ein kleiner unbenutzter Raum, (die ehemalige Schloß-Kapelle). Im Dachgeschoß: das ab und zu vorübergehend benutzte Gästezimmer und zwei Kammern.

Um das Haus herum liegen die drei kleinen Gärten: der Blumengarten; der potager, in dem wir einen großen Theil des erforderlichen Gemüses ziehen, und daran anschließend eine große Wiese mit Apfelbäumen. Auch der Früchteertrag des vorderen (Blumen-) Gartens ist nicht unbedeutend, es fehlt dort nicht an ausgezeichneten Äpfel- und Birnensorten, Pfirsichen, Johannisbeeren; besonderen Werth lege ich auf die Pflege der von mir angelegten *Rosen*pflanzungen, die sich in den letzten vier Jahren auf das Schönste entwickelt haben. Die Sommer sind recht heiß im Kanton Wallis und das fast regelmäßige Auftreten starker Winde bringt es mit sich, daß der Boden rasch austrocknet, so daß die Arbeit des Begießens eine große Rolle spielt. Die Rosenbeete erfordern ab und zu den Gebrauch der Gießkanne, im Übrigen kann ein Schlauch verwendet werden, so daß die Mühe nicht zu groß ist. Besorgungen und Postwege bedingen es, daß die Haushälterin fast täglich einmal nach *Sierre* hinuntersteigen muß; das ist, wie gesagt, eine knappe halbe Stunde Weges und kein allzu ermüdender Weg. Eine Person, die sich die Arbeit einzutheilen versteht, und die fähig wäre, Haus und Garten in der rechten Weise lieb zu gewinnen, könnte sich (wie es meine bisherige Haushälterin gethan, die leider zur Hülfe ihrer alten Mutter nachhause zurückkehren muß) aus alledem eine angenehme persönliche Aufgabe entwickeln, die lohnt und freut. Denn das Land ist schön und gesund, und das Haus, das soviele Jahrhunderte überdauert hat, besitzt eine besondere alterthümliche Schönheit.

Wichtig ist, daß die Gouvernante von Muzot, sowie sie einmal meinen Geschmack und meine Gewohnheiten kennt, sich möglichst *selbständig* einrichtet. Mit litterarischen Arbeiten beschäftigt, wünsche ich nicht durch Fragen gestört zu sein und brauche daher eine Gehülfin, die sich zutraut, eine stille und verständige Anpassung zu leisten. Der Nachtheil dieser Selbständigkeit ist dann freilich die große Einsamkeit, von der ich nicht weiß, ob sie einem Mädchen in Ihrem jugendlichen Alter nicht schwer zu ertragen sein möchte. Sie müßten dann eben sehen, sich genügend zu beschäftigen; die Einkäufe in Sierre bringen ja schließlich doch etwas Ansprache und Zerstreuung mit sich.

Ebenso frage ich mich, ob Sie den Ansprüchen *feinerer* Küche sich gewachsen erweisen; ich esse die längste Zeit über meistens »vegetarisch«, d. h. ohne Fleischkost, was im Winter nicht immer leicht ist; es gehört schon eine gewisse Erfahrung in régime-Küche dazu, um Abwechslung in's menu zu bringen. Vegetarische Koch-Bücher stehen Ihnen natürlich zur Verfügung, aber damit ist wenig gethan, wenn man nicht schon etwas Übung in der Zubereitung fleischloser Küche mitbringt. Ich liebe es, *sehr einfach* zu essen, alle komplizierten Speisen sind ausgeschlossen, – aber das Einfache, sei es nun Reis oder Mehlspeisen, oder was immer, muß in der *feinsten Weise* zubereitet sein, da ich grobe Küche nicht vertrage. Ebenso bin ich empfindlich für

sorgsames Anrichten und Servieren, sorgfältiges und ge-
schmackvolles Decken des Tisches etc...., lauter Dinge, die
sich kaum erlernen lassen, wenn man nicht Lust dafür und
etwas angeborene Begabung zu dergleichen Anordnungen
mitbringt.

Daß mir am Rein- und Imstandhalten der Zimmer viel
gelegen ist, muß ich nicht erst besonders sagen: je älter ein
Haus ist, desto dringender erweist sich die genaue Pflege der
Räume.

Ich schreibe Ihnen das Alles so ausführlich, um uns vor
einer gegenseitigen Enttäuschung zu schützen. Bitte, liebes
Fräulein Walthert, *prüfen Sie sich* vor diesen Zeilen, ohne
Überstürzung, ob eine solche Verwendung Ihrer Neigung
und Ihren Kräften gemäß wäre und schreiben Sie mir dann
Ihre Meinung, die einzelnen fraglichen Punkte beantwor-
tend.

Ich sehe davon ab, weitere Auskünfte bei den angegebe-
nen Adressen über Sie einzuholen; Ihr eigenes Schreiben
flößt mir volles Vertrauen ein, und ich denke, Sie kennen
sich selber am Besten, um mir ehrlich und aufrichtig zu
schreiben, wozu Sie sich fähig fühlen.

Inzwischen die besten Grüße in der Erwartung Ihrer
freundlichen Nachricht:

R. M. Rilke
Hôtel Hof Ragaz,
Ragaz.

P.S.: Ihre Zeugnis-Abschriften und Ihr Bild behalte ich in
jedem Falle noch zurück, bis zum Eintreffen Ihres nächsten
Schreibens.

(Mit Rück-Porto und der Photographie von Muzot).

Liebes Fräulein Walthert,

Ihr eingehender und aufmerksamer Brief hat mich gestern erreicht; es war sehr freundlich von Ihnen, mich so genau zu unterrichten: ich habe die angenehme Überzeugung, daß wir es, in guter Zuversicht, mit einander versuchen können.

Würde es Ihnen passen, am 15. Oktober auf Muzot einzutreten? Meine bisherige Haushälterin, Fräulein Baumgartner, würde dann jedenfalls noch ein paar Tage zugeben, um Sie in Alles einzuführen; ich habe, aus Ihren guten Zeilen, den Eindruck gewonnen, daß Sie sich rasch und leicht zurechtfinden würden.

Was die Wäsche angeht, so sind (soviel ich weiß) die Wollsachen und ein Theil der Küchenwäsche immer im Hause gewaschen worden; (es besteht kein eigener Wasch-Raum). Alle größeren Stücke, sowie meine Leibwäsche, wurden immer an die Wäscherin, in Sierre, gegeben.

Was das Gehalt angeht, so könnte ich, vor der Hand, über Frcs 100.– (pro Monat) nicht hinausgehen; Fräulein Baumgartner bekam 80.– bis Ende vorigen Jahres; erst zum Januar, nachdem sie sich, durch Absolvierung eines Kochkurses in Luzern, sehr vervollkommnet hatte, habe ich ihr ihr Gehalt auf hundert erhöht, und dabei möchte ich nun bleiben. Dies wird aber, darf ich nach Ihrem ersten Schreiben hoffen, kein Hindernis für Sie sein.

Lassen Sie mich also, bitte, mittels einer kurzen Zeile, Ihre endgültige Zusage wissen und theilen Sie mir freundlichst mit, ob der vorgeschlagene Termin des Antritts Ihnen paßt.

Sollte ich vorher durch Bern reisen, so würde ich Sie verständigen und wir könnten dann manches noch münd-

lich durchsprechen. In jedem Falle erwarte ich hierher Ihre
Zustimmung.

Empfangen Sie indessen meinen Dank und die freund-
lichsten Grüße:

R. M. Rilke

P.S. Zeugnisabschriften und die Photographien finden Sie
hier in der Beilage.

Rück-Porto:

Rainer Maria Rilke
Sein letztes vollendetes Großes Gedicht
in deutscher Sprache
Ragaz, am 10. August 1926

Geschrieben für
Karl Grafen Lanckoroński

»Nicht Geist, nicht Inbrunst wollen wir entbehren«:
eins durch das andre lebend zu vermehren,
sind wir bestimmt; und manche sind erwählt,
in diesem Streit ein Reinstes zu erreichen,
wach und geübt, erkennen sie die Zeichen,
die Hand ist leicht, das Werkzeug ist gestählt.

Das Leiseste darf ihnen nicht entgehen,
sie müssen jenen Ausschlagswinkel sehen,
zu dem der Zeiger sich kaum merklich rührt,
und müssen gleichsam mit den Augenlidern
des leichten Falters Flügelschlag erwidern,
und müssen spüren, was die Blume spürt.

Zerstörbar sind sie wie die andern Wesen
und müssen doch (sie wären nicht erlesen!)
Gewaltigstem zugleich gewachsen sein.
Und wo die andern wirr und wimmernd klagen,
da müssen sie der Schläge Rhythmen sagen,
und in sich selbst erfahren sie den Stein.

Sie müssen dastehn wie der Hirt, der dauert;
von ferne kann es scheinen, daß er trauert,
im Näherkommen fühlt man wie er wacht.
Und wie für ihn der Gang der Sterne laut ist,
muß ihnen nah sein, wie es ihm vertraut ist,
was schweigend steigt und wandelt in der Nacht.

Im Schlafe selbst noch bleiben sie die Wächter:
aus Traum und Sein, aus Schluchzen und Gelächter
fügt sich ein Sinn ... Und überwältigt sie's,
und stürzen sie ins Knien vor Tod und Leben,
so ist der Welt ein neues Maß gegeben
mit diesem rechten Winkel ihres Knie's!

Bernhard Möking
Der heilige Gallus
1951

Eines Tages, als der heilige Gallus in Arbon durch die Gnade
Christi wieder genesen war, wandte er sich einmal an seinen
Gefährten Hiltibold, der die Gegend um den See gut kannte,
und fragte ihn: »Mein Sohn, hast du jemals in dieser Wildnis
einen Ort gefunden, der geeignet wäre, darauf ein Bethaus
und eine Wohnung für mich zu bauen? Mein Herz sehnt

sich nach Einsamkeit.« Da versetzte Hiltibold: »Mein Vater, rauh und voll starker Gewässer ist diese Wildnis. Hohe Berge und enge Täler hat sie in Menge und mancherlei Getier, sehr viele Bären, Wölfe und Wildschweine. Ich fürchte, sie möchten über dich herfallen, wenn ich dich dorthin geleite.« Der Mann Gottes aber antwortete: »Ist Gott für uns, wer mag gegen uns sein?«

In der Frühe des folgenden Tages machten sich beide unter Gebeten auf den Weg und kamen nach langem Wandern an ein Flüßchen, das von den Anwohnern die Steinach genannt wurde. Hier beschlossen sie, eine Nacht zu ruhen. Da sich eine Menge Fische im Wasser zeigte, schlug Hiltibold Feuer und bereitete ein erquickendes Mahl. Unterdessen suchte der Gottesmann eine Stelle, wo er sein gewohntes Gebet verrichten könnte. Da stieß er mit dem Fuß an einen Dornbusch, strauchelte und fiel nieder. Sein Gefährte eilte ihm rasch zu Hilfe und wollte ihn aufheben, aber Gallus sprach mit den Worten des Psalmisten: »Laß mich! Dies ist meine Ruhestatt ewiglich. Hier will ich wohnen, denn hier gefällt mir's wohl.« Als er sich dann vom Gebete erhoben hatte, machte er aus einer Haselrute ein Kreuz und befestigte daran eine Kapsel, in der einige Heiligtümer verwahrt lagen, die er mitgebracht hatte.

Inzwischen war es Abend geworden. Da nahmen die beiden mit Danksagung das Mahl ein und begaben sich darauf zur Ruhe. Bald aber erhob sich Gallus wieder und kniete vor jenem Kreuze in inbrünstigem Gebete nieder. Sein Reisegefährte lauschte andächtig auf seine Worte und nährte ab und zu das glimmende Feuer. Siehe, da stieg ein Bär aus dem Waldgebirge herab, trabte heran und verschlang die Überreste der Mahlzeit. Mit Furcht und Bangen lag Hiltibold auf seinem Lager, ohne sich zu rühren; Gallus aber stand auf vom Gebete, trat vor den Bären hin und sprach zu

Seefahrt des heiligen Columban und heiligen Gallus, aus einem Legendenbuch von 1460

ihm: »Untier, im Namen Jesu Christi befehle ich dir, nimm Holz und wirf es ins Feuer!« Da kehrte der Bär sogleich um, kam auf den Hinterbeinen wieder, brachte einen gewaltigen Klotz geschleppt und legte ihn ins Feuer. Zum Lohn dafür reichte ihm der Gottesmann ein Stück Brot, das der Bär behaglich brummend verzehrte. Dann sprach Gallus zu ihm: »Im Namen Jesu Christi, meines Herrn, weiche aus diesem Tale! Die Wildnis der freien Berge und Hügel mag dein Gebiet sein; hier aber sollst du weder Vieh noch Menschen verletzen!« Bei diesen Worten lief der Bär von dannen; er verschwand im Wald und kehrte nicht wieder. Hiltibold aber, der alles mitangesehen, stand auf, warf sich dem Heiligen zu Füßen und rief: »Jetzt weiß ich, daß der Herr mit dir ist, denn selbst die Bären der Wildnis gehorchen dir!« Da hieß Gallus seinen knienden Diener aufstehen und verbot ihm, jemand ein Wort von dem Wunder zu erzählen, bis daß er größere gesehen habe.

Zum Gedächtnis an dieses Geschehen führt St. Gallen seitdem einen aufrechtstehenden Bären im Wappen.

Hans Rudolf Hilty
Gallus, Einsiedler und Arzt
1977

Hochtal der Steinach, Wald also nochmals oder noch immer, drei Jahre später (das ist die Datierung der Historiker, die am meisten für sich hat, und übrigens das Jahr, in dem Columban starb, in seinem letzten Kloster Bobbio in der südlichen Lombardei, ohne daß er bis nach Rom gekommen wäre). Schwer zu sagen, ob Gall in dem Jahr noch allein in seiner Bienenkorb-Zelle aus Zweiggeflecht und Lehm lebte

Gallus und der Bär, Elfenbeinschnitzerei von Tuotilo um 890: Der Bär hat Holz herbeigetragen und wird nun vom Heiligen mit Brot belohnt

oder ob inzwischen weitere irische Wandermönche zu ihm gestoßen waren, auf Dauer oder vorübergehend. Ein Kloster war das jedenfalls noch nicht. Der Bote des Herzogs Cunzo kam zu Pferd durch den Wald vom Bodensee herauf. Ein Pferd, das so schwitze, müsse man abtrocknen, sagte Gall als erstes; denn er wußte mit Tieren umzugehen. Er holte ein Stück Tuch oder Fell und machte sich an die Arbeit, fast zum Unwillen des herzoglichen Reiters. Die Sache sei eilig, sagte dieser, der Herzog verlange Heilung seiner Tochter. Gall lächelte leicht, senkte die bemalten Lider und ließ sich die Krankheit genau schildern. Ja, sagte der Bote, Fridiburga habe Anfälle und wälze sich dann am Boden, roten Schaum vor dem Mund, sie müsse von einem Teufel besessen sein, und Gall, der heilige Wundertäter, sei die letzte Hoffnung; ihm wäre es doch ein Leichtes, diesen Teufel auszutreiben. Gall lächelte nochmals (wir würden heute sagen: wie ein Chinese), lächelte über ein Christentum, das immer gleich an Teufel denke, wenn etwas Überraschendes vorkomme. Ob Teufel oder nicht, sagte der Bote, das Wort Teufel habe er in der christlichen Unterweisung gelernt; jedenfalls müsse die Tochter des Herzogs rasch geheilt werden, weil sie dem Thronfolger Sigibert als Braut versprochen sei, geheilt mindestens für die Zeit bis nach der Heirat, und der Herzog werde Gall reich belohnen, wenn er diesen Exorzismus vornehme. In der Glaubenswelt Galls gab es weder Teufel noch Exorzismus; doch das dem herzogtreuen Neuchristen verständlich zu machen, wäre zu schwierig gewesen.

»Ich werde mir überlegen, was ich vernommen habe«, sagte Gall, »und bald von mir hören lassen.«

»Also nicht jetzt gleich mitkommen?« fragte der Bote, der sein Pferd unterdessen trinken ließ in der Steinach.

»Jetzt gleich?« antwortete Gall. »Eine Heilung bedarf der

Vorbereitung. Ich bin kein Zauberer. Und der Gott, dem ich diene und zu dem ich bete, läßt sich nicht für Zauberei herbeizitieren.« Der Bote des Herzogs verstand nicht, doch er erfüllte eine Order.

»Aber bald?« fragte er.

»Gewiß bald«, sagte Gall. »Melden Sie das dem Herzog.« Der Bote hatte zwar den Auftrag, den Heiligen gleich mitzubringen. Doch er sah, daß ein solches Ansinnen an den lächelnden Einsiedler zwecklos sein würde. »Ich verlasse mich drauf. Der Herzog läßt nicht mit sich spaßen.«

»Und daß das kleine Bregenzer Glöcklein die Jagd stören würde – war denn das kein Spaß?«

»Das waren persönliche Rankünen. Und das ist vorbei.«

»Es ist auch für mich vorbei. Nur eben: eine Heilung muß vorbereitet werden. Das ist alles. Ich werde bald von mir hören lassen.«

»Und bald nach Überlingen kommen?«

»Ich denke: ja.«

»Dann kann ich wenigstens das dem Herzog melden?«

»Gewiß.«

Der Bote spürte, daß mehr im Augenblick nicht zu machen war, und wendete sein Pferd.

»Gott mit Euch«, sagte Gall noch. Dann war der herzogliche Reiter wieder im grüngoldenen Mosaik des Waldes verschwunden.

Gall aber betete, meditierte (wenn man das unterscheiden will), studierte den Gang der Gestirne, dann machte er sich auf den Weg über die südöstlichen Hügel, den er oft schon gegangen war. Er kam in die Senke zwischen Gäbris und Fähnern (den beiden Höhen mit keltischem Namen), und hier standen die Hänge blau, violettblau von Eisenhut. Gall zog einige Stauden aus der Erde und sammelte die Wurzelknollen in seinen Beutel, bis er dachte, das sei die rechte

Dosis, so wie er es gelernt hatte von Generationen. (Die Hänge stehen noch heute violett von Blauem Eisenhut, wenn man in den Sommermonaten, im Juli und August, dort wandert.)

Von der Fähnern streifte Gall den steilen Waldabhang schräg hinunter ins Rheintal, wo es eine rätorömische (und das heißt: rätoromanisch sprechende) Bevölkerung gab, die auf der heute schweizerischen Seite aber geringer gewesen sein muß als gegenüber im Tal, wo die während Jahrhunderten benützte Römerstraße zu stärkerer Besiedlung geführt haben dürfte; daß der ungezähmte, immer wieder über die Ufer tretende Rhein eine bäuerliche Nutzung der Ebene unmöglich gemacht hat, gehört mit ins Bild der naturhaften Wildheit der Epoche.

Den in Grabs tätigen Diakon Johannes, einen Rätoromanen, wird Gall schon gekannt haben. Diesen Mann hat er später auf den Konstanzer Bischofsstuhl vorbereitet, den er selber nicht einnehmen wollte. Vorzustellen hätte man sich also ein von selbstverständlichem Vertrauen getragenes Verhältnis von zwei Männern des Glaubens. Und als Gall – nach einer Wanderung von anderthalb Tagen – in Grabs ankam, besprach er mit Johannes gleich die Aufgabe, vor der er stand, gefordert als Arzt der Seele und des Leibes.

Und da ist es wiederum nicht nebensächlich, zu wissen, daß die alten Räter – deren vorchristliche Glaubenswelt in Sagen, Mären, Bräuchen weiterlebte – fast wie die Kelten zu gewissen Bäumen und Tieren, zu Feuer und Wasser eine kultische Beziehung hatten, daß auch ihre Priester Verwalter der Heilkräfte der Natur waren, und auch da gab es keinen harten Schnitt beim Glaubenswechsel. Eben noch, im Jahr 600, hatte Papst Gregor der Große seinen Priestern in Rätien geraten, statt die alten Kulte, die sich in den Bergtälern hielten, auszurotten und die heidnischen Heiligtümer zu zerstören, ihnen einen christlichen Sinn zu geben. Das ist in der mannigfaltigsten, farbigsten, lebendigsten Weise geschehen; davon zeugt schon die Fülle altkirchlicher Ausdrücke im Rätoromanischen. Das Gespräch zwischen Gall und Johannes war also ein Gespräch unter Männern, denen es selbstverständlich war, auch als Zeugen des christlichen Glaubens mit den Heilkräften der Natur umzugehen.

Früh am andern Morgen trug ein kleines Schiff den heiligen Gall von Grabs durch den Rhein und den großen See hinunter nach Überlingen. Er wird gebetet und gesungen und sich auf die Heilung vorbereitet haben.

Bernhard Möking
Der heilige Otmar

1951

Es war zu der Zeit, da Pippin, der Vater Karls [des Großen], König war. Über die Seegegend herrschten damals zwei Gaugrafen aus welfischem Stamme, Warin und Ruodhard mit Namen; die waren wegen ihrer Raubsucht, mit der sie besonders den Kirchengütern zusetzten, allerorten gefürchtet und gehaßt. Auch der heilige Otmar, ein Edler aus alemannischem Hause und Abt des Klosters St. Gallen, war mit den beiden rauflustigen Grafen in Streit geraten, weil sie die Herrschaft über verschiedene Besitzungen des heiligen Gallus sich gewalttätig angemaßt hatten. Der fromme Abt wollte sich schon zum König begeben, um sie bei diesem zu verklagen, als sie ihm heimlich eine Schar Kriegsknechte nachschickten und ihn gefesselt zurückführen ließen. Gleichzeitig nötigten sie einen verworfenen Mönch namens Lambert, daß er dem Abte, dessen Absetzung sie mit allen

Mitteln erzwingen wollten, das Laster eines sträflichen Umgangs andichte. Ja, sie brachten es sogar dahin, daß der gerechte und sittenstrenge Otmar vor ein weltliches Gericht gestellt und peinlich verhört wurde. Der jedoch weigerte sich, den Richtern, deren Bosheit er wohl kannte, Rede zu stehen; er rief Gott zum Zeugen an, daß er unschuldig sei. Da mußte es allen klar werden, daß seine Keuschheit in böswilliger Absicht angetastet worden. Jenen Lambert indes erreichte sogleich die gerechte Strafe; ein Fieber stieß ihn an und zog seine Glieder so zusammen, daß ihm der Kopf wie einem unvernünftigen Tier fast bis auf den Boden hing. Aber obschon der mißgestaltete Mönch alsbald mit lauter Stimme verkündigte, daß er an dem Heiligen gesündigt habe, wurde der Abt dennoch verurteilt und auf dem Frauenberg zu Bodman in einem finsteren Gewölbe eingekerkert. Hier mußte er lange Zeit die furchtbarsten Qualen erdulden, bis er später durch Vermittlung eines angesehenen Mannes namens Gozbert zu milderer Haft auf die Rheininsel Werd (bei Stein) verbracht wurde, wo ihn der Tod im Jahre 759 von seinem schweren Leiden erlöste. Sein Leichnam wurde auf selbiger Insel beigesetzt.

Zehn Jahre später wurden die Brüder von St. Gallen durch ein Gesicht ermahnt, den ehrwürdigen Leichnam auszugraben und in ihr Kloster heimzuführen. Da machten sich nächtlicherweile elf Mönche auf die Fahrt nach der Rheininsel, öffneten das Grab und trugen die Leiche, die bis auf die eine vom Wasser bespülte Fußspitze völlig unversehrt war, in ihren Nachen. Hier zündeten sie zu Häupten und zu Füßen des toten Abtes eine Wachskerze an und ruderten durch das nächtliche Dunkel eifrig dem Kloster zu, als plötzlich ein so gewaltiger Sturm losbrach, daß die aufbäumenden Wogen das Schifflein fast zu verschlingen drohten. Desungeachtet wurde die Fahrt der Mönche durch das

Toben der Elemente keineswegs gehemmt, denn wohin sich ihr Nachen auch wandte, da beruhigten und glätteten sich die aufgepeitschten Fluten und wurden dickflüssig wie Öl. Die gischtenden Wassermassen, Regengüsse und Luftwirbel umgürteten das Fahrzeug von allen Seiten wie ein schützender Zaun – und nicht ein Regentropfen fiel auf die rudernden Brüder. Selbst die Flammen der aufgestellten Kerzen, deren friedlicher Schein das Gesicht des Toten dergestalt verklärte, als ob ein sanftes Lächeln über seine ernsten Züge husche, flackerten und verloschen keinen Augenblick, bis daß die braven elf Mönche mit dem Leichnam im Kloster des heiligen Gallus angelangt waren.

Noch ein anderes Wunder ereignete sich bei jener Überfahrt. Als nämlich die frommen Brüder, ermüdet und hungrig vom angestrengten Rudern, sich zu einem Imbiß anschickten und auch einen Labetrunk einnehmen wollten, da bemerkten sie, daß nur noch ein kleines Restchen Wein in der Flasche war, das kaum für einen von ihnen ausgereicht hätte. Indes eingedenk des Wunders, da der Heiland mit wenigen Broten eine Menge Menschen speiste, verteilten sie das Restchen und waren damit wohl zufrieden. Da begann der Vorrat in dem kleinen Gefäß plötzlich zu wachsen und nahm nicht ab, bis jeder genug getrunken hatte. Zur selben Stunde aber, da sie wieder weiterfuhren, war die Flasche versiegt. Nun dankten sie und priesen Gott, der ihnen solchen Überfluß dargereicht. Bei der Landung verkündigten sie den entgegenkommenden Brüdern mit lautem Jubel, was sich auf der Fahrt begeben hatte, trugen den heiligen Leichnam unter großen Ehren ins Kloster und legten ihn vor den Altar Johannes des Täufers in einen Sarg, wo er später viele Wunder tat.

Johannes Duft (nach Ekkehard IV.)
Wie die Ungarn im Frühjahr 926 in St. Gallen einfielen

1957

Die Ungarn, die von den unruhigen Verhältnissen im Reich gehört hatten, brachen rasend in die norischen Gebiete ein und verwüsteten sie. Lange belagerten sie Augsburg; sie wurden aber durch die Gebete des Bischofs Ulrich, des heiligsten unter allen damals lebenden Menschen, vertrieben. Hierauf durchstreiften sie scharenweise Alemannien, da keiner ihnen hier wehrte.

Doch der Sanktgaller Abt Engilbert, fähig, alle Übel zu ertragen, erwies sich mannhaft. Weil seine Ministerialen im Angesicht der Gefahr nur für sich selber sorgten, hieß er die kräftigeren Klosterbrüder zu den Waffen greifen, und er bewehrte auch das Gesinde. Er selber schnallte sich als ein Gigante des Herrn den Panzer um, streifte die Kukulle und die Stola darüber und befahl es auch den Seinen. Er sprach zu ihnen: »Meine Brüder, bitten wir Gott, daß wir gegen den Teufel nun auch handgreiflich zu kämpfen vermögen, nachdem wir es bisher nur geistigerweise getan haben.« Wurfspieße werden geschmiedet; aus Linnen entstehen Panzer; Schleudern werden geflochten; feste Bretter und Weidenkörbe werden zu Schilden; Speere und Knüttel härtet man an ihren Spitzen im Feuer.

Vorerst glaubten zwar manche den Kriegsgerüchten nicht und dachten an keine Flucht. Trotzdem wurde am Sitterfluß ein Ort ausgesucht, den Gott gleichsam schon im voraus für die Anlage einer Fluchtburg bestimmt hatte. Auf dem schmalsten Bergrücken wurde dort ein Platz zwischen Wall und Wald ausgehauen und ein sehr starkes Kastell aufgeführt. Hastig schafften sie alles Notwendige hin. Weil der

Verfasser des Wiborada-Lebens hievon wenig erzählt, wollen wir es hier nach den Berichten der Brüder, die es wissen konnten, kurz schildern.

Eine Kapelle wurde dort als Bethaus eingerichtet. Hieher brachte man die Kreuze und die Behältnisse mit den Toten- und Verbrüderungsverzeichnissen sowie fast den ganzen Kirchenschatz, ausgenommen die Bibliotheksbücher. Letztere hatte Abt Engilbert der Reichenau anvertraut, allerdings ohne genügende Sorgfalt; denn als sie zurückgeschafft wurden, sollen sie angeblich nur der Zahl nach gestimmt haben, es waren aber nicht durchweg die gleichen Bücher. Die Greise mit den Knaben ließ der Abt nach Wasserburg in Sicherheit bringen; mit den Dienstleuten jenseits des Sees hatte er den Ort vorsorglich befestigt. Damit sie sich notfalls längere Zeit in Schiffen aufhalten könnten, hieß er sie auch Lebensmittel mitnehmen.

Tag und Nacht streiften Kundschafter durch die ihnen bekannten Gegenden. Sie sollten die Ankunft der Feinde melden, auf daß man rechtzeitig zur Waldburg fliehen könne. Denn noch immer wollten die Brüder nicht glauben, daß Sankt Gallen je einmal von Barbaren überfallen werden könnte. Selbst Engilbert war ihrer Ansicht, weshalb er den Schatz des heiligen Gallus beinahe zu spät ins Kastell schaffte und Otmars Ciborium den Eindringlingen zurücklassen mußte.

Die Feinde kamen nämlich nicht gleichzeitig, sondern hordenweise. Weil ihnen niemand Widerstand leistete, drangen sie in Städte und Dörfer, plünderten sie aus, äscherten sie ein. Solcherweise fielen sie unversehens und planlos über alle, die nicht gerüstet waren. Hundertschaften oder auch kleinere Haufen brachen bisweilen aus den Wäldern, wo sie sich versteckt gehalten hatten. Rauchschwaden [...] zeigten an, wo solche Scharen wüteten.

Damals war unter den Unsrigen ein recht einfältiger und beschränkter Bruder, namens Heribald, dessen Sprüche und Streiche oft belacht wurden. Wie nun die Brüder zum Kastell aufbrachen, sagten sie ihm schreckerfüllt, er solle mitfliehen. Er aber sprach: »Fürwahr! fliehe, wer will! Ich werde niemals fliehen, weil mir der Kämmerer für dieses Jahr mein Schuhleder noch nicht gegeben hat.« Als sie ihn im letzten Augenblick gewaltsam zum Mitgehen zwingen wollten, sträubte er sich heftig und schwur, nicht vom Fleck zu weichen, wenn ihm nicht das vorjährige Leder eingehändigt werde. Er blieb also zurück und erwartete furchtlos die einziehenden Ungarn. Aufgeschreckt durch die gellenden Rufe, die Feinde seien in nächster Nähe, ergriffen die Brüder fast zu spät die Flucht, und auch die letzten Zweifler schlossen sich ihnen an. Heribald jedoch verharrte unerschüttert bei seinem Entschluß und spazierte gelassen hin und her.

Nun aber brechen die köcherbewehrten Feinde ein: entsetzlich anzuschauen mit ihren drohenden Wurfspeeren und spitzen Pfeilen. Beutelustig durchstöbern sie den ganzen Ort. Daß sie kein Geschlecht und kein Alter schonen werden, ist offensichtlich. Sie finden aber einzig jenen Heribald, der unerschrocken in ihrer Mitte steht. Sie machen ihn nicht sogleich nieder; sondern die Anführer fragen ihn durch Dolmetscher, was er hier eigentlich wolle und warum er nicht geflohen sei. Wie sie dann merken, daß er unvorstellbar närrisch ist, lassen sie ihn lachend laufen.

Sie ersparen sich die Mühe, den steinernen Grabaltar des heiligen Gallus auch nur anzurühren, geschweige denn aufzubrechen; denn schon früher waren sie oft enttäuscht, in solchen Altären nichts als Knochen und Asche zu finden. Schließlich erkunden sie von ihrem Narren, wo der Klosterschatz verborgen liege. Der führt sie voll Eifer zum geheimen Türchen der Schatzkammer. Sie brechen es auf, finden aber nur Kerzenständer und vergoldete Kränze, die bei der überstürzten Flucht liegen gelassen worden waren. Da drohen sie ihrem Betrüger mit Ohrfeigen.

Zwei aus der Schar erklettern den Glockenturm. Sie meinen, der Hahn auf der Spitze sei der Schutzgott des Ortes (Gallus bedeutet Hahn) und deshalb aus Gold oder mindestens aus teurem Metall gegossen. Weil sich der eine kräftig nach vorne reckt, um ihn mit seiner Lanze loszureißen, stürzt er von der ganzen Höhe in den Vorhof hinunter und fällt zu Tod. In der Absicht, den Gott des Heiligtums zu verhöhnen, ist der andere indessen bis zur höchsten Ostzinne gelangt; während er hier seine Notdurft verrichten will, fällt er rücklings zur Tiefe und bleibt zerschmettert liegen. Wie Heribald später erzählte, verbrannten sie nun die beiden Leichen zwischen den Türpfosten. Der flammensprühende Scheiterhaufen züngelte bedrohlich zum Torbalken und zur Holzdecke empor, und mehrere wühlten um die Wette mit Stangen im Feuer; trotzdem vermochten sie weder die Gallus- noch die Magnuskirche in Brand zu stecken.

Im Gemeinschaftskeller der Brüder lagen zwei bis zu den Siegeln angefüllte Weinfässer. Sie waren zurückgeblieben, weil im Augenblick der Gefahr keiner gewagt hatte, Ochsen einzuspannen und sie wegzufahren. Glücklicherweise erbrach kein Feind diese Fässer. Ich weiß hierfür keine Erklärung außer der, sie hätten auf ihren Beutekarren selber schon übergenug Wein bei sich gehabt. Als ein Kerl mit geschwungener Axt einen Faßreifen durchschlagen wollte, rief Heribald, der sich unter ihnen schon ganz häuslich benahm: »Laß das, guter Mann! Was willst du denn, daß wir trinken sollen, wenn ihr euch wieder davongemacht habt?« Wie ihm das der Dolmetscher übersetzte, lachte er laut auf und bat seine Spießgesellen, die Fässer des Narren zu verschonen. So blieben sie bewahrt, bis sie der Abt nach dem Abzug der Ungarn antraf.

Sie schickten eifrig Späher aus, um die Wälder und allfällige Verstecke sorgfältig zu erkunden und alles Wissenswerte zu melden. Schon hatte Wiborada ihren Martertod erlitten. Schließlich schwärmten sie in den Vorhof und auf die Wiesen hinaus, um sich da zu üppigen Schmausereien niederzulassen. Das Ciborium des heiligen Otmar, das man beim plötzlichen Angriff nicht hatte flüchten können, beraubten sie seiner Silberplatten.

Die Häuptlinge beanspruchten für ihre Schlemmerei den inneren Klosterhof. Bei ihnen war auch Heribald; wie er nachher erzählte, konnte er sich hier so sattessen wie noch nie. Weil es aber ihre Sitte war, sich beim Schmausen auf das grüne Gras auszustrecken, stellte er für sich und einen Kleriker, den sie gefangen mit sich führten, Tragsessel auf. Gierig verzehrten die Ungarn die halbrohen Fleischstücke, die sie nicht mit Messern, sondern mit den Zähnen zerrissen, und zum Zeitvertreib warfen sie einander die abgenagten Knochen zu. Vom Weine, der in vollen Kufen in der Mitte stand, schöpfte jeder ohne Unterschied, so viel er wollte.

Nachdem sie schließlich vom unvermischten Getränk hitzig geworden waren, heulten alle gräßlich zu ihren Göttern. Auch den Kleriker und ihren Narren zwangen sie, dasselbe zu tun. Der Kleriker, der ihre Sprache gut kannte, weshalb sie ihn am Leben gelassen hatten, schrie kräftig mit. Als er aber genug gerast hatte, stimmte er weinend die lateinische Antiphon vom heiligen Kreuz an: »Sanctifica nos«, denn am folgenden Tag war das Fest Kreuzauffindung. Auch Heribald fiel ein, obwohl er eine heisere Kehle hatte. Bei diesem ungewohnten Gesang kamen alle, die in der

Nähe waren, heran, und in ausgelassener Fröhlichkeit tanzten und rangen sie vor ihren Heerführern. Einige sprangen auch zu ihren Waffen, um vorzuführen, wie gut sie das Kriegshandwerk verstünden.

Angesichts der freudigen Erregung hielt der Kleriker den Augenblick für günstig, seine Freilassung zu erbitten. Er rief die Hilfe des heiligen Kreuzes an und warf sich kläglich weinend den Häuptlingen zu Füßen. Diese aber gaben in plötzlichem Wutanfall durch Pfiffe und wildes Grunzen ihren Trabanten zu verstehen, was sie wollten. Begeistert stürzten sie herbei, packten den Mann, bevor er nur ein Wort sagen konnte, und zückten ihre Messer, um vor der Enthauptung an seiner Tonsur jene grausame Kurzweil zu spielen, welche die Deutschen das Picken nennen.

Unterdessen eilten die Späher aus dem Wald, der sich gegen die Fluchtburg hinabsenkt, unter Hornstößen und Rufen herbei. Sie meldeten, in der Nähe befinde sich ein Kastell, das durch bewaffnete Heerscharen gesichert sei. Ob solcher Bosheit ließ man den Kleriker und Heribald allein im Kloster zurück. Alle eilten – jeder für sich – rasch hinaus, und bevor man es für möglich hielt, standen sie in ihrer gewohnten Kampfstellung. Allerdings vernahmen sie nun, daß die Feste dank ihrer natürlichen Eigenart nicht belagert werden könne, daß ferner der Ort wegen seines langen und engen Grates nur unter größten Verlusten und offensichtlicher Gefahr zugänglich sei und daß seine Verteidiger, sofern es lauter Männer seien und sie genügend Lebensmittel hätten, niemals vor ihrer Anzahl weichen würden. Da zündeten sie, um bei der nun einbrechenden Nacht sehen zu können, einige Häuser des Dorfes an. Das Kloster selber ließen sie schließlich unversehrt, weil sie meinten, sein Schutzgott Gallus sei Herr über das Feuer. Mit schweigenden Hörnern zogen sie [...] ab.

Die Leute in der Festung glaubten, das Kloster stehe in Flammen. Daran erkannten sie den Abzug der Ungarn. Kundschafter folgten ihnen auf Abkürzungen. Sie griffen von vorne die Nachzügler an, erschlugen einige und nahmen einen Verwundeten gefangen. Die übrigen, denen die Flucht geglückt war, mahnten den Haupthärst durch Hörnerstöße, auf der Hut zu sein. Dieser besetzte möglichst rasch die ebenen Felder, richtete eilig eine Kampfordnung her, stellte die Karren und den Troß um sich herum, bestimmte Nachtwachen, legte sich schließlich ins Gras und gab sich stillschweigend dem Wein und dem Schlaf hin. Frühmorgens suchten sie dann in den nahen Dörfern, ob die Flüchtlinge etwas zurückgelassen hätten. Sie raubten, was sie fanden, und steckten alle Häuser in Brand.

Abt Engilbert hatte den Ausfall auf die Feinde persönlich angeführt. Nachdem er seine Leute wieder in die Waldfeste zurückbefohlen hatte, schlich er sich mit einigen gleich Kühnen vorsichtig zum Kloster hinauf, um zu erkunden, ob noch Störenfriede dort verblieben seien. Voll Mitleid über die Torheit des Bruders Heribald, der übrigens aus vornehmer Familie war, suchten sie besorgt, ob sie wenigstens seinen Leichnam bestatten könnten. Sie fanden ihn aber nicht, denn er hielt sich zusammen mit dem Kleriker, der ihn mit Mühe dazu hatte überreden können, zwischen den Baumgärten und Sträuchern auf dem nächsten Berg verborgen. Umso größer war das Mitleid beim Gedanken, die Feinde könnten einen so beschränkten Toren als Sklaven mitgeschleppt haben. Andererseits verwunderte sich der Abt, daß die Trunkenbolde die Weinfässer verschont hatten, und er dankte Gott.

In Eile und so still als möglich beteten sie nun die morgendlichen Laudes vom Fest des heiligen Kreuzes. Staunend nahmen sie die Brandspuren an Türe und Decke wahr, verließen dann aber rasch die Stätte. Schweigend suchten sie bei Wiboradas Klause in Erfahrung zu bringen, ob sie noch am Leben sei. Als sie ihren Tod feststellen mußten, wagten sie nicht länger zu zögern; sie überschritten den nahen Berg und gelangten auf den nur ihnen bekannten Seitenpfaden zum Kastell, da sie befürchteten, hinterhältige oder beutegierige Feinde könnten sie auf der Suche nach den Gefährten überfallen. Immerhin waren sie zu einem Kampf auf Leben oder Tod entschlossen.

Als Morgengast kam aber auch der Kleriker, der den Heribald mit sich führte, zur Feste, die sie vom Berg aus erspäht hatten. Weil die Wächter aus der Ferne und in der Dunkelheit Spione vermuteten, riefen sie den Kampfgenossen. Behend brachen sie aus dem Kastell, erkannten ihren Heribald, stutzten aber vorerst über den Kleriker. Schließlich ließen sie ihn ein, und wie sie hier seine ganze Tragödie erfuhren, behandelten sie ihn sowohl um Christi als auch um ihres Gefangenen willen, dessen Sprache er verstand, als Gast. Beide berichteten ihnen von den ungewöhnlichen Sitten der Feinde. Der Ungar wurde später getauft, verheiratete sich und zeugte Söhne.

Weil man erfahren hatte, daß die Feinde bisweilen die Gewohnheit hatten, ein zweites Mal heranzuschwärmen, wurden wiederum Bäume gefällt, um den Zugang der Fluchtburg noch mehr in die Breite zu verschanzen. Zur Wasserversorgung hob man dort, wo früher Binsen wuchsen, einen tiefen Graben aus, und wirklich stieß man auf eine klare Quelle. Den Wein, den die Ungarn dem Heribald belassen hatten, schaffte man in Fäßchen und allen möglichen Gefäßen bei Tag und Nacht heimlich herbei, und bei all diesem Tun und Treiben flehte man unablässig zu Gott.

Über die heilige Wiborada brauchen wir hier nichts

weiter zu sagen, weil hierüber ein eigenes Buch vorliegt. Immerhin sei ergänzend festgehalten, daß ihre Heiligsprechung in unseren Zeiten schon durch zwei Päpste beschlossen wurde und schließlich unter Abt Norbert auch wirklich erfolgte.

Noch immer widerstrahlte der ganze Himmel in weitem Umkreis Tag und Nacht vom Feuer. Deshalb scheute sich unser Abt Engilbert, Kundschafter hinauszulassen. Man verblieb also weiterhin im Kastell und bewachte es. Nur selten und angstvoll wurde etwa ein Zuversichtlicher ins Kloster geschickt, um dort eine Messe zu feiern. Viel aber half den Gefährten in jenen Tagen zwischen Furcht und Hoffnung die unermüdliche Erzählung Heribalds und des Klerikers über die Feinde. Die Brüder, denen mehr Einsicht als jenem gegeben war, staunten, wie sehr sich der gütige Gott gegenüber der Einfalt als Freund erwiesen hatte, schützt er doch gerade die Geistesschwachen inmitten feindlicher Schwerter und Speere.

In ihrer unfreiwilligen Muße fragten sie Heribald, wie ihm die so zahlreichen Gäste des heiligen Gallus gefallen hätten. Er sagte: »Ei, ganz ausgezeichnet! Ich erinnere mich nicht, jemals fröhlichere Leute in unserem Kloster gesehen zu haben; denn sie verschenkten Speise und Trank in Hülle und Fülle. Von unserem geizigen Kellermeister konnte ich früher kaum einmal erflehen, daß er mir, wenn ich Durst hatte, zu trinken gab; wenn ich aber jene bat, gaben sie mir im Überfluß.« Der Kleriker warf dazwischen: »Und wenn du nicht trinken wolltest, nötigten sie dich mit Ohrfeigen.« »Ja, ja!« meinte Heribald, »ein Einziges paßte mir ganz und gar nicht, nämlich daß sie so undiszipliniert waren. Ich muß euch wahrlich sagen: noch nie sah ich im Kloster des heiligen Gallus so ungezogene Kerle. In der Kirche und in der Klausur benahmen sie sich nicht weniger viehisch als auf dem freien Feld. Wie ich ihnen einmal mit der Hand ein Zeichen gab, sie möchten sich wenigstens in der Kirche aus Rücksicht auf den Herrgott etwas ruhiger aufführen, versetzten sie mir schwere Schläge auf den Hals. Allerdings machten sie ihre Beleidigung gleich wieder gut, indem sie mir Wein anboten. Das hätte keiner von euch getan.« So furchtlos unterhielt man sich in der Freizeit; voll Elend flehte man aber auch immer wieder zu Gott.

Das Gerücht, die Feinde würden nochmals zum Kloster zurückkehren, lag noch immer in der Luft, und nur der Narr bat eifrig, man möge ihn zu seinen Freunden ziehen lassen. Man wollte noch während einiger Tage das Ende des bösen Ungewitters abwarten. Dasselbe taten die Wasserburger; sie weilten öfters auf den Schiffen, weil die Feinde keine solchen hatten. Schließlich vernahm man, die Stadt Konstanz sei durch Waffengewalt gehalten worden, außerhalb ihrer Mauern sei aber alles niedergebrannt. Die Reichenau mit ihren vielen Bewaffneten sei in der ganzen Umgebung allein verschont geblieben, weil die Schiffe rechtzeitig weggebracht worden seien. Die grausen Feinde aber hätten nun den Rhein überschritten, nachdem sie auf beiden Seiten alles mit Brand und Totschlag heimgesucht hätten. So wagte man denn endlich, ins Kloster zurückzukehren. Man reinigte die Kirchen, fegte die Werkstätten sauber und bat den Konstanzer Bischof Noting, alles mit Weihwasser zu besprengen. Solcherweise wurde jeglicher Einfluß der Teufel vertrieben.

Abt Engilbert, der die Waffen abgelegt hatte und sich und die Seinigen wieder an den himmlischen Kriegsdienst gewöhnte, zeigte sich also in zweifacher Hinsicht als Mann. Die zerstreuten Schafe trug er gleichsam auf seinen Schultern zur Herde zurück. Er lehrte sie von neuem die Grundsätze der klösterlichen Regel. Mit außerordentlicher An-

strengung und Geschicklichkeit war er besorgt, von überall
her Nahrung zusammenzuscharren. Denn die Lebensmittel
waren damals allgemein teuer; weder konnte man kaufen,
da alles zerstampft war, noch bestand Hoffnung auf die
Früchte des Frühlings, weil wegen der Feindgefahr keiner
zu pflügen wagte.

Nach jener stürmischen Zeit wirkte der Abt noch während acht Jahren als vorsorglicher Hausvater.

Aus: Johannes Duft,
Die Ungarn in St. Gallen

1957

Die heilige Wiborada

Codex 586, Seite 230. Höchstmaße der ganzen, übrigens
unregelmäßigen Seite: 223 × 155 mm. Höchstmaße des etwas schräg in die Seite gestellten Bildes: 170 × 100 mm.
(Siehe hier Seite 199.)

Diese vor Mitte des fünfzehnten Jahrhunderts mit der
Feder gezeichnete und mit dem Pinsel kolorierte Miniatur
ist das älteste bekannte Bild Wiboradas. Es leitet die vom
Sankt Galler Konventualen Friedrich Cölner geschaffene
und geschriebene Verdeutschung der Wiborada-Vita des
Hepixan ein. Ob der Schreiber auch der Maler war, ist
ungewiß.

Die als Nonne gewandete Heilige trägt die typischen
Attribute, die ihr in der Ikonographie bis heute verblieben
sind: in der Rechten ein Buch, in der Linken eine Hellebarde
(Halbarte). Das Buch dürfte die Weisheit ihres vielfachen
Rates bedeuten; es mag auch durch einzelne Züge aus der

Die heilige Klausnerin Wiborada, Patronin aller Autoren, Verleger,
Drucker, Buchhändler, Bibliothekare, Leser

Vita angeregt worden sein: Wiborada soll zierliche Bücher-
hüllen geknüpft haben; sie soll die Psalmen teils selber und
teils durch göttliche Offenbarung erlernt haben; bei der
Vision des Ungarneinfalls saß sie vor dem Psalmenbuch, das
sich von selber schloß. Die Hellebarde will das von den
Ungarn benutzte Marterwerkzeug versinnbildlichen. Sie ist
insofern ein Anachronismus, als sie außerhalb der Eidge-
nossenschaft erst im Spätmittelalter bekannt und gebraucht
wurde. Ihre axtförmige Klinge erinnert aber daran, daß die
Ungarn der Klausnerin mit Streitäxten drei Wunden in das
Haupt schlugen.

St. Galler Paternoster
Codex Sangallensis 911

um 790

Fater unseer thu pist in himile
uuihi namun dinan
qhueme rihhi din
uuerde uuillo diin so in himile sosa in erdu
prooth unseer emezzihic kip uns hiutu
oblaz uns sculdi unseero
so uuir oblazem uns sculdikem
enti ni unsih firleiti in khorunka
uzzer losi unsih fona ubile

Fater unser thu [...]
pist in himile uuihi
namun dinan
qhueme rihhi [...]
din uuerde uuillo din
so in himile sosa in erdu.
prooth unser emezzihic
hic lïpun[...] hiureu obla[...]
unf sculd unseero
souuir obla[...]
gem uns scul
dikem gra ni
unsih firleiti in kho
runkaazzo nerlosi un
sih fona ubile

St. Galler Paternoster

Notkers III. Übersetzung
des Paternoster
Codex Sangallensis 21
nach 1000

Fater unser dû in himile bist
Dîn namo uuerde geheîligot
Dîn rîche chome
Dîn uuillo gescéhe in erdo also in himile
Unser tágelicha brôt kib uns hiûto
Unde únsere sculde belâz uns
Also ouh uuir belazen unseren sculdigen
Unde in chorunga neleîtest dû únsih
Nube lôse unsih fóne ubele

Verse von Schreibern am Ende der Abschrift
aus der Abtei St. Gallen
1961

Auferat hunc librum nullus hinc omne per aevum
Cum Gallo partem quisquis habere velit.
Keiner soll – in alle Ewigkeit nicht – dies Buch von hier
fortschaffen, wer immer mit dem heiligen Gallus Anteil
an der Seligkeit haben möchte.

Non bene prandetur
cum panis abesse videtur.
Es frühstückt sich nicht gut,
wenn Brot mir fehlen tut.

AR si notatur
et NOL sibi associatur
et DUS iungatur
qui scripsit ita notatur.
    Wenn AR notiert,
    mit NOL assoziiert
    und DUS verbunden wird,
    der Schreiber gefunden wird.

Qui me scribebat
R nomen habebat.
    Der mich geschrieben hat,
    den Namen R getragen hat

Finito libro
sit laus et gloria Christo.
    Ist das Buch beendet,
    sei Christus Lob gespendet.

O scriptor, cessa
manus est tibi fessa.
    O Schreiber, setz ein Ende,
    erschlafft sind dir die Hände.

Laus tibi sit, Christe
quoniam liber explicit iste.
    Christus, Lob sei dir,
    weil das Buch endet hier.

Sic est scriptori novissimus versus
quomodo naviganti novissimus portus.
    So dünkt den Schreiber das letzte Wort
    wie den Schiffer der nächste Port.

Libro completo
saltat scriptor pede laeto.
 Ist das Buch zu End gebracht,
 der Schreiber einen Freudsprung macht.

Carl Seelig
Es ist auch hier in der Ostschweiz ganz schön

28. Januar 1943

Ziemlich mühseliger Marsch auf der vereisten Straße von Herisau nach St. Gallen, wo wir uns im Bahnhofbuffet bei Kaffee und Zigaretten aufwärmen. Robert Walser ist erstaunt, daß wir für die Käseportionen Lebensmittelkarten brauchen. Wir fahren mit dem Tram durch menschenleere Straßen zur Endhaltestelle Heiligkreuz. Aufgeräumt erklärt uns der Schaffner den Weg zum Bodensee. Wir traben los, links an der Kirche vorbei durch den dämmrigen Wald zum Wildpark St. Peter und Paul, dessen Gemsen, Hirsche und Rehe wie Märchenfiguren aus dem dicken Nebel hervorgeistern. Robert ist entzückt. Beim Wildpark-Restaurant haben wir die komplizierte Erklärung des Schaffners total vergessen. Wir schwenken deshalb in irgendeine Straße und fragen zwei, drei Leute nach dem Bodensee. Sie amüsieren sich, daß wir so weit zu Fuß gehen wollen. In einem »Zur Sonne« beschrifteten Wirtshaus bestellen wir Vermouth und heiße Käswähe. Sie mundet uns herrlich. Nachher erklärt uns die rundliche Kellnerin, daß wir uns unweit der Tramhaltestelle befinden, bei der wir vor anderthalb Stunden ausgestiegen sind. Wir kehren also dorthin zurück und pfeilen sodann auf der großen Heerstraße los, Richtung

Rorschach, was wir nach zwei Stunden, kurz nach zwölf Uhr, erreichen. Die Hauptstraße kirchhofstill. Roberts Kragen und Krawatte haben sich während des Marsches aufgelöst. Ich rate ihm, er solle sie doch in eine Rocktasche stecken. Aber er verschwindet beim Hafen in eine Toilette, um sich instand zu setzen. Als er erscheint, stehen Kragen und Krawatte völlig windschief. Ich sage ihm, er gefalle den Frauen doch auch so. Da lacht er und ist beruhigt. Gemächlich bummeln wir in der Stadt herum. Robert bleibt vor vielen Auslagen und Häusern staunend stehen. Das vornehme Barock von Rorschach spricht ihn an. Er kann sich fast nicht davon trennen.

Schließlich wollen wir in der »Traube« essen, einer Wirtschaft mit Metzgerei. Aber in der Wirtsstube sitzen nur die Besitzerin und ein blondes Mädchen vor einer Schüssel Mais und sagen: »Hier könnt ihr nichts essen!« Wir sehen in der Küche den kalten Herd stehen. Wir studieren ein paar Menüs andrer Restaurants, bis wir in der »Post« landen, die mir ein Zöllner empfohlen hat. Wir trinken roten Buchberger und lassen das Menü kommen, das tatsächlich gut ist: Kalbsschnitzel mit Kartoffelstock, Bohnen und Erbsen. Wir essen alles radikal auf und plaudern nachher in einer Konditorei bei einem schwarzen Kaffee weiter. Rückfahrt nach St. Gallen, wo ich in einer Buchhandlung Gogols Novelle »Der Mantel« für einen Freund kaufe. Ohne Überzieher, mit aufgerolltem Regenschirm, läuft mir Robert in den engen Gassen rübezahlhaft voraus, als wittre er nach etwas. Ich mag ihn nicht stören und folge ihm wie ein Lamm. Beim Stadttheater merke ich, daß er die dämmrige »Bayrische Bierhalle« sucht, in der wir schon einmal saßen. Hier fühlt er sich offenbar wohl, und hier beginnt er – was selten geschieht – von sich selbst zu erzählen. Wir kaufen auf dem Markt Orangen, die er gern hat, und bei einer lärmigen

Frau, die am rechten Arm gelähmt ist, lauwarme Marroni. Abschiedstrunk im Bahnhofbuffet. Robert wiederholt mehrere Male: »Das war ein entzückender Tag – finden Sie nicht auch? – Wie wäre es das nächste Mal mit Bischofszell?« Wieder fällt mir auf, daß seine blutroten, fleischigen Lippen wie das Maul eines verdurstenden, aus dem Wasser gezogenen Fisches aussehen. So, als wollten sie nach Luft schnappen. [...]

»Jetzt sehne ich mich weder nach Biel noch nach Bern zurück. Es ist auch hier in der Ostschweiz ganz schön. Meinen Sie nicht auch? Ich finde sie sogar entzückend. Sie haben ja gesehen, wie gemütlich-heiter heute alle Leute zu uns waren! Mehr verlange ich nicht. In der Anstalt habe ich die Ruhe, die ich brauche. Den Lärm sollen nun die Jungen machen. Mir ziemt es, möglichst unauffällig zu verschwinden. – War dieser Tag nicht wunderschön? Wir sind ja keine Sonnenvergötzer. Wir lieben auch den Nebel und den dämmrigen Wald. Noch oft werde ich an das Silbergrau des Bodensees, das Märchenwild im Park und an das verschlafene Aristokratenstädtchen Rorschach zurückdenken.«

Friedrich Dürrenmatt
Wie Überlebende des Dritten Weltkriegs
in St. Gallen einfielen

1981

Auf dem Splügen warf ich einen russischen Offizier in den Stausee, das Motorrad versank ebenfalls. Er hatte mich überfallen, als ich angehalten hatte, den Atompilz zu bewundern, der am westlichen Himmel stand. Ich sah den Pilz zum ersten Mal.

Etwas später stieß ich auf einen zerschellten Helikopter. Ich durchsuchte ihn und fand Papiere, die dem Offizier gehört hatten. Seinen Namen habe ich vergessen, ich erinnere mich nur noch, daß er aus Irkutsk stammte.

Thusis war verwüstet. Ich begann zu begreifen, was sich in unserem Lande abspielte.

Daß ich zwei Jahre brauchte, um mein Ziel zu erreichen, sagt alles. Meine Wanderung durch das Inferno dieser Zeit braucht deshalb nur angedeutet zu werden: Die Menschen, welche die Bombe überlebt hatten – wenn es überhaupt ein Überleben gab –, machten die gesamte Technik und die Bildung für den Dritten Weltkrieg verantwortlich. Nicht nur die Atomkraftwerke, auch die Staudämme und die Elektrizitätswerke wurden zerstört, Aberhunderttausende kamen in den Fluten um und in den Giftgaswolken der brennenden Chemiewerke, vor denen die Wut der Bevölkerung nicht haltgemacht hatte. Überall explodierten Tankstellen, brennende Autos; die sinnlos gewordenen Rundfunk- und Fernsehgeräte, die Plattenspieler, die Waschmaschinen, die Schreibmaschinen, die Computer wurden zertrümmert; die Museen, die Bibliotheken, die Spitäler wurden vernichtet. Es war wie der Selbstmord eines ganzen Landes. Chur zum Beispiel war ein Tollhaus. In Glarus verbrannte man ›Hexen‹: Stenotypistinnen und Laborantinnen. Die Appenzeller verwüsteten das Kloster St. Gallen unter dem Vorwand, das Christentum hätte die Wissenschaft hervorgebracht. Die kostbare Bibliothek mit dem Nibelungenlied ging in Flammen auf. Im riesigen Schutthaufen, der einst Zürich gewesen war, übernahmen Rocker die Macht. Sie ersäuften in der Limmat die Progressiven und die Sozis sowie die Professoren und die Assistenten beider Hochschulen. In der Ruine des Schauspielhauses versammelte sich eine Sekte. Sie glaubte an die Hohlwelt-Theorie. Ihre Priesterinnen waren schwanger. Sie brachten scheußliche Mißgeburten zur Welt, die auf der Bühne geboren und geschlachtet wurden. Der Gottesdienst war eine Orgie. Die Gläubigen fielen übereinander her in der Hoffnung, noch fürchterlichere Mißgeburten zu zeugen. In Olten waren an großen Gerüsten Tausende von Primar- und Sekundarlehrern aufgeknüpft. Man hatte sie aus dem ganzen Land zusammengetrieben.

Das ›große Sterben‹ dagegen hatte schon in Graubünden eingesetzt. Gaben sich die Menschen zuerst unbeschreiblichen Ausschweifungen hin, plünderten, zertrümmerten, vernichteten, was ihnen in die Hände fiel, entfachten ungeheure Brände und legten jeden Verkehr lahm, wurden sie später apathisch. Sie wurden von einer bleiernen Müdigkeit befallen. Sie saßen vor den Ruinen ihrer Häuser, die sie selber zerstört hatten, und stierten vor sich hin, blieben irgendwo liegen, starben. Allmählich ließen die Zerstörungen nach. Es gab keine Autos, keine Bahnen mehr, nur Ruinen, ungeheure Ansammlungen von Lebensmitteln, gedacht für ein Acht-Millionen-Volk, das nun nicht einmal mehr hunderttausend zählte. Mit den Menschen starben auch die Tiere. Auf den Feldern lag Kadaver an Kadaver. Nur die Vögel hatten sich ins Unermeßliche vermehrt.

5. Vom Bregenzerwald nordwestwärts

Horst Wolfram Geißler
Der liebe Augustin in Lindau
1921

Die Zeiten blieben schlecht. Je nachdem das Kriegsglück wechselte, lagen die Franzosen oder die Österreicher in der machtlosen Stadt. Aber das Leben, das sich wunderlicherweise auch durch die schlimmsten Hagelschläge des Schicksals nicht ausrotten läßt, ging trotzdem weiter.

Sogar Augustin Sumser, dieses allernichtsnutzigste Glied der menschlichen Gesellschaft – denn wozu braucht die Welt, zumal in Kriegszeiten, Musik? –, lebte weiter. Ja, er lebte gar nicht einmal schlecht weiter! Seine erste Spieldose hatte er sehr bald verkauft, und zwar an einen Arzt, der bei dem Adel des Bodenseeufers sehr beliebt war und dessen Teegesellschaften von vielen wohlhabenden Leuten besucht wurden. Bei ihm sahen und hörten diese Leute Augustins Werk. Es dauerte nicht lange, so erhielt der Gustl einen neuen Auftrag. Diesmal grub er ein französisches Schäferlied in die Walze, und das glückte ihm fast noch besser als sein einfacher Landler. Die Damen waren entzückt, und Augustin bekam die fast unglaubliche Summe von vierzig Gulden für seine Spieldose!

»So!« sagte er, ungemein befriedigt, »das langt eine Weile.«

In der nächsten Woche bekam er drei neue Bestellungen.

Aber was tat dieser Sumser?

Er nahm sie zwar an, ließ sich aber auf keine Frist ein und dachte gar nicht daran, zu arbeiten. Es war genau so wie damals, als er rechnen lernen sollte: Ehrgeiz hatte er nicht für einen roten Heller, und das Geld mißachtete er in einer Weise, die des Diogenes würdig gewesen wäre. Er besaß jetzt vierzig Gulden und wußte, daß er nur zu arbeiten brauchte, um weitere dreimal vierzig zu verdienen.

Gut!

Das Geld in seinem Beutel würde für wenigstens zehn Wochen ausreichen, und in diesen zehn Wochen machte Augustin Sumser auch nicht einen Finger krumm. Die Lilien auf dem Felde wurden gelb vor Neid, wenn der Gustl an ihnen vorüberging: sie fühlten, daß da einer war, der womöglich noch sorgloser lebte als sie.

Und er lebte, abgesehen von der Politik, die sein heimliches Steckenpferd war und bisweilen ungute Gedanken in ihm aufkommen ließ, recht glücklich.

Die Loni blieb ihm treu, solange es ging.

Als es nicht mehr ging, wurde sie ihm untreu.

Der Gustl regte sich darüber nicht im geringsten auf, kündigte ihr in aller Ruhe die Freundschaft und lebte einspännig weiter. Er lief den Frauen nicht nach, er nicht!

Überdies hatte er nie sehr an ihr gehangen; der Gedanke an Mylady verdarb ihm den Geschmack an weißen Wollstrümpfen; es war ein wenig Gift in seinem Herzen geblieben seit seiner ersten Liebe, ein angenehmes und süßes Gift, der Wunsch nach sehr viel Zivilisation und Wohlgewaschenheit; und da er dies nicht haben konnte, blieb er gern allein. Er kaufte eine Handvoll Moschus und versteckte die Körner wie Ostereier in allen Winkeln seiner Stube; seitdem fiel es ihm leicht, sich einzuspinnen in seinen Erinnerungen – daß er dabei sacht in immer hagestolzigere Bahnen kam, merkte er nicht.

Aber seine Freunde im Lamm merkten es, denn Augustin ließ sich immer seltener blicken. Er lief bei schönem Wetter durch das Land, oder er ruderte sich langsam über den geliebten See, oder er saß, wie er es schon zu Wasserburg getan hatte, auf einer Ufermauer, lauschte auf das Klingen der Wellen und träumte. Die Welt war so schön, daß er blumenhaft still ganz in ihr aufging; seine Freunde sagten daher, er führe ein recht weltabgewandtes Leben. Bei schlechtem Wetter blieb er daheim und las. Wahrhaftig, Augustin Sumser hatte es mit dem Studieren bekommen! Irgendwer lieh ihm die »Leiden des jungen Werthers«. Er las den Roman in einer Nacht und am folgenden Tage zum zweiten Male. Darauf begann er plötzlich zu arbeiten, hatte eine Woche später die erste der bestellten Spieldosen fertig und kaufte sich um zwanzig Gulden alle Werke des weimarischen Ministers von Goethe, die Dramen Schillers und Geßners »Idyllen«. Für die anderen zwanzig Gulden ließ er sich einen neuen Anzug machen, der demjenigen des jungen Werther ziemlich ähnlich war, und in dem seine hübsche Gestalt aufs vorteilhafteste zur Geltung kam.

So geriet Augustin Sumser in die sentimentalste Zeit seines Lebens hinein und vergaß darüber beinahe seinen leichten Sinn. Die Einsamkeit, die früher nur zufällig gewesen, war ihm jetzt tief erwünscht, und in seiner unbekümmert schäferhaften Seele ging eben jene Wandlung vor sich, die einige Jahrzehnte vorher die leichte Seele des Rokoko durch Rousseaus Werke erlebt hatte.

Und endlich merkte er, daß das Rokoko gestorben sei!

Der Zeitgeist hatte sich gewandelt; er lebte nicht mehr im Menuettschritte, sondern er marschierte in den Bataillonen Napoleons und schluchzte an tausend Gräbern; er tändelte nicht mehr, sondern er weinte. Schnörkel und Goldtressen verschwanden, Reifröcke und Perücken verfielen dem Lose, das ihre reizende Verlogenheit verdiente. Die große, fließende Linie trat an ihre Stelle, streng und sentimental zugleich. Die Männer ließen von Tressenbesatz, Spitzenjabot und Seidenstrümpfen und bekehrten sich zu dem einfachen Frack. Die Frauen trugen das unter dem Busen leicht gegürtete griechische Gewand.

Die Welt wurde schlicht und empfand heroisch.

Leider war Augustin Sumser gar nicht heroisch veranlagt. Er fühlte, daß dies nicht zeitgemäß war, und stand der neuen großen Linie verlegen und unbehaglich gegenüber. In seinem heimlichsten Herzen flatterten eben doch noch Rosenbänder, klangen doch noch Schäferschalmeien, sangen doch noch die süßen, silbernen, kleinen Wellen des Sees. Er fühlte sich fremd unter den Menschen und geriet darob in eine Traurigkeit, deren Grund er selbst nicht kannte, die ihm jedoch recht wohltat. Und so wählte er, ganz unbewußt und nur der Neigung seines Herzens folgend, diejenige Seite der neuen Zeit für sich, die in seinem augenblicklichen Zustand am besten für ihn paßt: die Sentimentalität.

Weil er über sein eigenes Leben nicht klagen konnte, begann er, das Leben im allgemeinen recht miserabel zu finden, und flüchtete sich an den Busen der Einsamkeit und der Natur; behaglich unter Apfelbäumen ins Gras gestreckt, las er »Kabale und Liebe« und bemerkte jetzt erst, wie schlecht einerseits und wie edel anderseits die Menschen sind.

Er seufzte, verbrachte mehrere Stunden täglich in unnennbarer Rührung und war in dieser wehmütigen Verfassung recht glücklich.

Es wäre ihm vielleicht nicht schwer gefallen, Elegien zu dichten, aber dazu war er zu faul.

Seiner nächsten Spieldose hauchte er ein entzückendes Andante pastorale ein, dessen Thema er zwar Carulli gestohlen, aber so selbständig mit Empfindsamkeit bearbeitet hatte, daß es ihm beim Zuhören war, als tröpfelte sein eigenes Herzblut langsam in einen Junisonnenuntergang hinein. Er konnte sich von dem Werke nicht trennen, obwohl es zu den bestellten gehörte, sondern behielt es. Denn allzuviel von seiner Seele wollte er nicht hergeben.

August von Platen
Lage und Gegend von Lindau sind allerliebst
1816

Am 29. Juni 1816. Lindau Die Lage und Gegend von Lindau sind allerliebst. Welche Mannigfaltigkeit an den gegenüberstehenden Ufern, wo milde, grüne Hügel, samt Dörfchen und Landhäusern zu ihrem Fuße, mit fichtenbedeckten Bergrücken und einer schneebekrönten Gebirgskette, in deren Hintergrund man den Säntis erblickt, abwechseln. Das romantische Bregenz erkennt man ziemlich deutlich. Bis Konstanz reicht der Blick, auch bei heiterem Wetter, nie. Der Bodensee ist siebzehn bis achtzehn Stunden lang, seine größte Breite beträgt sieben bis acht Stunden; an einigen Orten rechnet man seine Tiefe zu 2000 Fuß.

Lindau ist eine Insel, welche durch eine hölzerne Brücke, an deren beiden Enden Zugbrücken angebracht sind, mit dem festen Lande Schwabens verbunden wird. Die Insel wird fast ganz von der Stadt bedeckt, und der See bespült die Mauern, die größtenteils auf Pfähle gebaut sind. Die gebäudefreien Plätze sind zu Weingärten benutzt. Lindau war bis 1802 Reichsstadt; sie ist weder groß noch hübsch, die Straßen sehr enge, die Bauart ungleich. Es sind zwei Tore da, wovon aber das eine »Seetor« heißt und nur auf das Wasser führt. Unweit vom Eingange des Tores, gegen die Brücke zu, zeigt man unter dem Namen »Heidenmauer« die Überbleibsel eines römischen Kastells, welches Tiberius erbauen ließ. Der Hauptplatz, in dessen Mitte man eine schöne Linde sieht, die (oder vielmehr deren Vorgängerin) der Stadt zur Namenspatronin soll gedient haben, ist ziemlich freundlich, der Hafen, den wir von unserem Gasthofe übersehen, nicht beträchtlich; doch der schönste am See.

Da gestern nachmittag der Regen etwas nachließ, benützten wir diese Zeit zu einem Spaziergange, um einen Teil von Lindau zu besuchen, der insonderheit »die Insel« genannt wird, weil er ehemals durch den Graben von der Stadt getrennt war. Das Interessanteste, was wir sahen, war ein Sturm, der sich auf dem See erhob, und allenfalls einen Begriff von einem Meersturm geben konnte, wie uns der ältere Gombart sagte, der ins Unermeßliche gesehen hat. Nichts läßt sich mit dieser ewigwilden Beweglichkeit der Wellen vergleichen. Sie schlugen brandend zuweilen weit über den Damm hinaus, auf dem wir standen, und spritzten an einigen Orten so hoch als die Stadtmauern. Es ist ein herrlicher Anblick, eine große Woge, oder mehrere hintereinander, schon von ferne sich daherwälzen zu sehen, bis sie endlich mit rauschendem Getöse brandet; oder noch schöner, wenn zwei gegeneinander, wie ergrimmte Drachen, die die Kämme aufbäumen, losstürmen und keine der andern weichen will, bis sie endlich beide versinken und den neu ankommenden Platz machen. [...]

Als wir in die »Krone« zurückgekommen, wurde soupiert, und dann fand noch eine Punschpartie statt, von der ich mich aber schon in der ersten Viertelstunde zurückzog, da mir nichts unleidlicher vorkommt als Männergesellschaften, die in Trinkgelage ausarten. Ich merkte auch den folgenden Tag, daß ich wohltat, davon zu bleiben. [...]

Da ich nicht länger mehr auf günstigen Wind in Lindau

warten konnte, so nahm ich heute nach Tische Extrapost und fuhr die zehn Stunden bis Mörsburg bei dem lieblichsten Wetter von der Welt. Der Untersee, an dem ich mich jetzt befinde, ist nie so stürmisch als der obere, und man kann leicht in zwei Stunden nach Konstanz hinüberfahren. Auch habe ich bereits einen Schiffer gemietet. [...]

Meine Reise ging größtenteils an dem romantischen See hin. Ich passierte Wasserburg und zu Nonnenbach die württembergische Grenze. Später kommt man über drei bedeckte Brücken der Argen, der Schussen und der Ach, Flüßchen, die sämtlich in den See fließen. Die Argen schien jedoch beträchtlich angeschwollen. Die nächste Station war Buchhorn, vom König von Württemberg in Friedrichshafen umgetauft, ein ganz kleines freundliches Städtchen in gar schöner Lage am Wasser; ehemals war es reichsfrei. Das Kloster Buchhorn heißt nun Friedrichsschloß. Die Mönche oder Nonnen, die ehemals darin verwitterten, waren zum mindesten in Hinsicht ihrer malerisch blühenden Aussicht zu beneiden; und auch an Gott läßt es sich so leicht und gerne denken beim Anblick einer solchen Natur.

Der Postmeister führte mich auf den Damm, der den Hafen ausmacht: man sieht gegenüber auf der helvetischen Seite Arbon und Rorschach. Der Weg von Buchhorn bis hierher ist köstlich und unvergleichlich. Man fährt beständig durch üppige Weinberge und Obstgärten, an denen diese fruchtbare Gegend so reich ist, und behält fast immer den See mit seinen lieblichen Schweizerufern im Gesichte. Er war glatt und eben, wie der reinste Spiegel, und kontrastierte so viel als möglich gegen das gestrige Wetter. In Fischbach kam ich über die badische Grenze.

Manfred von Ardenne
Effi Briest am Bodensee
1990

Kurz vor dem Zweiten Weltkrieg geschah es, daß auf einer Gesellschaft bei einem Prinzen Bentheim das Schicksal der Eltern meines Vaters aus ferner Vergangenheit in mein Blickfeld gerückt wurde. Ein weißhaariger Herr begrüßte mich mit den Worten: »Ihr Großvater hat meinen Onkel im Duell erschossen.« Er war ein Neffe des Düsseldorfer Amtsgerichtsrates E. Hartwich, um dessentwillen Else von Ardenne, geborene von Plotho, jenes Schicksal widerfuhr, das Theodor Fontane seinem Roman »Effi Briest« zugrunde gelegt hat.

Beim neunzigsten Geburtstag meiner Großmutter im Jahre 1943 in Lindau, als sich ihre Freundin, Frau Viktorie von Weizsäcker (Großmutter des Bundespräsidenten Richard von Weizsäcker) von ihr verabschiedet hatte, lenkte ich das Gespräch auf ein Buch, das nach einem halben Jahrhundert über sozialhygienische Arbeiten Hartwichs erschienen war, und versuchte ihr begreiflich zu machen, wie sehr ich diesen Mann schätze. Meine Worte: »Ich hätte damals genauso gehandelt wie du!« rührten sie tief. Nach einigen Wochen schickte sie mir ein kleines Päckchen. Es enthielt die Briefe Hartwichs aus den Jahren 1883 bis 1885 an meine Großmutter – eben jene, die den Anlaß zu dem tragischen Duell im Jahre 1886 gebildet hatten. Sie schrieb mir dazu: »Du bist der einzige, der mich nach ihm gefragt hat. So sollst Du auch das Wenige bekommen, das ein hartes Schicksal mir von dem strahlenden Menschen gelassen hat. Daß Dir die Freude wurde, durch einen Verwandten in ein gerechtes gutes Licht den Mann gerückt zu sehen, der unendliches Leid, aber auch unendliches Glück in mein Leben gebracht

Elsa Baronin von Ardenne im Alter von sechzig Jahren, die Effi Briest in Fontanes Roman

hat, war mir ein Geschenk. Deshalb lege ich Euch die leichten Briefe bei, die einen Einblick gewähren in den Frohsinn und die Unbeschwertheit unseres Sonnendaseins – damals.« Diese Briefe hüte ich als einen besonderen Schatz für unsere Kinder und die Fontane-Forschung.

Noch im hohen Alter war ihr Gesicht von einer berückenden, edlen Schönheit. Ein kluger Mann hat einmal gesagt, eine Frau, die mit sechzehn Jahren schön ist, verdiene keinerlei Bewunderung. Ist sie es aber noch mit sechzig Jahren, dann dankt sie dies ihrer Seele. Der Ausspruch kommt mir beim Betrachten ihres Bildes in den Sinn, und ich sehe diesen Gedanken auch durch die Autobiographie des Düsseldorfer Malers Wilhelm Beckmann bestätigt, der über meine Großmutter schrieb: »Indem sie in ihrer Natürlichkeit und Sicherheit sich in ungebundener Freiheit gab, wirkte sie durch ihr ganzes Wesen und ihre intensiven geistigen Anregungen auf uns alle in einer beglückenden Weise dergestalt ein, daß ein jeder von dem Zeitpunkt an, wo er in ihren Bannkreis trat, fühlte, wie seine Schaffenskraft gesteigert wurde.«

Im Alter von etwa fünfzig Jahren bestieg sie als erste Frau den an der Schweizer Grenze, dicht bei Liechtenstein gelegenen 2970 m hohen Berg »Scesaplana«, zu dessen Gipfel meine Frau und ich 1969 bei einem Abstecher nach Klosters mit bewunderndem Erinnern emporblickten. Mit sechzig Jahren lernte sie Skilaufen und mit achtzig Jahren Radfahren. Am 4. Februar 1952 starb sie neunundneunzigjährig in Lindau am Bodensee als älteste Bürgerin dieser Stadt.

Ihr Lebensweg, ihre tiefe Menschlichkeit und Lebensweisheit machten aus meiner Großmutter eine der verehrungswürdigsten Frauengestalten, die späteren Generationen in schweren und leichten Tagen unendlich viel geben können.

Vom Wirken meines Großvaters, Armand von Ardenne, finden sich Nachklänge in Biographien aus den Kreisen der Düsseldorfer Künstlerschaft der achtziger Jahre des vorigen Jahrhunderts und von den Heerführern des Ersten Weltkrieges. Obwohl er als Lehrer an der Preußischen Kriegsakademie, als Historiker der Zieten-Husaren und schließlich als Divisions-General in Magdeburg – sein unmittelbarer Vorgesetzter dort war von Hindenburg – den Höhepunkt der militärischen Laufbahn im damaligen Deutschland erreichte, fand er im Ersten Weltkrieg keine Verwendung. Er war beim Kaiser in Ungnade gefallen und wurde vorzeitig verabschiedet. Ein von General von Hindenburg aus diesem Anlaß an meinen Großvater geschriebener Abschiedsbrief trägt das Datum 16. März 1904.

Armand von Ardenne zog den kaiserlichen Unwillen durch ein Gutachten auf sich, in dem er sich für das von Heinrich Ehrhardt in der Rheinischen Metallwarenfabrik entwickelte Rohrrücklaufgeschütz und gegen die traditionelle Krupp-Kanone ausgesprochen hatte. Technisch befand er sich, wie die weitere Entwicklung bestätigte, völlig im Recht, aber der Kaiser war mit Krupp liiert.

Paul Alverdes
Von Lindau nach Romanshorn

1929

Die Ausfahrt aus dem Lindauer Hafen ist eng, es gab ein langwieriges Manöver mit Verhalten, Vor- und Rückwärtsschlagen der Schraube, und zuletzt ging es doch nicht ohne Schieben und Drücken mit den langen Stoßbalken ab, wobei die Matrosen in einer einstweilen ganz unverständlichen

Sprache miteinander zankten, während der Kapitän hin und wieder ein kurzes Stückchen in sein Messingrohr sang. Aber dann war das Schiff doch auf dem offenen Wasser und nahm den Kurs quer hinüber nach der Schweiz.

Das Wetter wechselte mit einer berückenden Vielfalt der Erscheinungen unaufhörlich. Oft schleiften breite und rauchende Wände von Hagel oder von schwerem Regen dem Schiff so nahe vorbei, daß sie den Blick auf das Land völlig verhängten und daß die Grenzlinie der auf das Wasser trommelnden Niederschläge auf Steinwurfsweite deutlich zu sehen war, während das Boot selber in einer Windstille dahinfuhr und kein Tropfen sein Deck erreichte. Zu gleicher Zeit aber schien jenseits davon die Sonne mit breitem Keil auf ein lichtgrünes, aber unter dem Winde noch murrendes und zuckendes Gewässer und funkelte und blitzte mit hundertfältigen Lichtern von den triefend nassen Ölmänteln der Fischer zurück. Sie fahren dort mit wendigen und schmalen Booten, die wie flache Sicheln mit aufgebogenen Hörnern auf dem Wasser liegen und wenig mehr Raum haben als für zwei Mann, für die der Hilfsmotor und das Fanggerät ausreichen mag. Immer weiter entfernte sich das schwäbische Ufer, dessen Waldblau und Hügelgrün mit den zahlreichen Weilern und kleinen Städten die Regengüsse, die den Weitsee peitschten, dem Blick immer häufiger verstellten.

Linkerhand die Berge indessen rückten nicht näher, die Klinze zwischen Erde und Himmel zog sich nur dichter zusammen und warf ein fahles Licht auf die Fels- und Eishäupter, die aus dem Nebel starrten. Der Reisende wußte ihre Namen nicht, und nicht, wo ungefähr sie sich erheben mochten. So blieben sie ihm unbetreten und unbetretbar für immer, Wohnungen der Geister und Dämonen, und sie sandten die Ahnung ihres gestirnenahen und jahrtausendekundigen Daseins mit reinigendem und verwandelndem Atem über das Wasser.

Bei der Ankunft in Romanshorn war darauf einstweilen zu vergessen. Wieder zeigten sich die Schweizer der Ungeduld des Reisenden als mittelmäßige Seefahrer, das Landungsmanöver wollte nicht glücken, und die fünfzig wohlhabend aussehenden Gepäckträger und Eisenbahner, die oben auf dem Kai standen, sprangen freudig hin und her und suchten sich dem Kapitän, der ihrer nicht achtete, mit sachkundigen Ratschlägen verständlich zu machen. Hernach gab es dann eine unwürdige Zollprozedur, denn unter den angekommenen Deutschen schien plötzlich ihr mannigfacher Bruderzwist wieder ausgebrochen. Sie begannen wie auf ein geheimes Signal einen wüsten Wettlauf nach den Zolltischen, wobei sie sich mit den Koffern nach den Schienbeinen und Kniekehlen stießen, übereinanderstürzten, sich schmähten und einander mit Schirmen und Stöcken drohten, um am Ende mit gesträubten Haaren und fliegenden Händen ihre Hemden, Socken und Schlafhosen eine Sekunde früher als der Nachbar vor den übelgelaunten Zöllnern auslegen zu dürfen.

Bernhard Möking
Graf Ulrich und die treue Wendelgard

1951

In Buchhorn (Friedrichshafen) lebte zu Anfang des 10. Jahrhunderts Graf Ulrich, dem als Gemahlin die schöne Wendelgard angetraut war. Nun trug es sich damals zu, als die Ungarn zum zweiten Male in Deutschland einfielen, daß der Graf gegen die fremden Bedränger ins Feld ziehen mußte. Er wurde trotz tapferer Gegenwehr schon sehr bald von den Feinden ergriffen und in die Gefangenschaft weggeführt, also daß seine Mitkämpfer und Freunde glauben mußten, er wäre nimmer am Leben. Wie Frau Wendelgard diese Kunde hörte, begab sie sich auf Anraten des Konstanzer Bischofs Salomo sogleich nach St. Gallen, um den vielen Freiern, die sich immer heftiger um ihre Hand bewarben, auszuweichen. Dort baute sie sich neben der Klause der heiligmäßigen Frau Wiborada eine Zelle und verbrachte fürderhin ihr Leben zum Seelenheil ihres totgeglaubten Gemahls mit frommen Übungen und Almosengeben. Nur einmal im Jahre, und zwar am vermeintlichen Todestag des Grafen, kehrte sie nach Buchhorn zurück, um sein Andenken mit andächtigen Gebeten und Werken der Mildherzigkeit zu feiern. Zuletzt nahm sie den Nonnenschleier.

So kam denn der vierte Jahrestag heran, an dem sie abermals zur gewohnten Trauerfeier nach Buchhorn reiste. Während sie da an die Armen milde Gaben verteilte, drängte sich ein zerlumpter Bettler durch die lärmende Menge und forderte von Wendelgard mit ungestümen Worten ein Kleid. Sie reichte ihm eines, wenn auch unwillig, aber da ergriff der Bettler mit der Gabe auch ihre Hände, zog die gütige Geberin gewaltsam an sich und küßte sie auf den Mund, sie mochte es geschehen lassen oder nicht. Da zog sich Frau Wendelgard auf ihren Stuhl zurück, schmerzlich bewegt, daß ihr solche Schmach widerfahren mußte. »Jetzt erst erfahre ich«, rief sie, »daß mein Gemahl Ulrich nimmer am Leben ist, da ich solchen Schimpf und solche Frechheit von einem Bettler erleiden muß!« Aufs äußerste empört, drängte sich nun das Volk um den Zerlumpten und wollte ihn mit Fäusten schlagen, doch der warf seine langen, wilden Haare in den Nacken und rief seinen Bedrängern zu: »Verschont mich mit Schlägen, ich habe ihrer genug erhalten! Schaut her und erkennet Graf Ulrich, euern Herrn!« Als das erstaunte Volk seine Stimme hörte und zwischen den Locken das wohlbekannte Gesicht erblickte, grüßte es ihn laut und jauchzte vor Freude. Wendelgard aber, die ihn an einer Narbe erkannt hatte, erwachte wie aus tiefem Schlafe und sprach: »Das ist mein Herr, der liebste aller Menschen! Sei mir willkommen, mein Holdester!« Und während sie ihren Gemahl umarmte, rief sie ihrem Gesinde zu: »Leget eurem Herrn Kleider an und sputet euch zur Stunde, daß er ein Bad empfange!«

Nachdem Ulrich festliche Kleider angezogen, liebkoste er seine treue Gattin und ging mit ihr zur Kirche. Unterwegs gewahrte er an Wendelgard den Nonnenschleier, den ihr der Bischof von Konstanz angelegt hatte. Da rief er mit bebender Stimme: »Wehe mir, so darf ich dich von Stund an nicht mehr umarmen!« und forderte seine Gemahlin vom Bischof zurück. Dieser aber nahm ihr auf einer Kirchenversammlung, die er sogleich einberief, den Schleier wieder ab und verwahrte ihn im Schrein der Kirche, damit ihn Frau Wendelgard, wenn sie nach ihrem Gemahl sterben sollte, als Witwe wieder aufsetze. Darauf kehrte das neu vereinigte Paar für immer nach Buchhorn zurück, wo es alsbald das Gelöbnis ablegte, den nächsten Sohn, den Frau Wendelgard ihrem Gemahl schenke, an der Mutter Statt dem heiligen Gallus zu weihen.

Hugo Eckener
»Närrischer Erfinder«
1938

Graf Zeppelin war zweiundfünfzig Jahre alt, als er dem Militärdienst zu entsagen genötigt wurde. Das ist schon bei Menschen durchschnittlicher Art ein zu frühes Alter, um sich gelassen zur Ruhe zu setzen und ein »otium cum dignitate« mit mehr oder weniger Befriedigung zu genießen. Für den Grafen Zeppelin kam diese unfreiwillige Abdankung aus der Berufstätigkeit in einem Alter, wo er sich bei seiner ungewöhnlich großen Lebenskraft und seiner körperlichen und geistigen Elastizität noch geradezu jung fühlte. Er war nach seiner Veranlagung bestimmt, noch bis in das hohe Greisenalter hinein sich rühren und betätigen zu können. In der Tat kam ja jetzt erst für ihn der Lebensabschnitt, in dem er seine entscheidende und nach allgemeiner, wenn auch, wie wir sahen, nicht ganz zutreffender Meinung eigentlich wertvolle Leistung vollbringen sollte. Wie aber die ihm noch zur Verfügung stehenden starken Kräfte in einer seinem Sinne entsprechenden Weise verwenden? Dieser Sinn trieb ihn, stets bewußt gemeinnützig in allem Denken und Handeln sich zu regen. Welche Betätigungsmöglichkeit stand ihm noch offen, nachdem der staatliche und militärische Dienst ihm verschlossen worden war?

Es wird gesagt (und wir glauben, mit Recht), daß in dieser Lage aus seinem engsten Familienkreise, nämlich von seiten seiner Gattin und seiner Tochter, ihm die Anregung oder wenigstens die Ermunterung gegeben wurde, seine Aufgabe und Arbeit in der Verwirklichung seiner Ideen von einem lenkbaren Luftschiff zu suchen, mit denen er sich seit Jahren schon getragen hatte. Jedenfalls kam es so schon bald nach seiner Verabschiedung. Er hatte, wie gesagt, eine ganze

Reihe von Jahren sich mit diesen Ideen beschäftigt, aber in einer mehr gelegentlichen Art, wie mit einer Liebhaberei und einem seine Phantasie anregenden schönen Gedanken von den gewaltigen Möglichkeiten, die die Lösung des großen Tagesproblems des menschlichen Fluges eröffnen muß. Jetzt machte er aus der Liebhaberei eine Aufgabe, die er mit aller Energie seiner willensstarken Seele anfaßte. Und es ist bemerkenswert, wie die Triebfedern, die ihn bei seinen Bemühungen spornten, zunächst in seinen allgemein menschenfreundlichen und kulturellen Idealen und erst später und allmählich mehr und mehr in einem vaterländischen und militärischen Empfinden und Wollen ihren Ursprung hatten.

Es ist des öfteren geschrieben worden, Graf Zeppelin habe den Gedanken an einen lenkbaren Ballon schon sehr früh bei Gelegenheit einer Ballonfahrt in Amerika zuerst gefaßt, oder wenigstens im Deutsch-Französischen Krieg, als er die Ballone aus Paris aufsteigen sah. Nichts davon ist erweisbar. Vielleicht hat er gleich so vielen anderen bei derartigen Gelegenheiten die flüchtige Vorstellung von dem Nutzen eines lenkbaren Ballons gehabt, zumal ja Versuche in dieser Richtung mehrfach gemacht und bekannt waren. Aber die erste positive Andeutung von einer eigenen Beschäftigung mit dem Problem findet sich unter dem 25. März 1874 in seinem sorgfältig geführten Tagebuch eingetragen, unter der Überschrift: »Gedanken über ein Luftschiff.« Die Anregung zu diesen Gedanken hatte er einem Vortrag des Generalpostmeisters Stephan über »Weltpost und Luftschiffahrt« entnommen. Es heißt in dieser Tagebucheintragung:

»Das Fahrzeug würde auf die Dimensionen eines großen Schiffes auszurechnen sein. Die Gasräume so berechnet, daß das Fahrzeug bis auf ein geringes Übergewicht getragen wird. Die Erhebung wird dann erreicht durch das Angehen der Maschine, welche das Fahrzeug gewissermaßen auf die nach aufwärts gestellten Flügel treibt. In der gewollten Höhe angelangt, werden die Flügel weniger steil gestellt, sodaß das Luftschiff in der horizontalen Ebene bleibt. Zum Sinken stellt man die Flügel noch weniger steil, oder läßt die Geschwindigkeit abnehmen...

Die Gasräume sollten womöglich in Zellen getheilt sein, welche einzeln gefüllt und geleert werden können. Die Maschine muß das Gas stets ergänzen können...

Fallschirme, wenn solche überhaupt praktisch sind, könnten im Verdeck des Passagierraumes als Theile desselben angebracht werden – so zwar, daß sie sich loslösen, wenn sich Jemand mit Gewicht daran hängt.«

Es sind also drei originelle Gedanken schon in diesen ersten Konzeptionen anzutreffen, die einen Fortschritt gegenüber den früheren Versuchen bedeuten und die immer entscheidender ein Merkmal des Zeppelinschiffs werden:

Erstens werden die Dimensionen eines »großen Schiffes« als notwendig bezeichnet,

zweitens wird ein »dynamisches« Fahren des Luftschiffs vorgesehen,

drittens wird die Einteilung in getrennte Gaszellen ins Auge gefaßt.

Der letzte Absatz spricht dann von Passagierräumen als von etwas Selbstverständlichem. In der Tat dachte der Graf Zeppelin zu der Zeit nur an eine Verkehrsluftschiffahrt, und seine Gedanken hierüber sind schon sehr bestimmter Art, wie eine spätere Eintragung, unter dem 4. April 1875, bezeugt:

»Auf eine nicht unwesentliche Änderung in der Verkehrsweise durch die Luftschiffahrt möchte ich im voraus aufmerksam machen. Die Beschaffungskosten der Fahrzeuge werden zwar groß sein, dagegen die Unterhaltungskosten und Betriebskosten sehr unbedeutend. Es wird also anfangs die Luftschiffahrt theils Luxusvergnügen sein, theils nur dort eingeführt werden, wo für den Erd- resp. Wasserverkehr besondere Schwierigkeiten zwischen zwei Punkten liegen, die einer leichten, sicheren und schnellen Verbindung fortwährend bedürfen (Luftfähren).«

Im übrigen sind die im Tagebuch in den nächsten Jahren sich findenden Eintragungen sehr spärlich und auch recht vage und unbestimmt, wenn auch hie und da einmal eine abgerissene Bemerkung kommt, die die andauernde Beschäftigung des Grafen mit seiner Liebhaberei anzeigt. So schreibt er am 29. November 1877 folgende kurze Notiz nieder:

»Sollte nicht die Steigung und Senkung des Luftschiffs sich durch zwei Schrauben mit vertikaler Achse bewirken lassen? Dann würden die Flügel (zum dynamischen Fahren) wegfallen.«

Oder er geht sogar auf ein Detail ein, indem er unter dem 9. Juni 1878 einträgt:

»Ballonhüllen aus chinesischer Rohseide, sehr leicht und durch einen Firnisanstrich fast buchstäblich undurchdringlich für Gas.«

Wer weiß aber, ob aus dieser ganzen durchaus noch als dilettantisch sich gebenden Beschäftigung mit dem Gegenstande je etwas Ernstes geworden wäre, wenn nicht ein Ereignis eingetreten wäre, das dem Grafen Zeppelin Veranlassung gegeben hätte, sich aus vaterländischen oder besser aus militärischen Gründen angelegentlicher mit dem Problem zu beschäftigen: die im Herbst 1884 von den französischen Hauptleuten Renard und Krebs ausgeführte kurze Schleifenfahrt mit dem Ballon »La France«. Der Eindruck, den diese Fahrt, wie er später öfters bekundete, auf den Grafen machte, muß bedeutend gewesen sein, wenn zunächst auch noch nichts in seinen Aufzeichnungen darüber zu finden ist. Aber es ist bezeichnend, daß er im Oktober 1886 einen Gedanken notiert, der zum erstenmal eine politische und militärische Verwendung des Luftschiffs andeutet, während er bisher nur von Passagierschiffen gesprochen hat:

»Bei Luftschiffverbindung mit Nationen in Innerafrika oder auch für Verpflegung vorgeschrittener Heere könnten Luftschleppschiffe bei günstigem Wind verwendet werden...«

Ein halbes Jahr später, im Frühjahr 1887, überreicht er seinem König eine Denkschrift, in der er auf die Notwendigkeit von Lenkballonen hinweist. Es heißt darin unter anderm: die Unvollkommenheiten des Fesselballons hätten die Kriegsministerien der Großstaaten zu der Erkenntnis gebracht, daß eine bedeutende Einwirkung auf die Kriegführung nur durch Lenkballone zu erreichen sei. Deutschland sei zurückgeblieben, während Frankreich, das nicht mit Mitteln karge, wo es sich um militärische Vorteile über die Nachbarn handle, schon Erfolge aufzuweisen habe, indem durch das Luftschiff »La France« die Möglichkeit der Lenkung unwiderleglich bewiesen sei. Zur wirklichen Nutzbarmachung der freien Luftschiffahrt für militärische Zwecke sei daher nur noch erforderlich, daß Schiffe von größerer Leistungsfähigkeit erbaut würden, größere Luftschiffe.

Dieser Gedanke, daß der Lenkballon ein sehr wichtiges Instrument der künftigen Kriegführung werden würde und daß deshalb Deutschland keine Anstrengung scheuen dürfe, seinen Nachbarn in dieser Beziehung überlegen zu werden, beginnt den Grafen von nun an mehr und mehr zu beherrschen, und er ist es, der ihn treibt, seine durch den Abschied freigewordenen Kräfte auf die Konstruktion eines

Luftschiffes zu richten, das allen militärischen Anforderungen genügen sollte. Aus allen Darlegungen, Entgegnungen, Werbungen und eindringlichen Beschwörungen, die er in den nächsten Jahren an eine schier unendliche Reihe von hervorragenden und einflußreichen deutschen Männern richten sollte, tönt immer wieder der Satz heraus: »Helft mir das Luftschiff für Deutschlands Wehr und Sicherheit bauen!« Er hatte wieder seinen »durch innere Berufung ihm aufgetragenen Kampf« für eine hohe und bedeutsame nationale Angelegenheit, und diese feste Überzeugung war es in erster Linie, die ihn in seinen Bestrebungen unverdrossen, ja öfters anscheinend fast querköpfig ausharren ließ, auch wenn er vor einem ganzen Knäuel von Schwierigkeiten, ungelösten Problemen, ja angeblichen technischen Unmöglichkeiten stand.

Man ist allgemein gewohnt, die unbeugsame Zähigkeit und Charakterstärke des Graf Zeppelin vornehmlich daran zu ermessen, wie er nach jedem der Fehlschläge, die er erlitt und die mehrfach durchaus vernichtend für ihn und seine Idee zu sein schienen, sich sofort wieder ungebrochen erhob und unentmutigt daran ging, weiterzuarbeiten, zu verbessern, um Glück und Erfolg auf seine Seite zu zwingen. Gewiß ist diese Haltung, diese unbeirrbare Zuversicht erstaunlich und großartig und wird mit Recht als ein vorbildliches Beispiel heroischen Kämpfertums im deutschen Volke fortleben. Aber ich habe das Empfinden gehabt, als ob das, was er im ersten Jahrzehnt des Kämpfens für seine Ideen, in den Jahren 1890-1900, auf sich nahm und unter unablässigem, durch nichts abzuschreckendem Drängen und Beharren, oft unter empfindlichen persönlichen Demütigungen schließlich durchsetzte –, daß diese Leistung das vergleichsweise Allererstaunlichste und Bewunderungswürdigste in seinem ganzen Kampfe gewesen ist. Denn die

Situation war so, daß die Beschäftigung mit dem Problem eines Lenkballons, etwa gleich dem Problem der Quadratur des Zirkels, als Beweis für verminderte Zurechnungsfähigkeit der betreffenden Erfinder angesehen wurde.

Hermann Hesse
Spazierfahrt in der Luft
1911

Man wird älter, und der Kreis dessen, was man von außen an Bereicherung, Freude und neuen Vergnügungen erwartet, zieht sich enger zusammen. Zu den Freuden und neuen Erfahrungen, auf die ich mich seit Jahren freute, und von denen ich mir besonders starke und schöne Eindrücke versprach, gehörte das Fahren in einem Luftschiff. Und nun liegt auch diese Erfahrung und Freude, die ich noch fern glaubte, schon hinter mir und ist Vergangenheit geworden.

Ich saß bei Büchern und studierte Sprachen für meine nächste Reise, als dieser Tage der Postbote einen Brief aus Friedrichshafen brachte, der mich zu einer Fahrt im neuen Luftschiff »Schwaben« einlud. Der Brief war lange unterwegs gewesen, und wäre er zwanzig Minuten später gekommen, so hätte ich seiner Einladung nicht mehr folgen können, denn das Luftschiff sollte nur noch den nächsten Tag am See bleiben, und in einer halben Stunde ging das letzte Schiff, mit dem ich Friedrichshafen noch erreichen konnte.

Ich segnete die Post, die täglich so viel Unnützes bringt und nun auch einmal im Guten sich bewährte, und bei brennender Hitze eilte ich, wie ich war, sofort zum Dampfschiff, erreichte in Konstanz den letzten Anschluß und fuhr an Meersburg und den schönen abendlichen Ufern vorüber durch die lange Dämmerung nach Friedrichshafen. Im ersten besten kleinen Gasthof bekam ich ein ordentliches und wohlfeiles Zimmer und war dadurch angenehm enttäuscht, denn man hatte mir erzählt, Friedrichshafen sei neuerdings unheimlich elegant und teuer geworden. Bald darauf, beim nächtlichen Schlendern durch das kleine alte Städtchen, sah ich nun allerdings an Neubauten und zweifelhaften Verschönerungen, daß immerhin ein bißchen Wahrheit in jenen Berichten gewesen war. Auch war großer Abendbetrieb in den Hotelgärten, und beim Kurhause ging es mit Militärmusik und Gesellschaft großartig her. Der alte Graf hatte eine große Offiziersgesellschaft eingeladen, und es war nicht leicht und kostete mehr als eine Stunde und mehr als ein Trinkgeld, bis es mir möglich wurde, jemand von der Zeppelingesellschaft zu finden und zu erfahren, ob und wann das Luftschiff morgen fahren werde. Dann hatte ich meinen Bescheid, zog mich zurück und sah im stillen noch eine Weile mit Vergnügen dem farbigfrohen Gartenleben zu. Ein Tourist zog mich ins Gespräch, und wir redeten, wie das in Friedrichshafen unvermeidlich ist, vom Grafen Zeppelin und von seinen Luftschiffen. Dabei kamen wir auch auf die Angriffe zu sprechen, die Maximilian Harden gegen den Grafen gerichtet hat, das heißt, der Fremde sprach davon, und ich hörte zu, denn ich verstehe von technischen Dingen recht wenig. Doch sah ich mir anderntags einen der Hardenschen Artikel näher an und war geneigt, ihn nicht ganz ernst zu nehmen, da er offenbar im einzelnen manche Irrtümer zu hegen schien. Unter anderm scheint er der Ansicht zu sein, die Luftschiffhüllen Zeppelins seien immer noch, wie vor Jahren, aus Aluminium, und er führt die Aluminiumhülle eigens als ein Beweisstück an, während doch die neueren Luftschiffe Hüllen aus Seidenstoff haben.

Indessen mag es dahingestellt sein, wie weit diese Irrtümer gehen; mich gehen sie nichts an, und ich hatte meinen Spaß an dem Touristen, der zu den Leuten gehörte, die aus Mangel an einer eigenen Meinung sich der Gründlichkeit hingeben. Er wußte jede Kleinigkeit zu nennen, die für Harden sprach, und jede, die dem Grafen zugute kam, und so ging seine Belehrung mit »einerseits« und »andrerseits«, mit »trotzdem« und »hingegen« weiter wie die Kritik eines fleißigen Rezensenten, der nicht Geschmack und Persönlichkeit genug hat, um ein Buch mit Klarheit zu loben oder zu tadeln, und statt dessen mit Vorsicht und viel Kenntnissen zwischen Ja und Nein hin und wider schwimmt.

Am Schlusse bekannte sich indessen der Fremde wenigstens ehrlich und eindeutig zu dem sehnlichen Wunsche, einmal in einem solchen Luftschiffe fahren zu dürfen, und seufzte resigniert darüber, daß dies einstweilen nur hohen Herrschaften oder reichen Leuten möglich sei. Da war es nun an mir, mich überlegen und bedeutend zu fühlen, und ich tat es auch, doch ohne dem Manne zu sagen, daß ich selber morgen im »Zeppelin« werde fahren dürfen. Ich wollte ihn nicht ohne Not neidisch machen, und auch dem Geschick nicht vorgreifen, denn im Stillen war ich immer noch mißtrauisch und darauf gefaßt, daß möglicherweise Wetter und andre Umstände mich doch noch um die Fahrt betrügen könnten. Als ich indessen am nächsten Sonntagmorgen, nach Möglichkeit gebürstet und geglättet, auf der in aller Frühe schon heißen Fahrstraße zur Ballonhalle hinauswanderte, schnurrte über mir schon prächtig das Riesenspielzeug dahin, von seiner ersten Frühfahrt zurückkehrend, und es war ein merkwürdig erregender Anblick, auf dem weiten, mit sonntäglichen Gästen erfüllten Felde das Ungeheuer niedersinken und endlich gefesselt zu sehen.

Es dauerte nicht lange, so konnten wir einsteigen, eine

Luftschiffe, an deren Entwicklung Graf Zeppelin seit 1874 arbeitete

bequeme kleine Holztreppe hinan, und merkwürdigerweise war dabei gar kein neues und fremdes Gefühl, weder Erregung noch Bangen, sondern es war die einfachste und vergnüglichste Sache von der Welt, da einzusteigen und in der eleganten, luftigen Kabine auf den behaglichen Rohrstühlen Platz zu nehmen, wo man saß wie in einem sehr bequemen Speise- oder Aussichtswagen. Die Arbeiter waren emsig an den Seilen beschäftigt, die vielen Zuschauer drängten sich neugierig um das Schiff, Touristen mit Gemsbärten am Hut und sonntägliche Radfahrer betrachteten sich das Ereignis, und wir Passagiere saßen stolz und kühn in unserer Kabine. Die Sonne brannte freudig auf den dürren Rasen und flimmerte auf den weiten See, gerade vor mir standen zwei Offiziere, die die letzte Fahrt mitgemacht hatten, und ihre Epauletten blitzten in der Sonne.

Aber plötzlich stieg das Schiff empor, und die beiden Offiziere wurden klein und begannen merkwürdig auszusehen, am Ende sah ich von ihnen nichts mehr als die runde Oberfläche der Mützen, die blanken Achselstücke und darunter die Spitzen der Schuhe, und als ich rasch aufstehend mich über die Brüstung beugte, entwich unter uns die Erde und ich hatte vom ersten Augenblick an nicht mehr das Gefühl, etwas mit ihr zu tun zu haben und zu ihr zu gehören. Die Menschenmenge wurde klein und komisch, die Stadt Friedrichshafen wurde erstaunlich übersichtlich und niedlich, auch die riesige Ballonhalle sank zu einem belanglosen Fleck zusammen. Dafür aber ging uns das Reich der Lüfte auf, und die Welt wurde erstaunlich groß und weit, wir sahen nahe und ferne Städte still um den See stehen, der auch an Größe verlor, und die großen Zusammenhänge der Landschaft, die Formen der Ufer, das Niedersinken der Berge von den Arlberger und Graubündner Alpen über die Vorberge und Uferhügel hinweg wurden klar, der Rhein war keine Vedute mehr, sondern in seiner Größe, Bedeutung und Geschichte zu übersehen, weit hinauf, und bis zur Mauer der hohen Gebirge hin ordnete sich und klärte sich die mir seit Jahren wohlvertraute Gegend so überraschend und einfach, wie manchmal einem Studierenden nach langer Kleinarbeit ganz plötzlich Gefüge und Zusammenhang der Dinge sichtbar wird.

Wir flogen mit einer Schnelligkeit, die wir nur am eilig dahinrasenden Schatten des Luftschiffes annähernd schätzen konnten, über den See gegen Bregenz hin, über Wasserburg, Bad Schachen und Lindau weg, und waren plötzlich schon in Bregenz. In der Kabine war trotz der weiten, nicht verglasten Fenster kaum eine Spur von Luftzug zu bemerken, sobald man indessen Kopf oder Hände aus dem Fenster steckte, brauste die Luft wie ein Sturmwind vorüber. Unter uns wich nun der See, mit seichtem, wildem Binsenufer und sumpfigen Öden, und wir fuhren über Land, sahen Dächer und Höfe, Menschen und Tiere in wunderlicher Verkürzung, an die sich doch das Auge seltsam rasch gewöhnte, und hörten und sahen die Begrüßungen, mit denen überall das sonntägliche Volk seine Neugierde, Freude und Verwunderung kundgab. Mir fiel auf (obwohl bei einer solchen ersten Fahrt kaum eine Beobachtung aufkommt, nur wohliges Dahinschweben und rechenschaftslose Reiselust), mir fiel auf, wie alle Tiere ohne Ausnahme auf das Luftschiff reagierten, und alle mit Schrecken und Furcht. Ein Feldhase rannte in wahnsinniger Angst davon, einerlei wohin, und beschrieb die seltsamsten Kurven und Ovale, bis er sich in einem Bohnengarten verkroch. Die Vögel, auch die Habichte, flohen ebenfalls geängstigt davon, die Hunde bellten wütend oder zogen die Schwänze ein, und die Hühner waren ganz außer sich. Wir in der Kabine fanden uns vom Lärm der Maschine gar nicht belästigt, hie und da bei seitlichem Wind ein flüchtiger Benzingasgeruch war alles, von Vibration kaum eine leise Spur.

Und während unsre Propeller schnurrten, fuhren wir durch das sonnige Rheintal hinauf, der Kamor und der Hohe Kasten und viele andre vertraute Berge standen mächtig im strahlenden Licht. Während unten im fruchtbaren Stromtal die Sonne glühend auf die Reben brannte, flogen wir kühl und gelassen in der Höhe dahin, blickten senkrecht in den Rhein, in Dörfer, Klöster, Städtchen hinab, schauten seitwärts in kühle, grüne Waldtäler und steile, enge Felstäler hinein und fuhren in kaum einer Stunde bis über Feldkirch hinaus. In Feldkirch standen die alten Häuser mit den Lauben seltsam verkürzt, den schönen, alten Festungsturm sah ich so direkt von oben, daß nur das runde, braune Dach wie ein Teller zu sehen war, und eine kleine Kapelle auf einem Hügel im Felde war so in der Perspektive verkürzt, daß ich ihre Form nur an dem großen Schatten erkennen konnte, der lang und spitz wie der Zeigerschatten einer Sonnenuhr neben ihr lag.

Wenn der Deutsche sich sehr erhoben fühlt, so trinkt er Sekt, und Sekt war auch im Luftschiff zu haben und wurde hübsch und nett serviert, und er war auch sehr gut, aber ich fand diese Beigabe doch als das einzige Stillose und Entbehrliche an der Fahrt.

Die Rückfahrt ging noch rascher, mit drei Motoren, und es war mir und uns allen viel zu früh, als wir nach zwei Stunden wieder über die Halle schwebten und vom Ameisengewimmel der Arbeiter empfangen wurden, die die ausgeworfenen Seile fingen und festhielten. Dabei flogen wir dicht über den Wipfeln eines Föhrenwäldchens hin und scheuchten noch einen Bussard auf.

Ich verstehe nichts von der Technik, und ich weiß nicht, wie weit es Graf Zeppelin noch bringen wird. Ich schließe

die Augen und fühle wieder das schwebend leichte, weiche
Reisen durch die Luft, ich genieße wieder den Anblick der
weit erschlossenen Landschaft und das Gefühl des Drau-
ßenseins aus allen irdischen Kleinigkeiten; und ich weiß
gewiß: sobald ich wieder Gelegenheit finden werde, zu
fliegen, werde ich es mit tausend Freuden tun.

Otto Uhlig
Kindermarkt in Friedrichshafen und Ravensburg
1978

Ein besonders günstiger Faktor [...] war wohl die Teilnahme
der zahlreichen Geistlichen, insbesondere der jüngeren Seel-
sorger, der Kooperatore und Kurate, die es ermöglichte, die
organisatorischen Maßnahmen dezentral, aber gleichmäßig
und gleichzeitig im ganzen Gebiet zu treffen. Von der Kanzel
wurde Anfang März verkündet, wann die Meldung zur
Schwabenwanderung erfolgen müsse, und wann die Reise
stattfinde. Auch die Äußerung der Schule und der Gemein-
devorstehung zum Einzelfall ließ sich von den Geistlichen
leicht beschaffen, ebenso ihre Verweigerung. [...]

Zum bestimmten Tage mußten sich die Schwabenkinder
in Landeck einfinden. Dieser alte Verkehrspunkt erwies sich
auch in dieser Hinsicht als günstig. Von altersher waren die
Fußwege im Oberinntal und seinen Nebentälern auf Landeck gerichtet, um von hier über den Arlberg zu führen. Jetzt
war aber schon der Weg nach Landeck erleichtert worden,
denn die weiter abseits wohnenden Kinder, vor allem die
aus dem Meraner Bezirk, die hinterm Reschenpaß und in
seiner Nähe lebenden, konnten mit Wagen fahren. [...]

Von Landeck aus bot nun die Arlbergbahn eine günstige Fahrtgelegenheit. [...] Man fand es für das beste, wenn die Kinder in der Nacht fuhren, wahrscheinlich waren sie müde genug zum Schlafen auch ohne Schlafwagen. Vorher verzehrten sie ein Abendessen – sicher ein bescheidenes – im Gasthof zur Sonne in Perfuchs (Landeck), von hier ging es zu Fuß nach dem abseits liegenden Landecker Bahnhof, wo ein Sonderzug bereitstand. 1895 wird berichtet: 7 Waggons, Abfahrt ½12 Uhr nachts, Begleitung: zwei Kooperatoren, ein Vorsteher, als Helfer Bildhauer Zangels von Bregenz.

Wenn die Kinder am Morgen in Bregenz ausstiegen, hatten sie in wenigen Stunden den Weg hinter sich gebracht, den ihre Vorgänger mehrere Tage lang über den verschneiten Arlberg erkämpften. Ihre – zweifellos sensationelle – Reise setzten sie [...] nach einem Frühstück mit dem Dampfer fort nach Friedrichshafen. Uns fehlt ein Bericht von der Atmosphäre dieser Reise, vor allem von der Schiffahrt. Niemand dachte damals daran, über »Stimmungen« bei solchen Veranstaltungen zu berichten, aber ohne Zweifel gab die Fahrt mit den neuesten und bisher unbekannten Verkehrsmitteln für das Gemüt der Kinder die markante Zäsur: hier begann etwas ganz Neues in ihrem Leben.

Nur eine sachliche Niederschrift über die Reise nach Friedrichshafen ist vorhanden, die von Otto Wenzl stammt, der noch in Imst mit 80 Jahren genau über seine Erlebnisse als Schwabenkind zu berichten weiß. Allerdings ist er schon 15 Jahre alt gewesen bei seiner ersten Reise 1909, hat aber deshalb gründlich beobachtet, während er fünf Sommer ins Schwabenland ging.

»... So jedes Jahr Mitte Februar wurde in allen Kirchen verkündet, daß sich Mädchen und Buben anmelden können im Pfarrhof. Beim Anmelden mußte man 2 Kronen = 1 Gulden für Fahrt und Verpflegung anzahlen. Wenn die

Ein Schwabenkind bei der Heimkehr von arbeitsvollen Monaten in der Fremde

Zeit zum Abfahren herankam, so wurde wieder in der Kirche verkündet, wann der Abreisetag war. Der erste Sammelort für den Bezirk Imst war der Bahnhof Imst. Wenn die nun alle da waren und vom Arzler Pfarrer Greil aufgerufen wurden, dann fuhr der Arzler [bei Imst] Pfarrer mit uns nach Landeck. Dort wartete ein anderer Reisebegleiter auf uns und der Pfarrer konnte geschwind wieder retur fahren. Wir Schwabenkinder stellten unser Reisegepäck am Bahnhof alles auf einen Haufen und marschierten mit dem Reisebegleiter zum Gasthaus Sonne hinauf. Dort wurde am Eingang vom Pfarrer Schatz jedes Kind nach dem Namen gefragt und alle konnten hineingehen zum Nachtmahl.

Da kamen die Buben und Mädchen von allen Seiten her: Vintschgauer, Stanzertaler, Oberinntaler, Unterinntaler, Außerferner, Ötztaler, Pitztaler von hinten bis Arzl und Wald und von jedem anderen Ort im Bezirk. Es kamen oft über 300 zusammen. Nach dem Nachtmahl marschierten wir zum Bahnhof Landeck, dort mußten wir noch warten, bis der Pfarrer mit seinen Mitreisebegleitern kam. Dann hieß es einsteigen; wir hatten einen Extrazug. Wir fuhren von Landeck um 10 Uhr Nachts ab und kamen in Bregenz um 6 Uhr früh an. Dann hieß es aussteigen und zum Gasthof Jäger marschieren zum Frühstück.

Dann marschierten wir zum Schiffshafen. Dort mußten wir wieder warten bis unsere Reisebegleiter kamen. Um 9 Uhr fuhren wir mit dem Schiff ab und kamen um 10 Uhr in Friedrichshafen an.«

Dem Wohle der Schwabenkinder tat es keinen Abbruch, daß sie auf einem Kindermarkt ausgeboten wurden – das war die Auffassung der Männer des Vereins. Sie umgingen diesen Markt nicht, sie ersetzten ihn nicht durch eine andere

Methode der Verdingung, ihr Ziel war nur, auch den Markt zu ordnen und damit zu humanisieren.

Was sich »markttechnisch« änderte, war die Zuführung der »Ware«, eben der Hütekinder, die nun alle zur gleichen Zeit und an einem einzigen Ort bereitgestellt wurden, und die Regelung des Arbeitsvertrages, der eine genaue und schriftliche Form erhielt und für die Lebensverhältnisse des Kindes einige Normen feststellte. Im übrigen aber veränderte sich – erstaunlicherweise – nicht viel am überlieferten Bilde des Kindermarktes.

Was Otto Wenzl von 1909 und den folgenden Jahren berichtet, könnte ebensogut einige Jahrzehnte früher geschehen sein:

»Die Bauern von draußen waren schon lange vorher durch die Zeitungen verständigt worden wann wir in Friedrichshafen ankommen, kaum waren wir vom Schiff draußen, dann ging der Lohnhandel los.« (Der Tiroler Volksbote berichtete von 1895: »Bereits während der Überfahrt meldeten sich manche Dienstgeber. In Friedrichshafen waren 4–500 anwesend. Die Lokale waren viel zu klein. Viele Kinder mußten auf der Straße verdingt werden.«)

Otto Wenzl: »Buben und Mädchen wurden gefragt, wieviel Lohn sie verlangen und was alles an Schuhen und Kleidung dazukam. Was ausgemacht wurde, das wurde von unserem Pfarrer Gaim schriftlich festgehalten. Wir erhielten außerdem alle eine Karte, die musten wir draußen an unserm neuen Ort beim Pfarrer abgeben, der dann eintrug ob wir jeden Sonntag in der Kirche waren und am Nachmittag in der Christenlehre. Unter uns Schwabenkinder war das schon lange so ausgemacht gewesen. Da hat man zu einem Kolegen gesagt, der macht diesen Bauern mit der Kreide ein Strich auf seinen Rücken, so wußten die Buben und Mädchen, [daß] das ein schlechter Platz ist. So bekam er keinen Buben weder noch ein Mädchen.«

Wie deutlich noch immer das Bild des »Marktes« sich darstellte, ergibt sich aus den Erzählungen von Adolf Thurnes in Serfaus, der 1897 nach Friedrichshafen kam: der Bauer lupfte das Kind über das Seil, zwischen denen die Kinder aufgestellt waren, wenn er eines gefunden hatte, das ihm gefiel.

Die »nichtverkauften« Kinder wurden mit der Eisenbahn nach Ravensburg gebracht, wo der Rest meist untergebracht wurde. 1895 waren es von 220 noch 90 Kinder, die zu dem »Nebenmarkt« in Ravensburg gingen, der einst der klassische Hauptmarkt gewesen war. Friedrichshafen hatte diese Rolle erst im Laufe der verkehrstechnischen Entwicklung übernommen, als es immer mehr zur »Hafenstadt« am schwäbischen Meer wurde und die Bauern sich beeilten, schon dort ihre Hütekinder zu »kaufen«. Die Funktion des Ravensburger Marktes wurde immer geringer.

Der Verein ließ zunächst zwischen dem Hütkind und dem Bauern die Bedingungen, vor allem den Lohn, aushandeln, aber dabei werden die Begleitpersonen bereits einen normalisierenden Einfluß ausgeübt, mindestens einen Lohndruck verhindert haben. Trotzdem wirkten die Marktgesetze von Angebot und Nachfrage auch in dieser Zeit noch, wie sich vor allem 1913 zeigte, als nach ein paar Jahren mit etwa 160 Schwabenkindern ihre Zahl auf 220 anstieg, worauf die Löhne erheblich sanken.

Das Vereinbarte wurde in einem Vordruck »Dienstverträge« (in numerierter Folge) eingetragen und zugleich einiges über die sonstigen Verpflichtungen festgestellt. Das war ein erheblicher Fortschritt gegenüber den langen Zeiten der Vergangenheit, in denen das Kind allein, bestenfalls im

Schutze einer Mutter oder eines alten Mannes dem Bauern gegenüberstand und nur mit Unsicherheit seine »Marktposition« halten konnte. Die Figur des Geistlichen und anderer Begleiter bedeutete eine sichtliche Stärkung für die Stellung des Kindes, und das Vertragspapier war ein unveränderliches Dokument, das den schwachen Partner schützte.

Freilich ergibt der Text, daß – der Zeit gemäß – das Maß der Arbeitsleistung nicht vermerkt, sondern nur allgemein die Verwendungsart gekennzeichnet wurde: »zu Feldarbeiten, Besorgung von Pferden, zu Hirtendiensten, als Kindsmädchen zu verwenden«. Es ist keine Rede von der Dauer der täglichen Arbeitszeit oder von der Angemessenheit von Leistung und Leistungsfähigkeit – das blieb weiter in der Entscheidung des Dienstgebers.

Genau festgelegt wurde der Lohn, etwa: »... und für diese Dienstleistung 100 Mark Lohn, doppelte [oder einfache] ortsübliche Kleidung, 2 Mark Haftgeld [Handgeld] sogleich oder gleichzeitig mit dem Lohne, ... Mark Schnitthahn [beim Erntefest], 2 Mark am Blutsfreitag [für den es Urlaub gab zum Besuche der Wallfahrt in Weingarten], ohne Abzug der Kosten für die Krankenkasse, außerdem entsprechende Unterkunft zu geben.«

Von Bedeutung war, daß dem Dienstgeber außer den materiellen Pflichten auch humanitäre auferlegt wurden: »Der Dienstgeber verpflichtet sich außerdem, diesen jugendlichen Arbeiter so, wie es einem braven Hausvater zusteht, zu behandeln, denselben zur Ordnung und guten Sitte anzuhalten, sein religiös-sittliches Verhalten zu beaufsichtigen und insbesondere auch denselben an Sonn- und gebotenen Festtagen regelmäßig in die hl. Messe und Christenlehre zu schicken, ihm auch Gelegenheit zu bieten, daß er einigemale die hl. Sakramente empfangen kann.«

Dem Bauern sollte immer vor Augen stehen, daß man

von ihm das Verhalten eines »braven Hausvaters« erwartete, die Kinder sollten auf dem Wege über diese Verpflichtung nochmals an die eigenen kirchlichen Pflichten erinnert werden. Das ist ihnen aber sehr erleichtert worden dadurch, daß die Kirche der regelmäßige Treffpunkt der Schwabenkinder war, an denen nicht nur die allgemeinen Erfahrungen ausgetauscht wurden, sondern man einander auch Hilfe und Rat leisten konnte. So erzählte 1969 die 86 Jahre alte Frau Hainz in Landeck (nach 66 Jahren Ehe und 14 Kindern mit dem »Schwabenkind« Peter Hainz), daß sie in Aulendorf in Dienst war, dort ihren Bruder weinend in der Kirche traf, der einen »schlechten Bauer« hatte, und daß es gelang, ihn in eine gute Stelle zu bringen, wo sie dann sich um ihn bemühen und ihm die Kleider flicken konnte.

Maria Beig
Die Verrückte

1985

»Das ist nun in dem Dorf gewesen, in das Pauline geheiratet hat, in dem also ich, eure Großmutter, aufgewachsen bin. Ich kann mich noch gut an die Frau erinnern, von der ich euch erzählen will.« Der Mann dieser Frau marschierte jeden Morgen, außer am Sonntag, um vier Uhr zum Bahnhof. Eine gute Stunde brauchte er dazu, und am Abend kam er immer erst bei Dunkelheit heim. Am Samstag war er schon etwas früher zu Hause, nachmittags um vier Uhr. Manche Leute mochten ihn nicht, weil er am Sonntag nicht in die Kirche ging. Andere werden sich gesagt haben, einen Tag in der Woche müsse er ja einmal ausschlafen. In der Stadt mußte er an einem glühenden Ofen in einer Fabrik schwer arbeiten. Trotzdem verdiente er nicht viel. Seine Frau half darum bei den Bauern aus. Man mochte sie gerne, denn sie war still und fleißig, vor allem sah sie sehr nett aus. Ihre Augen waren groß und glänzend, sie schaute ganz verträumt. Der junge Mann hatte sie von weither gebracht. Manchmal, etwa einmal im Monat, war die Frau nicht da, wenn er in der Nacht heimkam. Sein Essen stand aber auf dem Herd, und sein Vesperbrot für den nächsten Tag lag eingewickelt auf dem Tisch. Der Mann wußte, daß sie am andern Abend wieder da sein wird. Anfangs hatte er gemault wegen diesem Fortlaufen, sie konnte es aber nicht lassen.

Sie kam aus Schussenried, und immer wieder sehnte sie sich nach diesem Ort zurück. Ihr Heimweh wurde dann so schlimm, daß sie es nicht mehr aushielt; in regelmäßigen Abständen zog es sie dorthin. Sie verließ das Haus dann gleich nach ihrem Mann und lief zum Bahngleis. Mit der Bahn war sie hergekommen, und so wußte sie, daß sie dem Gleis entlang auch nach Schussenried kommen wird. Auf dem Weg neben den Gleisen durften aber nur Bahnangestellte gehen, und regelmäßig schimpften die Bahnwärter bei Oberzell, Mochenwangen und Durlesbach mit ihr. Sie lief dann ein Stück weit auf einer nassen Wiese und kletterte wieder über die Schottersteine zum Weg neben dem Gleis. Den Städten Ravensburg und Aulendorf wich sie aus, sie wußte bald die besten Abkürzungen, um wieder auf die Gleise zu treffen. Die Eisenbahner gewöhnten sich schließlich an die junge Frau, die mit raschen Schritten ging, und ließen sie laufen. Zehn Stunden brauchte sie etwa, nachmittags um drei kam sie in ihrem Heimatort an. Der Vater sagte: »So, bist wieder da.« Die Mutter fragte: »Kriegst noch kein Kind?« Der Bruder sagte: »Er wird dich wieder schimpfen.« Es war nicht der Empfang, der die Frau immer wieder an den Ort ihrer Kindheit führte. Ihr Elternhäuschen lag auf einem kleinen Hügel, und von der Bank hinter dem Haus sah man in weite Moorwiesen. Da saß sie den ganzen Abend, und am Morgen ging sie wieder zurück.

Das Heimweh ließ erst nach, als sie rasch hintereinander zwei Kinder bekam. Nun schenkte sie ihnen ihre übergroße Liebe, zu der sie fähig war. Man sah die Frau nur noch mit ihren Kindern. Das eine trug sie auf dem Rücken, das andere führte sie an der Hand. Keine Arbeit tat sie, ohne die Kinder bei sich zu haben. Bis in den Winter hinein ging sie in den Wald, um Holz und Reisig zu sammeln. Die Kleinen waren warm ins Leiterwägelchen verpackt. Wenn sie vor dem Einbruch der Dunkelheit heimkam, sah man ihre kleinen Begleiter kaum zwischen den Holzprügeln und dem Reisig. Keines von ihnen hatte man bei ihr je weinen hören, nur lachen und juchzen. Die Leute sagten, die Frau habe eine Affenliebe zu ihren Kindern. Und andere meinten gar, das sei nicht normal, bei ihr stimme etwas nicht. Dabei tippten sie mit dem Zeigefinger an die Stirn. Dann beobachteten die Leute, daß der Mann nicht mehr zufrieden mit seiner Frau war: er ging jeden Sonntag in die Kirche und anschließend zum Frühschoppen. Auch am Samstagabend saß er im Wirtshaus und erzählte trübsinnig: »Jetzt kommt bald das dritte Kind, dann habe ich überhaupt keinen Wert mehr.«

»Ja, sorgte sie denn gar nicht mehr für ihn?« fragten die Kinder die Großmutter. »Doch, doch, sie stand vor vier Uhr auf und richtete Frühstück und Vesper.«

Das dritte Kind war ein Bub, ein besonders großer und zappeliger. Als sie es einmal wickelte, schrie plötzlich der Älteste. Er hatte seinen Kopf zwischen zwei Stuhlstäbe gezwängt. Sie lief schnell, um ihn zu befreien. Sie hatte jedoch nicht bedacht, daß das sechs Wochen alte Kind sich schon so gut bewegen konnte: es fiel vom Tisch und brach sich das Genick. Den ganzen Tag wiegte die Mutter das tote Kind und wollte es stillen. Bevor es dunkel wurde und der Mann zurück kam, lief sie in den Wald. Sie erschien nicht zur Beerdigung, und auch nach acht Tagen war sie immer noch nicht da. »Sie ist zu ihren Eltern nach Schussenried gegangen«, sagten sie. Aber dort war sie nicht. Sie strich nur in den Wäldern herum. Und als sie endlich nach einer Woche zurückkam, sah sie verwildert aus. Ihre schönen Augen schauten gehetzt umher. »Ich habe das Ernstle gesucht. Man hat es in den Wald geworfen.« Sie sprach irr, und die Kinder wichen vor ihr zurück. Der Mann fragte seine Schwester, eine Näherin, die stets über seine Heirat geschimpft hatte, ob er mit den Kindern zu ihr kommen könne. Manchmal ging auch die Verrückte dorthin, besonders im Winter. Sie erkannte aber den Mann nicht mehr, auch die Kinder nicht. Wie von weit her schauten ihre Augen sie an. Mit niemandem sprach sie richtig. Nach einigen Stunden wurde sie unruhig, und nachdem sie sich am Ofen aufgewärmt hatte, murmelte sie: »Das Ernstle friert im Wald.« Immerzu Selbstgespräche führend und gestikulierend, lief sie dann ganz rasch durch das Dorf. Jedesmal wenn man sie sah, hatte sie es eilig.

»Ja, wo wohnte sie denn?« fragte ein Enkel. Die Großmutter sagte, damals habe es bei den Höfen viele Schuppen und Anbauten gegeben. Auch auf den Feldern standen Hütten mit Heu- und Strohvorräten. Darin machte sie sich ein Nest. Im Winter schlief sie auf den Heuböden über den warmen Kuhställen. Der Urgroßvater erschrak eines frühen Morgens, denn als er die Leiter zum Heustock hinaufstieg, sprang die Verrückte wie eine Katze hinunter auf den harten Tennenboden. Ein normaler Mensch hätte sich dabei den Fuß gebrochen, meinte er.

»Hat sie recht verwahrlost ausgesehen?« Das verneinte

die Großmutter. Durch den ständigen Aufenthalt im Freien blieb ihre Haut frisch und braun. Ihre schönen Augen glänzten immer, nur schaute sie nun irr und fremd. Die schwarzen Haare hatte sie zu einem Zopf geflochten, der ihr bis zu den Hüften reichte. Von weitem habe sie wie ein junges Mädchen ausgesehen, viele Jahre lang. Vom raschen Gehen und vielen Klettern blieb sie schlank.

Als an einem schönen Junimorgen der Urgroßvater zum Mähen ging, jagte sie ihm wieder einen Schrecken ein. Zuerst meinte er, im Bach bade eine Nixe. Dann sah er aber, daß es die Verrückte war, die da planschte. Ihre Wäsche und Kleider lagen zum Trocknen am Ufer. Er sagte später zu Pauline, so eine schöne Frau habe er noch nie gesehen. Pauline wird ein böses Gesicht gemacht haben.

Die Verrückte war immer ordentlich angezogen. Der Mann kaufte guten Stoff. Er wolle ein Kleid, dem die Dornen die Fäden nicht ausziehen können, sagte er im Stoffgeschäft. Die Verkäuferinnen lachten nachher über den seltsamen Kunden und sagten zueinander, in einem Kleid aus solchem Stoff gehe man doch nicht in die Dornen. Zur Schwägerin, der Näherin, kam die Verrückte, wenn ihr Kleid geflickt werden mußte oder es im Herbst zu leicht war.

»Wo hat sie für sich gekocht?« Das tat die Verrückte nie. Kein einziges Mal hat man gesehen, daß sie ein Feuer gemacht hätte. Darum duldeten die Bauern auch, daß sie in ihren Scheunen hauste. In ihrer Kleidertasche bewahrte sie stets Weizenkörner auf, die sie kaute. So lief sie umher. Im Sommer hatte sie es leicht, überall konnte sie Obst auflesen. In den Wäldern sammelte sie Beeren, sie kannte die besten Plätze. Wenn sie nicht alle aufessen konnte, brachte sie sie schüsselweise den Bäuerinnen, namentlich denen, bei denen sie vorher ein Ei gestohlen oder auf der Wiese die Kuh gemolken hatte, vom Euter in den Mund. Sie hungerte sicher manchmal, doch nur in der schlimmsten Not bat sie um ein Brot. Die Frauen gaben ihr dann auch warmes Essen. Sie schickten aber ihre Kinder aus der Stube, man ließ sie nicht gerne in ihre Nähe, da man wußte, wie verzweifelt sie all die Jahre ihr Kind suchte.

Auf einem Anwesen in der Nähe des Dorfes hatte ein Ehepaar schon vier Mädchen bekommen. Die Bäuerin sagte: »Und wenn ich zehn bekommen muß, ich gebe nicht nach, ich will einen Sohn.« Das fünfte Kind war schließlich einer. Die Frau ließ eines Tages Speck aus. Das Schmelzen ist eine aufregende Arbeit, da muß man ganz dabeisein. »Schaut nach dem Büble«, rief sie ihren Mädchen zu. Die Größeren bastelten für die Kleinen Fasnachtshüte. »Wo ist das Büble?« rief sie nach einer Weile wieder. Die Mädchen schnipfelten und falteten. »Muß ich vom heißen Schmalz weglaufen?« schimpfte sie dann, denn sie war unruhig wegen des Kindes, das eben Laufen gelernt hatte. Das größte Mädchen legte gerade unwillig die Schere weg, als die Verrückte mit dem Kleinen kam. Sie trug es umgekehrt, den Kopf nach unten, aus dem Mund lief ihm Wasser und Schlamm. »Das Ernstle hat man in den Wald geworfen, nicht ins Wasser«, murmelte sie, »ich muß es suchen«, und lief eilig davon. Der Kleine hatte ein rotes Kittelchen an, darum war er ihr im Wasser, am Rand des Weihers, aufgefallen. Zum Glück arbeitete auf dem Anwesen ein beherzter Knecht. Er saugte dem Kind Mund und Nase aus und blies ihm Luft ein, bis es anfing zu schreien. Wenn die Verrückte später an diesem Haus vorbeihastete, lief ihr immer ein Mädchen mit einem warmen Küchlein nach.

Viele Jahre vergingen. Im Dorf lebten jetzt auch Leute, die nichts von der Verrückten wußten. Eine Kinderhorde machte sich einen Spaß daraus, ihren irren Reden zuzuhören und darüber zu lachen. Ein besonders freches Mädchen sagte zu ihr: »Du spinnst im höchsten Grad, ein Kind suchen, das schon seit dreißig Jahren tot ist! Geh doch zu deiner Tochter, da hat es genug Kinder.« Die Bande lachte und tanzte um sie herum. Als die Kinder es wieder einmal zu weit mit ihr trieben, packte sie die Anführerin, um sie gehörig zu schütteln. Sie hatte die Freche am Hals erwischt, und das Kind lamentierte laut wegen der blauen Flecken. Der Lehrer setzte durch, daß man die Verrückte in eine Anstalt sperrte. In der Gefangenschaft kämpfte sie wie eine Wilde um ihre Freiheit. Aber man dachte wohl, sie habe keinen Verstand zu verlieren. Im darauffolgenden Sommer entwischte sie ihnen und lief wieder murmelnd durch die Dörfer, so rasch, als habe sie etwas verloren oder vergessen.

Das Seltsame war, daß sie dann immer wieder in die Anstalt zurückging. Im Winter blieb sie ganz dort. Ihre Sommer im Wald und in den Heuschobern wurden immer kürzer. Dann sah man sie nicht mehr. Die Verrückte erreichte ein hohes Alter in der Anstalt. Als sie starb, wurde sie nicht auf dem Anstaltsfriedhof beerdigt. Da dreht niemand den Kopf oder senkt ihn gar wegen einer Beerdigung. Sie wurde auf dem richtigen Friedhof bei der Dorfkirche begraben.

Ein netter Pfarrer erwies ihr die letzte Ehre. Von ihrer Person sprach er kaum. Nur über die Mutterliebe predigte er, was sie für eine Macht sei, ohne die das Menschengeschlecht längst ausgestorben wäre.

So großartig beendete die Großmutter diese Geschichte.

Josef W. Janker
Eingeschriebener Pflegebefohlener der Öffentlichen Wohlfahrt von Ravensburg

1988

Einen Nachruf verfassen, eine Geschichte erzählen, handfest, poesievoll, heißt einem Fabelwesen nachstellen. Damit kann ich nicht aufwarten. In meiner Kindheit, die ich mit vier Geschwistern im Sakristei-Schatten verbrachte, war kein Platz für romantische Verstiegenheit. Eingeschriebener Pflegebefohlener der Öffentlichen Wohlfahrt, drückte ich deren Mittagstische mit dem Heißhunger des nie ganz Gesättigten. Das verwinkelte Haus Nr. 5 in der *Oberen Breite*, das vierzehn Enkelkindern mehr Unterschlupf als Heimstatt bot, ließ nicht zu, daß ich an Startrampen zimmerte für höheren Ehrgeiz. Alpdruck und Wundertüte in einem, zeigte es sich mir – aus dem Legendenschatz bibelbeschlagener Vorfahren gespeist – eher als Ort der Läuterung, der durchaus seine eigenen Schrecken kannte, seine stillen Tröstungen. Früh schon hielt ich ihm zugute, daß es sich sündhaften Kapriolen so wenig verschloß wie tugendstrenger Verheißung.

Ich habe nicht wie Heinrich Böll das Glück gehabt, den feierlichen Leerlauf des Hochfests der Liebe in einer Satire bloßzustellen, als ein Dauer-Arrangement sanften Bescherungs-Wahns. In meiner Verwandtschaft findet sich nicht jenes Sortiment linksrheinischer Originale, deren beglaubigte anekdotische Präsenz selbst einen amusischen Nachfahren zum Satiriker macht. Mein Großvater, Holzschnitzer aus dem Bayerischen Wald, war ein politisierender Stubenhocker. Seine Fußwanderung durch Bismarcks kleindeutsches Reich bildete seinen einzigen ausschlachtbaren Fundus und Erfahrungsschatz; ihn aber gedenke ich weidlich zu plündern. Ich stehe da sozusagen, wie meine Tante Josefine es formuliert haben würde, auf einem »gemähten Wiesle«.

Mein Vater, selbständiger Schuhmacher, der eine schlechtgehende Werkstatt betrieb, war ehrenamtlicher Vize-Mesner von *St. Jodok*. Werktags das unterbezahlte Handwerk, sonntags sein gewichtiges Amt als Mann des Klingelbeutels, seine aus Sympathien genährte Achtbarkeit. Ostern, Pfingsten, die beiden Himmelfahrten, durchgestanden mit Betsing-Messen unter elterlicher Aufsicht oder in Freßtouren über Land, paradiesisch in Zonen erblichen Schwachsinns. Weihnachten in meiner Erinnerung mit reichlichem Schneefall, frühzeitig geschlossenen Läden und endloser Mitternachts-Mette. Nachträglich fühlte ich Genugtuung, wenn das Kirchenvolk im Dunstkreis durchnäßter Mäntel und Pelerinen in mittlerer Tonlage drei Strophen von »Stille Nacht, Heilige Nacht« ohne merklichen Stimmschwund durchhielt. Weihnachten der frühen Dreißiger. Die Erinnerung an Vaters beharrlich um eine Terz zu hoch angesetztes Klarinetten-Solo, das mich zwang, im Höhepunkt himmlischen Entrücktseins meine Stimme kläglich abzuwürgen. Meine Geschwister, mit hochroten Ohren vom gesüffelten Glühwein, in der von Küchenschaben durchknisterten Stille. Die überheizte Stube mit der schiefgewachsenen Rottanne, die vorzeitig ihre Nadeln verlor. Die unter Leintüchern versteckten kümmerlichen Geschenke, die im diffusen Kerzenschimmer winterlich eingeschneite Gebirgszüge bildeten ...

Trotz eines beständigen Mangels an Lesestoff war ich von einem wahren Geschichten-Hunger befallen. In meiner Vorstellung gab es eine begüterte Schicht, eine passionierte Leserschaft, die nach handfesten Stories begierig war wie nach einem gut abgehängten Stück Fleisch. Da wurden von wundermächtigen Dichtern Legenden und Märchen verfaßt, von akademischen Lohnschreibern schlüsselfertige Novellen am laufenden Band produziert. Ganze Falknereien wurden frei Haus geliefert, landeten cellophanverpackt unterm Christbaum. Umstelltes episches Hochwild in Fallen, vom umsichtig genasführten Leser genießerisch aufgestöbert. Noch längst nicht alles Seemanns-Garn war zu Lametta versponnen. Nach wie vor sah ich – meine Nase am Schaufenster der »Dorn'schen«-Buchhandlung plattdrückend – Schürfstellen fabulöser Inspiration von Ehrfurcht heischenden großen Namen besetzt: Bruce Marshall tilgte kraft Anrufung das Sündenbabel skandalöser Establishments vom Erdboden, spannte meine kindliche Erwartungsfreude vor die Futterkrippe der Allegorie. Das flandrische Erbe eines Timmermans strahlte mich an, *Felix Culpa*, die glückliche Schuld, pausbäckig zwischen Ochs und Esel auf der Strohschütte; das Wunder von Bethlehem, ausgelegt als göttliches Fangeisen im Dickicht dieses epischen Waidwerks. Bücher, Titel, Verfasser, ihre Namen austauschbar, einen Zauber verbreitend, der auch in einem empfindungsärmeren Gemüt, als ich eines mit mir herumtrug, lange noch nachwirkte ...

Diese behagliche Unrast in mir, die mich umhertreibt wie einen Korken auf einem Wasserstrudel ...
Will ich auf meinem nostalgischen Trip wenigstens zeitweise den Herzschlag des Vergangenen spüren, muß ich tiefer in mich hineinhorchen, als es im mittäglichen Verkehrslärm möglich ist. Brauche ja nicht gleich in einen brodelnden Gefühlstrichter zu stürzen, nur weil ich den frühen Dreißigern meine skeptische Reverenz erweise. Zwangsläufig risse das Dämme ein – das katholische Erbe würde frei gespült, Armut, Dürftigkeit als schicksalshafte Fügung hingenommen, als tilgten die im Jenseits einzulö-

senden Wechsel auf Tugendhaftigkeit den Armeleute-Mief. Ich hüte mich also, dieses aufgeschnappte Reizwort als Einstiegsluke zu benützen. Doch die Suche nach Wegzeichen, die diese Schnitzeljagd ins Vorvorgestern markieren, trete ich voll springender Neugier an. Einiges erkenne ich unschwer wieder; anderes täuscht Vergangenes wohl nur vor. Neben Verwahrlosung und Hinfälligkeit, die mir auf den Sprung hilft, sehe ich auch genug, was mir den Blick zurück höhnisch verwehrt. (Die Erinnerung kann auch vor einer Neonleuchte kapitulieren!) Muß ich von der Vorstellung, Heimat lasse sich wie ein Puzzlespiel stehengebliebener Relikte zusammensetzen, schon jetzt Abschied nehmen?

Die Stadt ist schöner als je zuvor. Da hilft mir wohl nur die Flucht in die Rosen-, Roß- und Rosmarin-Gasse, um eintauchen zu können in den Verhau von Hinterhöfen, Hasenstall-Idyllen, lichtarmen Treppenhäusern und verwitterten Veranden. Gewisse Partien der Gerber- oder Judengasse zeigen sich ungeniert in ihrem Alterszerfall, mit schmalbrüstigen Traufhäusern und kleinteiligen Fenstern. Ein aus den Fugen geratenes Wohnhaus in der Goldgasse macht mich im Nu zum Augenzeugen. Unbewohnbar geworden, trägt es über seiner schäbigen Fassade die Sprüh-Parole: »Wohnraum darf kein Traum sein!« (Ich denke, Sympathie mit Hausbesetzern wird hier am falschen Objekt demonstriert.)

Einen dieser tristen Hausflure betretend, taste ich mich im Dämmerdunkel des Oberlichts in den muffigen Schlauch vor, sehe die Kellerfalle und das Walzenmuster an den stockfleckigen Wänden. Noch immer dieser schwach haftende Geruch aus verflüchtigtem Ammoniak und aufdringlichem Bohnerwachs. Damals ein mir vertrauter Geruch in einem mir vertrauten Milieu. Zu ebener Erde gelegene Wohnpferche, das von Dauerlesern besetzte Plumpsklosett über der undichten Versitzgrube. *Nena Sahib's* Neunhundert-Seiten-Schmöker als einziger Lesestoff (heimliches Laster des künftigen Literaten?). Und im Alten Friedhof das Standbild der *Germania* (ihr klassischer Busen unterwies Dich einmal in weiblicher Anatomie...).

Für einen Oberschwaben – genauer lokalisiert: für einen Ravensburger – liegt Vorarlberg sozusagen vor der eigenen Haustür (das bayerische Einsprengsel Lindau als Fleckerlteppich, ich sage nicht Fußabstreifer). Die natürliche Beziehung wäre also ein Nachbarschafts-Verhältnis, das sich auf gewachsene Bindungen stützen kann (der alemannische Zungenschlag, das Stammes-Idiom, das die Mentalitätssperre gar nicht erst einrasten läßt). Hinzu kam bei mir die Klammer geknüpfter Blutsbande – ich hatte drüben Verwandtschaft. Meine Stiefmutter war eine gebürtige Harderin, und in Dornbirn lebte die Schwägerin eines Münchner Schiffsbauers, der mit meiner verstorbenen Mutter verwandt war. – Bei all diesen günstigen Voraussetzungen – meine Beziehung zu Vorarlberg ist eine Beziehung der Sympathie geblieben wie der mangelnden Kenntnis. Das will erklärt sein!

Bregenz war für mich schon in der Kindheit die geheimnisvolle Schwelle zum Süden; der aber war von den Höhenzügen, die das Schussental umgeben, mehr zu erahnen als optisch wahrzunehmen. Doch was ist die stärkere Triebkraft? Ahnung, die Sehnsüchte weckt – oder Wissen, das kühl zur Kenntnis nimmt? Auf jeden Fall war diese Traumschwelle für mich weder erreichbar noch überschreitbar. Selbst die Annäherung, das naseweise Abtasten ihrer rotweißroten Markierung war mir verwehrt. Als bloßes Sonntagsvergnügen waren solche Ausschweifungen nicht zu haben – und so blieb meine Neugier für lange Zeit auf

Eis gelegt. Reisen waren in meiner Familie nicht etwa verpönt, sie waren schlicht unerschwinglich. Fußmärsche ins Ravensburger Hinterland waren Vaters probates Rezept gegen das schlimmste Fernweh. Amateurhaft-liebevoll hielt er diese Ausflüge, die die Peripherie der Mehlsäcke, Mostköpfe und Hopfensäue nie wirklich überschritten, geschweige denn sprengten, auf seiner alten »Voigtländer« fest.

6. Überlingersee mit Hinterland

Wilhelm von Scholz
Das alte Meersburg, deutsche Romantik
1921

Wo der nördliche, in nordwestlicher Richtung sich zwischen die Waldfelsen von Bodman und Sipplingen streckende Arm des Bodensees, der Überlinger See, vom großen Becken des Obersees abzweigt, liegt am badisch-schwäbischen Ufer das alte Städtchen Meersburg, hart am Wasser. Der Wald und die Weinberge des langgestreckten Uferhügelzuges, über den die Höhen des Linzgaues herüberschauen, werden hier von steilen Felsen unterbrochen, auf denen die Oberstadt von Meersburg erbaut ist und die – nachdem sie, in einer niedrigen, der Seefläche nahen, Stufe vorspringend, der Unterstadt Raum gewährt haben – ebenso steil wie über uns in die schillernde, unter ein paar überspülten Felszacken bald undurchsichtig werdende, blaue Tiefe abfallen. Hier nagt die Flut unablässig, und von einem Ufergarten, dem des alten Wirtshauses zum »Wilden Mann«, hat sie in den letzten Jahren manches Stück, Mauern, Lauben und Bäume, herabgerissen.

Ein ehemals bischöflicher Rokokopalast mit seinen Nebengebäuden ist das überragende Osteck der Oberstadt; mit steilem Süd- und Westabfall, so daß sich die Häuser, die an den Palastkomplex anschließen, im Halbkreis nach Norden ziehen müssen. Dem Halbkreis vorgelagert und von ihm durch eine Schlucht getrennt, erhebt sich der einzelne, einst durch unermüdliche Menschenhand freigelegte Fels, der die mitten über der Unterstadt aufragende Meersburg trägt. Dieses mächtigen getürmten Bodenschlosses älteste Mauern stammen noch aus jener Zeit, da hier Konradin bei seinem Zuge nach Italien Deutschland auf immer Lebewohl sagte. [...] Durch die weinumrankten Zinnen des Burggärtchens gesehen, liegen die roten Dächer der Unterstadt wie eine Gruppe Strandhütten da. Der Blick geht über sie hinaus in die Weite des Sees und der Alpen. [...]

Ebenso reich wie die weltgeschichtlichen Bilder, die in diesen Steinen leben, sind die geistesgeschichtlichen Erinnerungen, die an Meersburg geknüpft sind. Das alte Schloß gehörte in der ersten Hälfte des neunzehnten Jahrhunderts dem bedeutenden Germanisten Freiherrn Joseph von Laßberg, der hier seine handschriftlichen Schätze sammelte und den Besuch berühmter Gäste empfing: die Brüder Grimm, Uhland, Schwab, Kerner und viele andere Männer der Zeit. Oft weilte bei ihm auch ein damals noch unberühmter Gast, ein altes, kränkliches Fräulein, seine Schwägerin, die in selbstloser Sorge und Teilnahme für ihre Verwandten aufging und deren Besuch immer erwünscht war. Sie schrieb freilich in ihren Mußestunden Werke; aber das nahm man in der Familie nicht allzu ernst. Und erst der Widerhall, der von draußen, aus der Weite des deutschen Landes, hereinschallte, mag auch in der Familie Aufmerksamkeit auf die geistige Bedeutung von Tante Nettchen erregt haben. Heute betrachten wir dieses alte Schloß mit den freudigehrfürchtigen Gefühlen, die uns der Gedanke eingibt, daß Deutschlands größte Dichterin Jahre hier gelebt hat und hier gestorben ist. In zwei Töchtern Laßbergs lebt noch die Erinnerung an Annette von Droste-Hülshoff und nennt die Zimmer, in denen die Dichterin nacheinander wohnte; das Gemach über der Kapelle; das im nordwestlichen Turm, das so einsam liegt, daß die Mägde sich fürchteten, am Abend hinüberzugehen; das Zimmer links vom Eingang im unteren Teil des über das Tor greifenden Schloßflügels, in dem sie am 24. Mai 1848 starb. – Der Weg zum hochgelegenen Friedhof, durchs Obertor hinaus, läßt rechts über Gärtchen hinweg einen Weinberg und auf seiner Höhe ein kleines weitausschauendes Rebhaus sehen. Annette von Droste hatte Berg und Haus von dem Erlös der bei Cotta erschienenen Gedichtsammlung gekauft. Weiter führt der Weg zum Laßbergschen Erbbegräbnis, wenn er die Kirchhofspforte durchschritten hat, an einem altarartig hohen, auf Stufen stehenden phantastischen Dreikant vorüber, unter dem der alte Naturgeist Mesmer ausruht. Dann ist an einem Mauereck eine kleine kapellenartige Überdachung, die Gruft der Laßbergs. Der Leib der Annette von Droste ruht links davor an der Wand. Ihr Grabstein ist in gotischer Form gemeißelt und trägt das Drostesche Wappen. Efeu hängt überwuchernd darauf nieder. Die schöne gotische Linie des Steins wiederholt sich wie spielend in dem Maßwerke eines halbblinden schlanken Fensters, das von dem jenseits der Landstraße gelegenen Kirchlein über die hohe Mauer sieht. Sonst schauen nur die ringsum stehenden Obstbäume, die Wolken, die Ferne des Sees und der Alpen in den einsamen Frieden.

Die wundervollen Bodensee-Gedichte der Droste – »Mondaufgang«, »Die Schenke am See«, »Das alte Schloß«, »Lebt wohl!« u. a. – sind hier in Meersburg oder auf nahen Strand- und Waldwanderungen der Dichterin entstanden. Manches Bild des alten Städtchens und der umgebenden Natur ist in ihnen festgehalten. Am unvergeßlichsten ist mir diese tiefe Herbststimmung eines Gedichtes, durch das die Novembernebel des Sees dahinziehen:

> Über Gelände, matt gedehnt,
> hat Nebelhauch sich wimmelnd gelegt,

müde, müde die Luft am Strande stöhnt
wie ein Roß, das den schlafenden Reiter trägt.
Im Fischerhause kein Lämpchen brennt,
im öden Turme kein Heimchen schrillt.
Nur langsam rollend der Pulsschlag schwillt
in dem zitternden Element.

Von dem kleinen Friedhof, auf dem Annette von Droste und
Mesmer ausruhen, zurückkehrend, werfen wir noch einen
Blick auf das schlicht vornehme Bürgerhaus, in dem Mesmer 1815 hochbetagt starb. Dann steigen wir, ehe wir mit
dem letzten Abendschiff heimwärts fahren, auf den Edel-
stein, einen Rebhügel über der Stadt, der eine der schönsten
Bodensee-Aussichten gewährt. Hinter uns Wald- und Weinberge, auf deren letzter, zum See abfallender Welle wir stehen: sie zieht sich rechts nach Westen, waldig, buchtig, mit
der geschlängelten Uferstraße und ihrer Baumlinie, mit
Rebhäuschen, die hervorlugen, geschmückt, bis ans ferne
Ende des Sees. Vor und tief unter uns der im späten Nach-
leuchten des Sonnenuntergangs dunkel glühende See, auf
dem unser Dampfer eben weit drüben zur Insel Mainau
fährt, gegenüber die Ufer der Konstanzer Halbinsel, wie in
die Dämmerungswellen der Flut eintauchend, südlich und
östlich über die jetzt ganz eng zusammengedrängte Stadt,
groß, weit und silbern die Alpen; am mächtigsten das breite
Massiv des Säntis und Altmann.

Während es dunkelt, gehen wir zum Hafen, wo nun im
Wasserspiegel das bunteste Lichterspiel beginnt, von den
vier, zum Teil gleichzeitig anlangenden Dampfern, die nach
Konstanz, dem Überlinger und dem Obersee abfahren.

Wir steigen ein. Noch ragt Meersburg mächtig auf. Aber
schon nach wenigen Schlägen der Räder streckt sich der
Uferhügelzug, wird die Landschaft breit, und von Meers-

burg sieht man nur noch die Hafenlaternen, kleine, winzige Lichtpunkte über der mit der Nacht schwarz zusammenwogenden Flut.

Carl Gustav Jung
Animalischer Magnetismus
1905

Unter *animalischem Magnetismus* verstand man im Anfang des 19. Jahrhunderts ein ganz unbestimmt abgegrenztes Gebiet physiologischer und psychologischer Erscheinungen, die man alle »magnetisch« erklären zu können glaubte. Man sprach von »animalischem Magnetismus«, seitdem man die genialen Experimente Franz Anton Mesmers gesehen hatte. Mesmer entdeckte nämlich die Kunst, durch leichte Streichungen mit den Händen einen Menschen in Schlaf zu bringen. Bei den einen war dieser Schlaf ein dem natürlichen ähnlicher, bei anderen war er dagegen ein sogenannter »Wachschlaf«, das heißt, die Leute glichen Nachtwandlern, sie schliefen nur partiell, während gewisse Sinnesgebiete wach blieben. Man nannte diesen Halbschlaf auch den »magnetischen Schlaf« oder Somnambulismus (Schlafwandel). In diesen Zuständen waren die Leute dem Willen des Magnetiseurs gänzlich unterworfen, sie waren von ihm »magnetisiert«. Bekanntlich haben diese Zustände heutzutage das Wunderbare verloren; wir kennen sie als *Hypnose* und verwenden die Mesmerschen Striche oder passes als wertvolles Hilfsmittel neben anderen Suggestionsmethoden. Die Bedeutung, die man den Mesmerschen Strichen zumutete, führte auch rasch zu einer unverhältnismäßigen Überschätzung. Man glaubte damit eine Lebenskraft entdeckt zu haben, man sprach von einem »magnetischen Fluidum«, das vom Magnetiseur auf den Patienten überströme und den Krankheitsstoff zersetze. Man wollte damit auch die Bewegungen des Tisches beim Tischrücken erklären, indem man sich vorstellte, der Tisch werde durch Auflegen der Hände belebt – vitalisiert – und bewege sich darum wie ein belebtes und beseeltes Wesen.

Reinhold Schneider
Franz Anton Mesmer, ein echter Arzt
aus der Kraft der Liebe

1954

Ich habe für bürgerliche Familienforschung keinen Sinn. Das Einmalige eines jeden Menschen ist mir wichtiger als sein Erbe; seine Stellung zu seinem Schicksal mehr als das Schicksal selbst. Ich suchte erst nach den Vorfahren, als der Staat die leidigen Nachweise forderte. Aber dann hat es mich doch ergriffen, wie sich in meinen Eltern völlig verschiedene Lebensströme begegneten. Die Voreltern meines Vaters mußten durch Jahrhunderte evangelisch gewesen sein; die Namen haben, sofern sie nicht nach dem Landesfürsten gewählt sind, einen pietistischen Klang. Die Familie meiner Mutter stammt vom Bodensee aus der Meersburger Gegend; ihre Vorfahren waren Fischer und Jäger der Bischöfe von Konstanz. Beide Familien haben also kaum jemals in Städten gelebt; sie müssen immer den offenen Himmel über sich gehabt haben. Aber das ist auch das einzige Gemeinsame; dort der herbe, schwermütige Wald, das Krachen und Knirschen der Stämme, das Reden armen Volks am Feuer, der Schnee, die Hochebene und das strenge Wort, das von Freiberg ausging, nachdem Georg der Bärtige, Luthers grimmiger Feind, der »Teufelsapostel und dumme Junker« – in Wahrheit ein höchst achtungswerter Mann – gestorben war; hier der weinumkränzte See, in dem südliche Lichter spielen, und die geistliche Herrschaft, die freudigen Gotteshäuser, die Nähe Habsburgs, die sich auch in den Namen andeutet. Aus der Familie meiner Mutter stammte Franz Anton Mesmer, der, weder ein Denker noch ein Zauberer, sondern ein echter Arzt war aus der Kraft der Liebe und der von ihm geglaubten kosmischen Harmonie. Die Macht des Bodensees, der in ihm gespeicherten Sonnen- und Planetenkräfte trug er in die Großstädte, nach Wien und Paris; Mozart schenkte ihm Melodien, »Bastien und Bastienne« wurde in seinem Hause aufgeführt; mit Gluck soll er befreundet gewesen sein. Aber das Merkwürdigste – das völlig Fremde – ist, daß er es vermochte, in einer Zeit chaotischer Verwandlung, vor dem Gewitter der Französischen Revolution, die Harmonie zu verkünden und zu leben. Krankheit war für ihn nur Störung der Einen alldurchflutenden Lebenskraft, und er traute es sich zu, diese Störung aus dem eigenen Vorrat an aus dem All empfangenen Energien zu überwinden, den Einklang des Alls im Menschen wieder herzustellen. Wie es sich auch mit seiner Theorie verhalten mag: er hat ohne Zweifel geheilt, wenn er auch darin irrte und fehlte, daß er sein Geheimnis für mitteilbar hielt. Sein Geheimnis war einfach das des Arztes; es war die Liebe und die Kraft seiner Persönlichkeit; sie erschienen am schönsten, da er als Flüchtling und unter dem Schatten zum Teil berechtigter Anschuldigungen über die Schweiz in die Heimat kam. Nun flatterten die Kanarienvögel der Mainau seinem Kahne nach, wenn er nach Meersburg zurückruderte; sie setzten sich auf seine Schultern, seinen breiten Hut. Oder am Strande in Überlingen erwarteten ihn die Kranken, als sei er ein Bote des Arztes der Welt: eine evangelische Szene. Er hat das Schreckliche gesehen, aber nach allem Ermessen hat es sein Bild der Welt nicht bestimmt; in der von ihm geglaubten Harmonie – die nichts Christliches hatte – ist er in einer Seitengasse in dem alten Meersburger Hause gestorben, schon jenseits des einst genossenen Ruhmes und den törichtesten Mißverständnissen der Nachwelt ausgeliefert. So ist er auf dem hochgelegenen Friedhof Gefährte der Droste und Fritz Mauthners geworden. Ein freimaurerischer Denkstein bezeichnet sein Grab. Über alle ragt das Kreuz. Man kann das Irdisch-Kosmische kaum entschiedener bejahen, als es Mesmer getan hat.

Justinus Kerner
Auf Anton Mesmers Grab

1834

Wo die alte Meersburg thronet, an des Schwäbschen Meeres Strand,
Da das Grab des »weisen Meisters« jüngst ich unter Dornen fand,
Rings die Elemente ruhten, eine Möwe irr im Flug
Nur noch ob den stillen Gräbern ihre müden Flügel schlug.
»Lüfte«, sprach ich, »Wasser, Erde, Wälder und du lichte Flur!
Froh hat er aus euch gesogen Kraft der schaffenden Natur.
Seinen Augen, seinen Händen, Spendern dieser Kraft, sei Preis!
Tausenden ein Himmelssegen, ward er alt, doch nie ein Greis.
Wenig sprach er, wenig Tinte hat verbraucht einst seine Hand,

Franz Anton Mesmer, »ein echter Arzt aus der Kraft der Liebe und der von ihm geglaubten kosmischen Harmonie« (Reinhold Schneider)

Kurz sein Wort war, kurz, was einstens er dem Büchermarkt
    gesandt.
Innres Schauen, innres Fühlen trat ihm an der Bücher Platz.
Nur acht Bücher – hört es! waren seines Schranks gedruck-
    ter Schatz!
Wie der See, der seine Wiege einst umspülte, also war
Auch sein Geist stets rastlos schaffend und wie jener tief
    und klar.
Viele Hochgelehrte lasen, was sein Innerstes gebar,
Schüttelnd ihre Zopfperücken statt zu ahnen, was er war.
Nicht zu Menschen floh er klagend, in die Wälder, auf die
    Flur,
Seinen Kummer kindlich legend an das Herze der Natur.
Diese gab ihm Kraft und Frieden, doch der Markt nur Streit
    und Hohn,
Sterbend blieb er, wie im Leben, der Natur einfacher Sohn.«
Als ich schied, sank schon die Sonne in der Fluten goldne
    Pracht,
Goß des Mondes magscher Spiegel seine Zauber durch die
    Nacht,
Sanfte Töne hört ich tönen wie aus seinem Grabe – da
Dacht ich seiner letzten Worte: »Spielt mir die Harmonika!«

Otto Rombach
Auf der Meersburg bei der Droste
1976

Neben dem hohen Torhaus der Meersburg, zu dem eine
Holzbrücke über den schluchtartig felsigen Halsgraben
führt, kann man übereinander zwei Erinnerungstafeln an
der Mauer lesen.

»Hier wohnte und starb am 24. Mai 1848 Annette von Droste zu Hülshoff« lautet die eine, während die andere dem jugendlichen Konradin von Schwaben gilt, der nur wenige Jahre lang auf der uralten Dagobertsburg lebte, die massig aus einem Berghang am Bodensee aufwuchs, Falken, Dohlen und Schwalben um ihre Türme. Aber von hier aus hat er als der letzte Hohenstaufe deren Mittelmeerreich mit seinen Goldmosaiken in ihren Schlössern, Kastellen und Kathedralen zurückzuerobern versucht. Fünfzehnjährig, angeblich ebenso blond wie der Staufenkaiser Friedrich II., dessen einziger Enkel dieser Konradin war, ritt er mit seinen zehntausend Mann von der Meersburg aus nach Italien unausweichbar in sein Verhängnis hinein.

Aber die meisten Touristen, die durch die mehr als dreißig Räume der Meersburg und ihre gewölbten Gänge wandern, scheinen vor allem dadurch gefühlvoll berührt, daß die von viel alter Geschichte durchgeisterte Burg einmal das Heim einer berühmten Dichterin war. Gefragt, welches Gedicht der Droste ihr einfalle, hatte ein Mädchen die Zeile genannt: »O schaurig ists, übers Moor zu gehn.« Mit seiner Klasse blickte der Lehrer von ihrer Dichterstube aus in den kleinen Garten mit seiner Zinnenmauer hinab und hinaus auf das Schwäbische Meer mit seinen lichthellen Streifen, wo Segler kreuzten. Dann zitierte er eine andere Zeile: »Die Alpen liegen stundenweit, nur nah die Burg, uns heimisches Gemäuer.«

Doch auch die nächste Gruppe von Besuchern, von denen vermutlich nur der oder die eine Zeile der Dichterin aus Westfalen aufsagen konnte, war in den hellen Stuben eigentümlich still geworden. Urlaubsfröhlich hatten sie vorher im Gassenwinkel der Weinbauernstadt manche Altertümlichkeiten entdeckt, Fachwerk und Wirtshausschilder, Hauszeichen, Erker und Staffelgiebel – Leute, die vielleicht daheim in Hochhäusern wohnten. Welch ein Gegensatz: hier ragten aus den Mauern der Burg, unter denen der Fels zutage lag, Brocken von megalithischem Urgestein hervor, darüber Buckelquadern, die Zeichen der hohenstaufischen Burgenbauer. Das erklärte ein Fremdenführer am Torgebäude, in dem noch die Widerlager der Zugbrücke sichtbar waren. Vierhundert Bergknappen aus dem Schwarzwald hätten – hinunterdeutend sagte er das – um 1334 den vierzehn Meter tiefen Burggraben ausgeschrotet, wo sich im schattigen Grund noch immer das Rad einer Mühle dreht.

Überall gab es hier Merkwürdigkeiten: Zerknitterte Wassereimer aus Leder, die wie riesige Fledermäuse grau von der Decke der Vorhalle hingen; dann, in der Dürnitz, uralte Trägerbalken, rauchdunkle Bretter als Zimmerdecken und an den Wänden verwitterte Fresken und Schriften; überall Jagdtrophäen, Geweihe und Felle und grausige Waffen, wie meistens in Burgmuseen, Harnische, aber auch fromme Gemälde und holzgeschnitzte Statuen. Vieles ist freilich nur spätere Ergänzung, wie die Bilder nach der Manessischen Handschrift in jenem Saal, dem Palas, in dem angeblich einst poetische Ritter als Minnesänger ihre Harfen schlugen und dazu ihre Lieder sangen. Tannhäuser und der junge Konradin, der seinem Großvater Federigo auch durch Gedichte nachzueifern versuchte, sind hier durch ihre Bilder gegenwärtig.

So tritt man in der Meersburg von Raum zu Raum gleichsam in eine andere Epoche, und sicher wäre unter den vierundvierzig Fürstbischöfen, die seit dem Jahr 1268 bis 1802 die Herren der Meersburg waren, manchem bedeutungsvollen Geist und Schicksal nachzuforschen. Aber erst ein späterer Besitzer, dem die meterdicken Mauern wohl zu dumpf gewesen, ließ ein barockes Treppenhaus einbauen. Unweit

Das Alte Schloß in Meersburg. Der Mittelturm reicht in das 8. Jahrhundert zurück; seine Mauern sind bis zu drei Meter dick

entfernt lag ja, nur wenig höher am Hang, das neue Schloß mit seinen freundlich hellen Farben, dessen Garten mit seinen Bosketten, Bäumen und der Balustrade einer der schönsten Aussichtsplätze über dem Bodensee ist. Von oben her sieht man dort in die getreppte Giebelwelt am kleinen Hafen mit seiner Mole hinein, wo Möwen um die Ausflugsdampfer kreisen. Fernhin erblickt man das Konstanzer Ufer, über dem mitunter, wie frühere Aquarellisten es wiederzugeben versuchten, die eishellen Gipfel und Grate der Schweizer Alpen erkennbar sind. Weit rechts sieht man gerade noch die Insel Mainau, auf der um eine ähnlich festliche Schloßterrasse hohe Palmen stehen, Bananenstauden und Bambus und indisches Rohr, daneben blühendes Buschwerk bei farbenreichen Rabatten.

Aber die Dichterin aus Westfalen, die durch den See, die Burg und die fernen Gebirge zwar zu manchem Gedicht gedrängt worden ist, hatte trotzdem immer in einer Art von düsterem Heimweh die Einödfluren ihrer Heimat vor Augen, die Moore mit ihrer Unheimlichkeit und die Armut der Heide, Viehweiden, kärglichen Äcker. Ihr fehlten auch ihre Menschen, die weit verzweigte Verwandtschaft, die Freundschaften, Adelskreise.

Bis ins Alter begleitet uns ja am stärksten das in der Kindheit Erlebte, und auch die Dichterin Droste zehrte zeitlebens davon. Immerhin war sie schon vierundvierzig Jahre alt, als sie zuerst auf der Meersburg, deren Besitzer seit einigen Jahren ihr Schwager war, in einem der runden, spitzhütigen Türme wohnte. Manchmal mache sie dort im Dunkeln Gedichte, schrieb sie in einem ihrer langen Briefe.

Aber sie schilderte ihren westfälischen Freunden auch das neben der Meersburg hinaufgewachsene Städtchen von anno 1841, manchmal mit unvermutetem Humor: »Meinen Sie, wir lebten hier wie in der Wildnis? Haben wir nicht ein

Liebhabertheater, was neulich den ›Wildfang‹ aufführte? Haben wir nicht eine Bürgermeisterstochter, die so gut Klavier spielt wie die Bornstedt? Und ein versoffenes Genie von Professor, eine Musiklehrerin im Institut und noch einen schöngeistigen Klaviermeister, ... die besser spielen als jemand in Münster? Sie glauben nicht, wie es meinen norddeutschen Stolz gedemütigt hat. Außerdem kommen alle Augenblicke steiermärkische et cet. Musikbanden.« Daß sie Lustfahrten längs dem Bodensee zu Schlössern und Klöstern machten, heißt es im gleichen Brief, in dem eine ganz andere Droste erkennbar wird, als ihre dunklen Balladen sie ahnen lassen, ihre oft männlich anmutende Prosa, ihre frommen Gedichte mit ihrer Gläubigkeit oder die Bilder, die von ihr bekannt sind.

Mit ihren spiralisch gewickelten Locken, die zu beiden Seiten ihres schmalen Gesichts bis auf die Schultern niederhängen, haben sie Zeichner und Bildhauer dargestellt. So zeigt die Denkmalsbüste in Meersburg einen Mädchenkopf mit verhaltenem Ausdruck, kühl und doch eigentümlich verträumt; man denkt an das zweite Gesicht. Dagegen hat sie der Bildhauer Röller für ihre Heimatstadt Münster als gealterte Frau modelliert, verhärmt und leidend, eine Enttäuschte, wie sie zuletzt auf der Meersburg war.

Denn sie hatte dort einen Winter lang ihre beglückendste Zeit mit ihrem Dichterfreund, dem viele Jahre jüngeren Levin Schücking erlebt, der als erster begeistert von ihren Gedichten und von ihr selbst gewesen war; nun war er ihr täglicher Ansporn geworden. »Was ich werde, werde ich durch Dich«, gestand sie ihm später, als sie ihn schon verloren hatte. Ihre schönsten Gedichte sind damals entstanden, daneben viel Prosa, auch ihre Novelle »Die Judenbuche«, die in Westfalen unter armen Leuten spielt. Grüngolden erschien ihr in dieser Zeit mit Levin Schücking der Bodensee. Auch in der Heiterkeit ihrer Briefe spiegelt sich dieses Erlebnis wider, auch wenn sie von ihrem Gärtchen auf der Terrasse berichtet hat, wo nun Lilien und Hortensien unter den Linden wuchern. Aber allzu bald war diesem glücklichsten Jahr, in dem sie mit ihrer Liebe ihre ganze Entfaltung als Dichterin genoß, ihre letzte, von Leiden begleitete Lebenszeit mit ihrer Tragik gefolgt.

Ohnedies geht von den grauen Wänden der Meersburg und von den runden Türmen, die der vierkantige Dagobertsturm mit seinen Treppengiebeln aus der Renaissance-Zeit überragt, eine Art von geschichtlicher Düsterkeit aus, die aber der oft von Dunkelheiten bewegten Dichterin gemäß sein mochte. Hier gab es ja auch in der Burg einen zu Geistergeschichten anregenden, unterirdischen Gang, der bis zu den Häusern am See hinabführen soll und den man in einer Stallung der Burg entdeckt hat. Über der steinernen Pferdekrippe beginnt der enge, nun mit Ziegeln ausgemauerte Fluchtweg, der freilich für dickliche Leute kaum benutzbar sein konnte. Auch hat sie einmal vom Angstloch berichtet, dem Burgverlies, neun Meter tief. Schaudernd hört heute die Touristengruppe, die rings um die runde Öffnung steht, die Erklärung an, daß die Gefangenen an einem Seil, auf einem Knebel sitzend, dort hinabgelassen wurden, wo sie verhungern mußten, Gelehrte darunter. Was sie drunten in die Wände kratzten, kann man nun auf Kopien in der beklemmenden Stube lesen, lateinische Sätze darunter: »Spes mea Christus.« Meine Hoffnung ist Christus. »Da mi pacem.« Gib mir den Frieden.

Nur wenige Jahre bevor die Meersburg auch für die Droste zur Heimat wurde, hatte ihr Schwager Joseph von Laßberg die alte Burg erworben und dadurch davor bewahrt, vielleicht sogar abgebrochen zu werden (1838). Kaum abzuschätzen ist deshalb, was alles an Altertümern seit damals in sie hineingebracht worden ist, was fortgeräumt wurde und was die Dichterin in ihrer Zeit davon gesehen hat. Denn es gibt hier ein gotisches Zimmer, wo zwar noch ein paar Folianten liegen, aber nur wenige, obwohl man von dem Freiherrn von Laßberg weiß, daß er unzählige alte Bücher, darunter älteste von höchstem Wert, gesammelt hat. Auch andere Sammlungen hatte Levin Schücking, der hier als Bibliothekar amtierte, zu verwalten, Münzen, Gemmen und Kameen, daneben Muscheln und Versteinerungen, wie man sie in der Landschaft fand. Sogar das adelige Fräulein aus Westfalen, die Schwägerin des Burgherrn, war oft selbst am Seestrand und im Rebland auf und ab gestreift, um vielleicht ein versteinertes Schneckenhaus aus dem Boden zu scharren. Aber man darf die Droste auch vor sich sehen, wie sie im Treppenhaus, wo mächtige Geweihe von den Wänden starren, zu Abendgesellschaften ging, geraffte Puffen am hochgeschlossenen, dunklen Kleid und mit einer kurzen, den Hals umlaufenden, weißen Spitzenkrause und natürlich mit ihren geringelt niederhängenden Locken. Später, in der Zeit ihrer Enttäuschung und ihres Leidens, hatte sie nur noch streng geschnittene, dunkle Kleider mit einem ganz einfachen, weißen Kragen getragen und offenbar ihre Lockengehänge gekürzt.

Heute liegt eine Laute im Zimmer des Burgvogts, der, wenn er unter dem hohen Baldachin seines Bettes herausstieg, gleich in den nahe stehenden Betstuhl kniete. Durch solche Szenenbilder, die von Schwelle zu Schwelle wechseln, ist die Burg zum Museum geworden, hier ein Saal mit schweren, reich beschnitzten Schränken aus der Renaissance, drunten eine Waffenschmiede und eine jahrhundertealte Küche mit ihren Geräten. Im Saal der Ritterschaft, der wie ein massig überwölbter Gang erscheint, sind an den Wänden Tierfelle ausgespannt, die Decken von Wildschweinen, Hirschen, während auf dem langen Trinktisch ein Elchfuß, der als Trinkbecher diente, die Besucher sich verwundern läßt.

Gern verweilen manche Leute auch in dem hohen Raum, in dem nebeneinander phantasievoll aufgeputzte Turnierhelme hängen, solche, auf denen als Helmzier riesige Hörner aufgestülpt sind oder ein Schwan mit weit heruntergebeugtem Hals, der seinen Gegner anzuzischen scheint. Aus anderen Helmen ragen steil aufgerichtete Flügel von Raubvögeln auf oder farbige Strauß- und Reiherfedern, während sich auf dem eisernen Stirnband des nächsten ein die Zähne bleckender Hund aufbäumt, eine Bracke, daneben ein Greif, lauter Familiensymbole, die auf den Schilden und Wappen des folgenden Raumes wiederkehren, Zeichen des Mittelalters.

Doch am ältesten, über zwölfhundert Jahre alt, ist zum Teil das Gemäuer der Burg und vor allem der Dagobertsturm, der Bergfried. Bis in das Jahr 628 zurück wird die Meersburg durch jenes Mauerwerk aus Findlingsblöcken datiert, das angeblich Dagobert, der sagenhafte Merowingerkönig, zur Befestigung des Hügelvorsprungs aufmauern ließ. Ihm gehörte das östliche Frankenreich, das von der Maas und von den Ardennen bis fast nach Böhmen reichte, seinem nächsten Ziel. Hier sollten unterdessen seine Wächter, wo der Bodensee weithin zu überschauen war, von der hoch gelegenen Meersburg aus das Übersetzen nach Konstanz schützen, und noch immer ist der kleine Hafen, wo man die weißen Motorschiffe mit ihrer Kielspur aus- und einfahren sieht, ein günstiger Platz für die Konstanzfahrer. Heute tragen hier unweit entfernt die mächtigen, weiß gestrichenen Fähren jeweils Rudel von Autos und Lastern über den See. Übrigens will man wissen, daß jener Merowingerkönig Dagobert, der heute noch im Namen des mittleren Turms der Meersburg gegenwärtig blieb, das Bistum Konstanz mit seiner später weithin reichenden Macht gegründet habe. Unwillkürlich denkt man dabei an das Münster mit seinen Schätzen und an das große Konzil. [...]

Nur sieben Jahre hat die Droste, darunter mehr Jahre des Leidens als ihres Glücks, auf der Meersburg gelebt. Aber wo man die Meersburg erwähnt, denkt man kaum an die Kaiser und Könige und an die vierundvierzig Fürstbischöfe von Konstanz, die jahrhundertelang die uralte Burg über dem Rebland bewohnten, auch kaum an den gelehrten Freiherrn Joseph von Laßberg, der diese älteste Burg aus der merowingischen Zeit vor dem Zerfall gerettet hat. Aber jeder denkt an »die Droste«, die Dichterin aus Westfalen, und so ist die Meersburg, auf der sie nur wenige Jahre lang ein ungewöhnlicher Gast war, eigentlich ihre Burg geworden.

Annette von Droste-Hülshoff
Am Turme
1842

Ich steh auf hohem Balkone am Turm,
Umstrichen vom schreienden Stare,
Und laß gleich einer Mänade den Sturm
Mir wühlen im flatternden Haare;
O wilder Geselle, o toller Fant,
Ich möchte dich kräftig umschlingen,
Und, Sehne an Sehne, zwei Schritte vom Rand
Auf Tod und Leben dann ringen!

Und drunten seh ich am Strand, so frisch
Wie spielende Doggen, die Wellen

Sich tummeln rings mit Geklaff und Gezisch,
Und glänzende Flocken schnellen.
O, springen möcht' ich hinein alsbald,
Recht in die tobende Meute,
Und jagen durch den korallenen Wald
Das Walroß, die lustige Beute!

Und drüben seh ich ein Wimpel wehn
So keck wie eine Standarte,
Seh auf und nieder den Kiel sich drehn
Von meiner luftigen Warte;
O, sitzen möcht' ich im kämpfenden Schiff,
Das Steuerruder ergreifen,
Und zischend über das brandende Riff
Wie eine Seemöwe streifen.

Wär' ich ein Jäger auf freier Flur,
Ein Stück nur von einem Soldaten,
Wär' ich ein Mann doch mindestens nur,
So würde der Himmel mir raten;
Nun muß ich sitzen so fein und klar,
Gleich einem artigen Kinde,
Und darf nur heimlich lösen mein Haar,
Und lassen es flattern im Winde!

Rudolf Hagelstange
Eine silberne Ader göttlicher Sehnsucht

1950

Hier ists gewesen. Hier ist es. Ich seh sie,
sehe die zarte Sibylle am steinernen Turme,
wie sie den Blick in die funkelnde Schale hinabsenkt

wie einen kostbaren Köder, die Liebe zu fischen,
die ihr entfallen. Birgt nicht ein weißer
Fischleib, einer der vielen im Himmel des Sees,
golden den Ring, der zur Tiefe entglitten
zitternden Spitzen, da sie ihn streifen schon wollten
über das schmale Gelenk ihres singenden Fingers?

Ach, da steht sie: aufrecht und schweigend, der Haare
dunkles Gewebe für zärtlich geflüsterte Küsse
hat sie gelöst und läßt es dem Winde...
zu überhören den lautlosen Sturm ihres Wesens,
darinnen ein männlicher Geist
zwingt das Herz in die Knie.
Hat ers gezwungen, so stürzt er
rasch dem bezwungenen nach und umarmt es,
herzt es und hält es
und richtet es auf. Und nun wieder ist
er bezwungen und läßt es gewähren und weiß doch,
daß er es wieder, härter im Griff als zuvor,
niederstemmt, wieder zu fallen in die alte Umarmung,
diese unheimliche Paarung, in der sie gemeinsam
stammeln unsterbliches Wort.

Wo ist der Kiesel, unten am Ufer, zu lehren
Härte und Durchsicht das törichte Herz?
Oder soll es die Himmel feiern und weich sein,
weich wie die Körner des Weihrauchs,
jenem Geliebten zu duften,
der sie ja alle hinanzieht, die einsamen Schwestern,
an die zerstochene Brust, in die schmerzlich
weit aufgerissenen Arme seines Erbarmens?

Ach, wo ist Heimat für diesen schrecklichen Zwitter,
der wir doch sind: eine silberne Ader göttlicher Sehnsucht
in diesem düsteren Bergwerk von Fleisch und Gebrechen?

Hinten im Norden, weiß sie die stillen Gehöfte,
sieht sie die schwarzen Pferde die Koppel durchschreiten,
käuende Herden von satten Heidschnucken,
den strickenden Hirten. Trägt nicht die wehende Luft
Meersalz und Minze und starken Wacholder
zu ihr herüber? Eines von diesen stillen Gehöften
nannte sie Heimat, Heimat das Land ihrer Väter,
da sich der heidnische Pan
duckte unter das Kreuz.
Dort war sie zuhaus und daheim.

Aber sind denn
die alten, seltsam duftenden Schränke,
das erste Ballkleid, die Hefte der Schulzeit,
ein Spielzeug, das überlebte, sind die mühvoll geschnürten
Schühlein fest und eng genug, um uns zu fesseln,
über den Knöchel hinaus, an diese – Heimat?
Ist es die Erde, auf der du den Atem der Mutter,
widerwillig vielleicht, gespürt hast,
wenn sie den Kragen dir aufband,
oder jene, da du dem ersten Fremden dich nahtest,
einzuschmelzen ihn mit dem bebenden Deinen?

Geteilte bist du. Zerrissen. Wir alle
sind es zumeist. Es reicht uns das Schicksal
vom Einen zum Andern; hier sacht und dort stößt es.
Und jeder der Griffe, die stoßen und fangen,
greift ab und zerbricht – ein Geringes, ein Etwas.
Wer wägts . . . Es genügt, uns zu mindern, zu teilen,

zu spalten, zu zerstören, zu töten.
Wen nimmt es da wunder, daß uns die Heimat
immer zurück liegt, dort, dort – wo die Gerte
noch sproßte am Stamme, eh sie geschnitten,
geschält und gekerbt ward,
dort, wo unser kunstvolles, brüchiges Dasein
noch ganz war . . .

Was hält in meiner Brust den ruhelos flatternden Vogel,
diese aus lauter Purpur und Wollust gewirkte
Nachtigall ab, die Kadenzen des Lichtes
nachzusingen mit pulsender Kehle,
wie sie der Himmel dem See und dieser dem Himmel
zurückruft? Warum läuft mir bei Tage,
dem spielenden Kind gleich, im Jubel das Auge
stets dem Fuße voraus und springt wie ein Hund,
der sich nicht lassen kann, hoch an den Mauern,
Hügeln und Türmen und Giebeln der Stadt,
kehrend und springend und wendend, – um dann, zur
    Nacht,
wie oft, zu erstarren in Trauer und Schrecken,
weil das bezaubernde Bildnis
jäh in den Abgrund versinkt,
der die gefolterten Leiber zahlloser Schwestern
brodelnd und heulend hinabsog?

Kann ich sie denn nicht zurücktun in das Behältnis
nutzlosen Schmucks oder vergessen, wie man Verlornes
weise vergißt, diese ihr ähnliche
größere Stadt in der Mitte, auf Hügeln
gleichfalls erbaute, aus Gassen und Türmen,
steinalten Kirchen und Höfen tausendjährig gewachsen,
Herberg für König und Kaiser? Diesen steinernen

Garten aus Stiegen, Schluchten, aus zahllosen Treppen
– Kaskaden, die mein junges Leben wie Wasser hinab-
    sprang –,
die Plätze, da wir die harten Bälle mit federndem Holze,
flüchtige Kerzen aus Kraft, zum Himmel auftrieben,
wo ich, anrennend mit bebendem Bambus viel tausende
    Male,
rasende Flüge geträumt, bis die torfene Grube
den glühenden Ikarus auffing?

War sie für mich nicht das Füllhorn der Welt? Und traten
strahlend aus ihm nicht die Helden und Götter:
Hektor, Achill und Odysseus, Roland und Dietrich von
    Bern,
Hermes, Apollo, Zeus und sein Stirnkind Athene –
Wagnis und Kraft zu bezeugen die Männer;
diese: Boten des Lichtes,
Vorläufer, Seher und Masken des *Einen,*
der sie ja alle enthält? Hat nicht Orpheus
dort noch gesungen und Netze von Wohllaut
lächelnd geworfen über die wildesten Bestien?

Heinrich Hansjakob
Vom süßen Meersburger und dem sauren Seewein

1895

Zur Zeit, als noch die Römer in ihrem Kastell Marispurgum
saßen und die Kelten ringsum ihre Untertanen waren, kam
einmal unser Herr mit Sankt Peter an den See auf einsamer
Wanderung.

Da, wo heute die Dörfer Immenstaad und Hagnau liegen,
bat er an verschiedenen Fischerhütten und Pfahlbauten um

Nachtquartier für sich und seinen Begleiter, aber die mißtrauischen Keltenmännlein wiesen ihn seiner fremden Erscheinung wegen grob ab.

In Meersburg, wo römische Kultur sich niedergelassen, waren die Leute gastfreundlicher und höflicher. Sie gaben den zwei Fremdlingen Herberge für eine Nacht. Am andern Morgen vor der Abreise sprach der Herr: »Weil ihr mich und meinen Freund so gastlich aufgenommen, will ich euch eine bleibende Freude machen. Weinstöcke sollen alsbald eure Hügel bedecken und Wein bringen zu eures Herzens Fröhlichkeit.« So geschah es alsbald, und schon am Abend jenes Tages tranken die Meersburger süßen Wein.

Als nun die groben Keltenbäuerlein oberhalb Meersburg von der wunderbaren Gabe hörten, eilten sie dem Fremdling nach, der indes am See unterhalb des Römerkastells ebenso gröblich behandelt worden war und in keiner Hütte auch nur einen Bissen Brot bekommen konnte. Der weinsüchtige Landsturm von oben verkündete den Seehasen unter Meersburg, was vorgefallen, und gemeinsam eilten alle dem Wundermann nach, erreichen ihn noch, ehe er bei den Pfahlbauten von Sermatingen das schwäbische Meer verläßt, fallen ihm zu Füßen und bitten um Verzeihung für ihre Grobheit und auch um Weinberge.

Der Herr, gütig wie immer, verzeiht und sagt ihnen die Erfüllung ihres Wunsches zu. Bis sie heimkämen, sollten Rebstöcke die Uferhalden zieren. – Mit freudigem Dank und jubelnd zogen die Kelten- und Pfahlmännlein von dannen. St. Peter aber, der es in menschlichem Unmut nicht so leicht verschmerzen konnte, daß sein Meister so gröblich war behandelt worden, sprach: »Aber, Herr, wie konntest du diesen Grobianen zur Verzeihung noch ein so schönes Geschenk machen? Sie werden jetzt sicher zu viel trinken und deiner erst recht vergessen.«

Der Herr aber antwortete: »Petrus, beruhige dich. Weinberge sollen sie haben; der Wein aber wird so sauer sein, daß sie gestraft genug sind durch's Trinken.«

Seitdem wächst der Seewein sauer, was ihm sogar einen Ruf verschafft hat, und nur in seltenen Fällen erbarmt sich der Himmel und läßt einen guten Tropfen wachsen. Das ist aber dann ein Jubeljahr, von dem Kinder und Enkel noch reden, bis wieder eines kommt. Mit Recht berühmt ist nur der Meersburger.

Werner Rösener
Die Abtei Salem als agrarischer Großbetrieb

1979

Der Einfluß der Grundherrschaft auf die bäuerlichen Lebensverhältnisse ist in seinen zeitlichen Wandlungen und regionalen Verschiedenheiten ein zentrales Thema der agrargeschichtlichen Forschung. Seit ihrer Ausformung im Frühmittelalter wurde die wirtschaftliche, soziale und politische Lage der abhängigen Bauern wesentlich von der Grundherrschaft und ihren jeweiligen Entwicklungsphasen und Intensitätsgraden geprägt. Innerhalb des Gesamtrahmens der grundherrlich-bäuerlichen Verhältnisse und des Konfliktfeldes zwischen Grundherrschaft und bäuerlicher Bevölkerung ist die Erscheinung des Bauernlegens, der Umwandlung von Bauernland in eigenbewirtschaftetes Herrenland, ein nicht unwesentliches Problem, das Spannungen zwischen Grundherren und Bauern verursachte. [...] Das Bauernlegen spielt auch in einigen Epochen der mittelalterlichen Geschichte eine zwar weniger bekannte, aber nicht gänzlich unbedeutende Rolle.

[...] Im engeren, eigentlichen Sinne ist unter dem Begriff des Bauernlegens also die Einziehung von Bauernstellen durch Auskaufen oder Vertreiben der Bauern zum Zwecke der Ausweitung der Gutswirtschaft zu verstehen, im weiteren Sinne aber auch die Einverleibung wüst gewordenen bäuerlichen Landes. [...]

Im Gegensatz zur weitgehenden Preisgabe der Eigenwirtschaft und dem damit verbundenen Übergang zu grundherrlichen Renteninstituten bei den älteren Benediktinerklöstern erneuerten die Reformorden seit dem Ausgang des 11. Jahrhunderts die landwirtschaftliche Tätigkeit und errichteten auf der Basis neuangelegter Wirtschaftshöfe (Grangien) eine straff organisierte, von Laienbrüdern und Lohnarbeitern getragene Eigenproduktion, die weitgehend am Absatz auf den städtischen Märkten orientiert war. Neben den Prämonstratensern waren es vor allem die Zisterzienser, die im 12. und 13. Jahrhundert mit erstaunlicher Geschwindigkeit ihre Klöster und Grangien über ganz Europa ausbreiteten. Der Zisterzienserorden, der in seinem Ursprung auf das 1098 in Cîteaux bei Dijon gegründete Mutterkloster zurückgeht, war bestrebt, die Benediktsregel erneut streng zu befolgen und seinen Grundbesitz gemäß der ernstgenommenen Verpflichtung zur körperlichen Arbeit (*labor manuum*) in Eigenbetrieb zu bewirtschaften. Seine zahlreichen Niederlassungen wurden durch eine gemeinsame Verfassung fest zusammengehalten, und das alljährlich tagende Generalkapitel aller Zisterzienseräbte bildete den organisatorischen Mittelpunkt des Ordens. In wirtschaftlicher Hinsicht aber stand jedes Kloster in voller Eigenverantwortung und mußte versuchen, die Wirtschaftsprinzipien des Ordens den örtlichen Gegebenheiten anzupassen und in die Praxis umzusetzen.

Die Einfachheit und Schlichtheit des zisterziensischen

Klosterlebens, die Ablehnung jeglicher Prunkentfaltung, kam dem schnell wachsenden Grundbesitz und dem zunehmenden Reichtum der Klöster zugute. Die erwirtschafteten Gewinne wurden zur weiteren Vergrößerung der Klosterwirtschaft eingesetzt, die durch eine außerordentlich straffe und hierarchisch organisierte Verwaltung mit scharf abgegrenzten Kompetenzen und Verantwortungsbereichen geführt wurde. Kennzeichnend für die zisterziensische Vermögensverwaltung und Wirtschaftsorganisation ist eine für mittelalterliche Verhältnisse weitgehende Versachlichung und Rechenhaftigkeit der Wirtschaftsleitung. Durch ihre asketische Lebensführung und erfolgreiche Produktionsweise erzielten die Abteien reiche Gewinne, die sie nicht für konsumptive Zwecke ausgaben oder zur »unfruchtbaren Schatzbildung« verwendeten, sondern in ihre eigenen Produktionsbetriebe reinvestierten. Das auf Sparsamkeit und Eigenbau beruhende zisterziensische Wirtschaftssystem war die Hauptursache für die ökonomische Expansion der einzelnen Klöster und die schnelle Ausbreitung des Ordens im ganzen abendländischen Raum. Das zisterziensische Wirtschaftsleben diente aber nicht, wie manche Wirtschaftshistoriker allzu enthusiastisch behaupten, einem Selbstzweck, sondern war von seiner Intention her ein Mittel zur Daseinssicherung der Mönchsgemeinschaft, die in selbstgewählter Abgeschlossenheit von der Welt ihre monastischen Ziele verwirklichen wollte.

Als Kernzellen der zisterziensischen Wirtschaftsorganisation dienten die Grangien, die den Klöstern häufig weit vorgelagert waren. Sie wurden von Laienbrüdern (*fratres conversi*) und Lohnarbeitern (*mercennarii*) bebaut und von Grangienmeistern (*magistri grangiarum*) geleitet, die ihrerseits dem Keller (*cellerarius*), dem obersten Wirtschaftsbeamten des Klosters, rechenschaftspflichtig waren. Die

Grangien – rationell organisierte landwirtschaftliche Großbetriebe, auf denen neben dem Ackerbau auch hochwertige
Viehzucht, Wein- und Obstbau betrieben wurde – sind mit
einigem Recht als »kapitalistische Wirtschaftsbetriebe« bezeichnet worden. [...]

Die Wirtschaftshöfe der Zisterzienser und die anderer
Orden waren agrarische Großbetriebe, die ihre Überschuß-
produktion auf den Märkten der aufblühenden Städte ab-
setzten. Die ökonomische Expansion der Zisterzienserklöster ist ohne die im Hochmittelalter einsetzende Arbeits-
teilung zwischen Stadt und Land kaum denkbar, und die
erfolgreiche Grangienwirtschaft war nur möglich durch
ihre enge Verflechtung mit der Stadtwirtschaft, die auf eine
wachsende Nahrungsmittelzufuhr angewiesen war. Grangien und Stadthöfe bilden die beiden notwendigen Kompo-
nenten der zisterziensischen Wirtschaftsform: die Grangien
gewährleisten die landwirtschaftliche Überschußproduk-
tion und die Stadthöfe sorgen für deren Absatz. In vielen
Städten errichteten die Klöster ihre Höfe, die neben dem
Verkauf ihrer Agrarprodukte (Getreide, Vieh, Wein, Wolle
etc.) auch dem Einkauf benötigter Rohstoffe und gewerbli-
cher Produkte für den Klosterhaushalt dienten. Der anhal-
tende Anstieg der Getreidepreise im 12. und 13. Jahrhundert kam der klösterlichen Gutswirtschaft sehr zugute und
unterstützte den wirtschaftlichen Erfolg der Zisterzienser
und Prämonstratenser. [...]

Da viele Schenkungen und Gütererwerbungen anfangs
aus Streubesitz bestanden, konnten die Zisterzienserklöster
zumeist nur mit großer Mühe in den Besitz größerer, zu-
sammenhängender Bewirtschaftungsflächen – eine Grund-
voraussetzung für den Aufbau ihrer Grangien – gelangen.
Um leistungsfähige Höfe errichten zu können, bemühten
sie sich mit Sorgfalt, ihren Besitz in bestimmten Orten zu

konzentrieren und abzurunden; die späteren Großgrundbesitzungen mit zusammenhängenden Markungsflächen waren erst das Ergebnis einer mühsamen Grunderwerbspolitik. Nur einen Teil ihrer Wirtschaftshöfe legten die Klöster durch Rodung und Kultivierung von Ödland an, während die übrigen durch Erwerb von Bauernland und bereits bestehenden Höfen im Altsiedelland gewonnen wurden. Hatte ein Kloster in einem Dorf mehrere Hufen erworben, um dort eine Grangie anzulegen, erweiterte es systematisch seinen Besitz und brachte nach und nach das ganze Dorf mit allen Besitz- und Herrschaftsrechten an sich, bis es völlig frei über die Dorfgemarkung verfügen und einen funktionsgerechten Großbetrieb aufbauen konnte. [...]

Die Zisterzienserabtei Salem, die bereits zwischen 1134 und 1138 in einer altbesiedelten Landschaft nördlich des Bodensees gegründet wurde, entwickelte sich innerhalb von zwei Jahrhunderten zu einem reichen Kloster, nicht zuletzt dank einer tatkräftigen Besitz- und Wirtschaftspolitik. In der Mitte des 13. Jahrhunderts verfügte sie über die große Zahl von etwa 20 Grangien, die das Rückgrat der Klosterwirtschaft bildeten. Neben diesen eigenbewirtschafteten Klosterhöfen organisierte sie bereits seit der Wende zum 13. Jahrhundert ihren übrigen Besitz im Renten- und Pachtsystem, dessen quantitativer Anteil am Gesamtbesitz im Laufe des 13. und 14. Jahrhunderts stetig zunahm. Die zahlreichen Höfe in den Städten der näheren und weiteren Umgebung, so u. a. in Überlingen, Pfullendorf, Konstanz, Ulm und Esslingen, dienten als Stapelplätze und Verkaufsstellen für die Agrarprodukte des Klosters und standen daher in einem komplementären Verhältnis zum Eigenbau auf den Grangien. Die kleinere Zahl der Grangien errichtete Salem durch Rodung und Kultivierung von Ödländereien, wie die Höfe Dornsberg, Madach und Runstal, während die größere Zahl in altbesiedelten Gebieten durch Landkauf aus adeliger und bäuerlicher Hand und durch Eingehenlassen von Hofgruppen und ganzen Dörfern angelegt wurde. [...]

Banzenreute, ein abgegangener Hof auf der Gemarkung der Gemeinde Mimmenhausen, war zur Gründungszeit der Abtei eine kleine Bauernsiedlung. Insbesondere in den Jahrzehnten zwischen 1190 und 1220 kaufte die Abtei systematisch die Güter der Siedlung aus bäuerlicher und grundherrlicher Hand auf, erwarb alle hof- und lehnrechtlichen Eigentums- und Nutzungsrechte und verwandelte das Dorf, das vermutlich etwa 5 bis 10 bäuerliche Hofstellen umfaßte, in eine Grangie. Ein Teil der Gemarkung war nachweislich landwirtschaftlich nicht genutzt, so daß Salem die Wirtschaftsflächen seiner Grangie durch Urbarmachung von Ödland und durch Waldrodung vergrößert haben dürfte. Über die Form der Abstiftung und Abfindung der ansässigen Bauern liegen keine näheren Angaben vor.

Ähnlich wie mit Banzenreute verfuhren die Salemer Mönche mit dem Nachbarort Mendlishausen. Durch Schenkungen und Käufe erwarben sie nach und nach alle Güter und bäuerlichen Hofstellen des kleinen Dorfes, lösten fremde Besitz- und Nutzungsrechte ab und verwandelten zwischen 1180 und 1220 die *villa* Mendlishausen in eine von Konversen bewirtschaftete Grangie, die lange Bestand hatte und durch ihre nahe Lage der Abtei von besonderem Vorteil war. Im Unterschied zu Banzenreute ist Mendlishausen schließlich nicht zu einer Wüstung geworden, sondern als Hofgut bestehen geblieben.

Adelsreute, das vor der Klostergründung dem Edelfreien Guntram von Adelsreute, dem Klosterstifter, als Stammsitz diente und von diesem dem Kloster übergeben wurde, war zu jener Zeit ein Weiler, der neben der adeligen Eigenkirche vermutlich einen kleinen Fronhofsverband mit Herrenhof und abhängigen Bauernhufen aufwies. Die Salemer Mönche gingen schonungslos gegen die für sie unzweckmäßige Siedlung vor und errichteten bald einen klösterlichen Wirtschaftshof. Der Vergrößerung der Grangiengemarkung fielen auch die angrenzenden Orte Wartberg und Wittenweiler zum Opfer: Sie wurden der landwirtschaftlichen Nutzfläche des Großbetriebes zugeschlagen und gingen in ihr als Wüstungen auf. Erst im Spätmittelalter gab Salem seine Eigenwirtschaft in Adelsreute auf und verwandelte den großen Wirtschaftshof wieder in ein Bauerndorf.

Der Prozeß der Wüstlegung von Siedlungen durch Schaffung von Gutshöfen läßt sich im Fall der Grangie Altmannshausen auf der Schwäbischen Alb noch deutlicher beobachten. Seit 1208 erwarben die Salemer Mönche Zug um Zug Güter in Altmannshausen und in den umliegenden Ortschaften und errichteten eine Grangie. Planmäßig wurden die Bauerngüter aufgekauft, die Besitzungen konzentriert und durch Gütertausch abgerundet, bis schließlich aus dem Bauerndorf ein Großgutshof entstanden war. Auch die Nachbarsiedlungen Bolstetten, Horn, Weilerfeld und Winden fielen der Vergrößerung der Grangie zum Opfer und gingen als Ortswüstungen in der Grangiengemarkung auf. An die Stelle des Ackerbaus trat weitgehend Weidewirtschaft und eine umfangreiche Schafzucht: ein Übergang vom arbeitsintensiven Ackerbau zu einem Weidebetrieb, der mit wenigen Konversen und Lohnarbeitern zu leisten war. Da der fehdelustige Adel der Umgebung den Salemer Hof durch Rechtsstreitigkeiten und Schädigungen oft beeinträchtigte, gab die Abtei schließlich ihren Betrieb auf und verkaufte den Gutshof 1329 an den Ritter Walter von Stadion. [...]

Zwischen den bäuerlichen Dorfgemeinden und den Klöstern, insbesondere den Zisterzienserabteien, kam es immer wieder zu heftigen Auseinandersetzungen um das Weiderecht auf den Allmenden, um die Besteuerung der Klostergüter und um die Nutzungsrechte in den Wäldern. Im Verlauf solcher Konflikte gingen die Bauern manchmal mit Gewalt gegen die Ansprüche der Klöster vor, wie einige Vorkommnisse zeigen. [...]

Die Klosterhöfe, die ihre landwirtschaftlichen Nutzflächen auf Kosten der Bauern und Dorfgemeinden ständig auszudehnen suchten, waren ein Hauptangriffsziel der Bauerngemeinden, wie auch die Konflikte um die Salemer Grangie Adelsreute zeigen. Das Kloster Salem hatte den Bauern der Nachbargemeinden, insbesondere den Bauern von Oberzell, ihre Nutzungsrechte in den Wäldern der Grangie Adelsreute, die sie aufgrund alter Gewohnheitsrechte schon jahrzehntelang ausgeübt hatten, untersagt. Daraufhin zerstörten die Bauern, die die Wälder zum Holzsammeln und zur Schweinemast dringend benötigten, voll Erbitterung die Grangie Adelsreute. Erst nach einigen Jahren kam 1210 ein Vergleich zustande, in dem das Kloster den Bauern beträchtliche Waldnutzungsrechte belassen mußte. Die tatkräftige Unterstützung, die die Bauern von Oberzell durch ihren Ortsherrn, den Reichsministerialen von Waldburg, erhielten, trug wesentlich zu ihrem Erfolg bei. [...]

Das Mißtrauen der Bevölkerung gegenüber den Zisterziensern und ihren rücksichtslosen Grunderwerbsmethoden wird bestätigt durch den Zisterziensermönch Caesarius von Heisterbach (gestorben 1240), der schildert, wie bei der Neugründung von Zisterzienserklöstern unter der Landbevölkerung der betroffenen Gegend häufig große Unruhe entsteht. Die Söhne leben in der Furcht, ihre Eltern vermachten ihr Erbe den Mönchen, während die Eltern fürchten, ihre hinterlassenen Güter würden den Söhnen von den Mönchen abgekauft. Als um 1190 der Kölner Erzbischof den ersten Konvent nach Heisterbach ruft und dort das spätere Kloster seine Grundlage erhält, entsteht unter dem Adel und der Bauernschaft des Landes eine heftige Unruhe. Der Graf verbietet sogar schroff den Mönchen, unter seiner Vogtei stehende Güter ohne seine Zustimmung aufzukaufen. Bei anderer Gelegenheit beurteilen einige Zeitgenossen des Caesarius das Erwerbsstreben der Zisterzienser mit den kritischen Worten: *monachi avari sunt, mercatores sunt.* [...]

Aus den Untersuchungen zur Gutsbildung und Einziehung von Bauernland durch klösterliche Grundherren im Hochmittelalter ergibt sich, daß in den bisherigen Arbeiten zur Wirtschaftsgeschichte einzelner Klöster und vor allem in den allgemeinen Darstellungen zur mittelalterlichen Geschichte dem tatsächlichen Ausmaß der klösterlichen Eigenwirtschaft zu wenig Beachtung geschenkt worden ist. Insbesondere in den Studien zur Klosterwirtschaft der Zisterzienser wurde oft die falsche Vorstellung geweckt, die Zisterzienserabteien hätten im 12. und 13. Jahrhundert ihren gesamten Grundbesitz in eigener Regie durch Konversen bewirtschaftet. Davon aber kann keine Rede sein. Viele schlossen aus den Wirtschaftsprinzipien und den allgemeinen Normen des Ordens allzu voreilig auf die realen wirtschaftlichen Verhältnisse der Zisterzienserklöster und übersahen dabei, daß die Agrarwirtschaft der einzelnen Klöster nur entsprechend den jeweiligen örtlichen Voraussetzungen aufzubauen war. Die meisten Abteien bewirtschafteten im 12. und 13. Jahrhundert nur einen Teil ihres umfangreichen Grundbesitzes in Eigenbau und organisierten ihren übrigen Grund und Boden außerhalb der Besitzkerne im System der Rentenwirtschaft. Manche süddeutsche, in altbesiedelten Gebieten gegründete Zisterzienserabteien liehen sogar im 12. Jahrhundert, als der Orden offiziell noch streng die Einhaltung der Wirtschaftsprinzipien forderte, den Grundbesitz außerhalb der Eigenbauhöfe an abhängige Bauern aus. Im 13. und 14. Jahrhundert, als auch das Generalkapital – wie allgemein bekannt – schrittweise die Wirtschaftsrestriktionen lockerte, ging der Anteil des Eigenbaus bei den einzelnen Klöstern erneut zurück, und die Rentenwirtschaft wurde allmählich ebenso charakteristisch für die Zisterzienser wie für die Benediktiner. [...]

Die Praktiken der Zisterzienser, Prämonstratenser und anderer Klöster in der Einziehung von Bauernland und in der Zurückdrängung bäuerlicher Nutzungsrechte haben in vielen Gegenden den Widerstand der Bauern geweckt. Das rücksichtslose Vorgehen insbesondere der Zisterzienser beim Erwerb von Landbesitz, bei der Entfernung bisher dort ansässiger Bauern und bei der Beschneidung bäuerlicher Nutzungsrechte an Wald und Allmende führte immer wieder zu heftigen, manchmal blutigen Auseinandersetzungen. Die Nachricht einiger Chronisten, bei der Neugründung von Zisterzienserklöstern entständen in der benachbarten ländlichen Bevölkerung heftige Unruhe und trotzige Abwehrreaktionen, entspricht durchaus diesen Verhältnissen. Die Zerstörung von Grangien und die Verwundung von Konversen durch aufgebrachte Bauern bringen die feindselige Stimmung der bäuerlichen Bevölkerung gegen die Erwerbssucht und das Bauernlegen der Zisterzienser deutlich zum Ausdruck.

Friedrich Georg Jünger
Mainau

1983

Ein Gesicht ist Blume. Aus den Kelchen
Kommt der Duft von deinen Frühlingskleidern.
Aus dem Innern kommt ein Liebesflüstern.
Welche Stimme wiederholt ihr Leiden?

Finger sind es, Hände. Sprachlos streifen
Stimmen von Reseden durch das Blau hin.
Sag, wohin nur, zartestes der Rehe,
Sprangst du spurlos durch den Tau hin?

Um mich ist ein Ring von roten Lichtern,
Ist des Morgens erste rote Kühle,
Ist Erwachen, Freude, Gartenfriede.
Fern noch ist des Mittags Schlaf und Schwüle.

Von den Bäumen fliegen jetzt die Pfauen,
Schwer vom Tau, und schütteln ihr Gefieder,
Spreizen ihrer Schweife blaue Augen.
Silberhelle Tropfen sprühen nieder.

Um das Sonnenrad, das sich entfaltet,
Steht des Regenbogens bunte Feuchte.
In dem Augenrade seh ich zaubrisch
Deine großen, blauen Augen leuchten.

Max Rieple
Alte Narrenstädte: Stockach und Überlingen

1965

Wie Engen, Tengen, Aach und Blumenfeld hat auch Stockach sich auf einem Bergrücken angesiedelt, der es mit dem beherrschenden Zwiebelturm seiner Kirche über das fruchtgesegnete Land hebt. Noch höher wächst der nahe, von der Ruine Nellenburg gekrönte Berg empor, auf dem einst die mächtigen Landgrafen im Hegau saßen. Einer von ihnen, der Graf Mangold von Nellenburg, führte ehemals seine Mannen gegen den jugendlichen Herzog Ernst von Schwaben, der als unbesonnener Empörer sich und seinen treuen Freund ins Verderben stürzte. Ein anderer Nellenburger gründete vor siebenhundert Jahren die Stadt Stockach, die in späteren Zeiten in österreichischen Besitz überging. Ihre Lage an dem letzten vor das Becken des Bodensees sich schiebenden Bergrücken gab der Stadt einige Male besonderen strategischen Wert. So entwickelten sich in den Kriegen zwischen 1796 und 1815 hier immer wieder Kämpfe. Besonders bekannt wurde die Schlacht bei Liptingen von 1799, in der zwar der tapfer kämpfende Fürst Karl Alois zu Fürstenberg sein Leben lassen mußte, mit der aber Erzherzog Karl einen entscheidenden Sieg über die Franzosen errang.

Als wichtiger Straßenknotenpunkt zwischen dem Bodensee, Meßkirch und dem Donautal einerseits und zwischen Aach und Engen andererseits gelangte die Bergstadt bald zu Wohlhabenheit und wurde Behördensitz. In der äußerlich unscheinbaren, an der Straße nach Ludwigshafen liegenden St.-Loreto-Kapelle entdeckte man übrigens anläßlich einer Restaurierung in der dort völlig unbeachtet gebliebenen Orgel eine der ältesten landauf, landab. Eigenartig ist der auf die Nellenburger zurückgehende Grundriß in Form eines länglichen Dreiecks, das von einer breiten, marktplatzgleichen Hauptstraße und zwei Nebenstraßen durchzogen wird. Behäbige, in der österreichischen Zeit erbaute Bürgerhäuser geben der Hauptstraße jenes Fluidum vornehmer Gediegenheit, wie es auch anderen Städten dieser Ära anhaftet.

Da und dort kann man noch in den Vitrinen alter Bürgersfamilien die im nahen Zizenhausen hergestellten Tonfigürchen finden. Es sind dies kaum handgroße, reizvoll kolorierte Gebilde eigenen Gepräges, die sich etwa zu einem Totentanzzyklus zusammenfügen oder Szenen aus dem bürgerlichen Leben der Biedermeierzeit darstellen. Einst allgemein gängige Handelsware, sind sie heute Schmuckstücke der Heimatmuseen geworden.

Die Stadt verdankt ihren Ruhm ihrer reichen geschichtlichen Vergangenheit, dem geschlossenen Stadtbild und ihrem eigenständigen Fastnachtsbrauchtum. Vor Beginn des unglückseligen Feldzuges gegen die Eidgenossen im Jahre 1315 fragte der damalige Erzherzog Leopold von Österreich seinen aus Stockach stammenden Hofnarren Hans Kuony, was er von diesem kriegerischen Unternehmen hielte. In Voraussicht der kommenden Dinge riet der kluge Narr, man solle im Kriegsrat nicht nur bedenken, wie man in die Schweiz einfallen, sondern wie man auch wieder herauskommen könne. Nach der völligen Niederlage der Österreicher in der Schlacht bei Morgarten und der Beendigung des Krieges erinnerte man sich des wohlgemeinten und weisen Rates und erfüllte den Wunsch Hans Kuonys, Stockach zur privilegierten Narrenstadt zu machen. So tagt nun seit 1351 alljährlich hier das weithin bekannte Grobgünstige Narrengericht. Nach streng überlieferten Zeremonien walten Narrenvater, Narrenrichter und Narrenbüttel ihres Amtes, und auch der schellenklingende Hans Kuony darf nicht fehlen. Es ist das hohe Verdienst Dr. Gustav Benders, in einem vorbildlich aufgebauten Museum alles im Zusammenhang mit dem heimatlichen Fastnachtsbrauchtum Stehende sorgfältig gesammelt zu haben, so auch die seit Jahrhunderten geführten Bücher, in welche sich die zu Stockach diplomierten Laufnarren oftmals mit launigen Versen eintrugen. Da es eine hohe Ehre ist, Stockacher Laufnarr zu werden oder gar einen Orden zu erhalten, ist es kein Wunder, daß neben dem Namen des sonst allen Ehrungen abholden Schriftstellers Heinrich Hansjakob auch Vertreter des Adels, der Wirtschaft und der Diplomatie stehen.

Einer der Höhepunkte der Stockacher Fastnacht ist das von der sachkundigen Zunft der Zimmerleute vorgenommene Setzen des Narrenbaumes, dessen schlanker, aus der Hauptstraße aufwachsender Stamm es an Höhe mit dem Kirchturm aufnimmt. Ebenso wichtig ist die Aufnahme einzelner Prominenter in die Reihe der Laufnarren, eine Zeremonie, die durch Nachsagen einer Eidesformel und durch den Schlag mit der historischen Pritsche besiegelt wird.

Als Besonderheit hat sich in Stockach der Brauch erhalten, in feierlichem Gottesdienst in der großzügig umgestalteten Kirche auch der verstorbenen Laufnarren zu gedenken. So steht diese eindrucksvolle Totenmesse als ein memento mori hinter aller fastnachtlicher Ausgelassenheit.

Eine Stadt, die wie Überlingen ihr Bild im Laufe der Jahrhunderte so wenig veränderte, hat auch vieles an altem Brauchtum bewahrt. Mag einiges in letzter Zeit auch verschwunden sein oder unter dem Einfluß des Städtischen andere Formen angenommen haben, hielt sich doch etwas mit besonderer Zähigkeit, die Fasnacht. Wie in anderen katholischen Gegenden des schwäbisch-alemannischen Gebietes ist sie ein echtes Volksfest, an dem Männer und Frauen, reich und arm, ausgestattet mit urwüchsigem Humor und Mutterwitz, teilnehmen. Kaum beginnt der Föhn den Bodensee von der Eisdecke zu befreien und das erste Grün an den Uferhalden zu wecken, dringt auch den Bodenseebewohnern etwas von derselben Naturkraft ins Blut, die den Saft in den Bäumen hochtreibt und die Knospen schwellen läßt. Sie wollen einmal die alte abgenutzte Haut abstreifen und in eine neue schlüpfen, die sie verwandelt, sie äußerlich und innerlich zu anderen Wesen werden läßt. Die »Tarnkappe« der Sage, die Verwandlung vom Sauhirten in den Märchenprinzen im Märchen sind seit den Tagen der Kindheit im Unterbewußtsein der Menschen schlummernde Träume, die sich jetzt in der fasnachtlichen Zeit plötzlich erfüllen lassen. Unerkannt sein, tun zu dürfen, was sonst verboten, andere ungestraft zu necken – welch herrliches Gefühl!

Diese Fasnacht hat nichts mit dem rheinischen Karneval oder der Bierfröhlichkeit der Münchener zu tun. Sie ist anderer Art. Sie kommt aus Wurzeln, die oft in den Boden vorchristlicher Zeit hineinreichen. Da die Kirche die Menschenherzen kennt, läßt auch sie in diesen Tagen die Zügel etwas lockerer, nicht als ob sie Ungebührliches guthieße, aber sie gestattet doch, daß angestaute Kräfte in altehrwürdigem Brauchtum sich entladen können. »Wer an der Fasnet nit verrückt isch, der isch es 's ganz Johr!« An diesem Spruch dürfte etwas Wahres sein. Alles auf Erden unterliegt einem steten Wechsel, auf Ausgelassenheit folgt Einkehr, auf Verstrickung in Schuld der Wunsch nach Erlösung. »Halte Fasnacht, damit du deine Ostern habest.«

Manches an Fasnacht Geübte wurde im Laufe der Zeit umgedeutet oder nicht mehr verstanden. Wer weiß schon, daß der an der Hanselmaske baumelnde Fuchsschwanz

Fruchtbarkeitssymbol ist, oder daß man mit dem Klang des »Geschells« oder dem Knall der Karbatsche die Winterdämonen verscheuchte? Durch Springen und Tanzen bringt man den in den Wintermonaten zur Untätigkeit verurteilten Körper wieder in Schwung und vertreibt durch das Schlagen mit der Rute, Pritsche oder »Sublotere« (die an einen Stock gebundene, luftgefüllte Schweinsblase) die in den Monaten der Ruhe sich angesetzten Schlacken, wie man dies in der Sauna durch Hiebe mit Baumzweigen erreicht. Mag mancher Fasnachtsbrauch sehr alt sein, entstammt doch die charakteristische Überlinger Maske erst dem Ende des 18. Jahrhunderts. Im Gegensatz zu dem auf der Baar gebräuchlichen Hansel, der mit seinem hellen Gewand und der bunten Bemalung barocke Heiterkeit ausstrahlt, zeigen die für den Bodenseeraum typischen »Flecklehästypen« dämonische Züge. Das liegt einmal an der dunklen Farbe, dann aber auch an den ungezählten aus Mutters Nähschatulle geholten »Blätzle«, die eng aneinandergenäht den Zotteln eines Felles gleichen und der Maske etwas von einem wilden Tier verleihen. Dieser Eindruck wird noch verstärkt durch den aus der Gesichtsmaske bis auf die Brust herabhängenden Rüssel.

Kein Stück Haut bleibt sichtbar, die Hände sind unter dunklen Handschuhen geborgen, und die Augen funkeln unheimlich unter der mit der kappenartigen Kopfbedeckung verbundenen »Stoffbrille« hervor. Nur die hellen Tupfen an Rüssel, Käppchen und Brille nehmen der »teuflischen« Gestalt etwas von ihrer dunklen Dämonie. Wie man sich den Teufel mit Gabel oder Peitsche vorstellt, so trägt auch der Überlinger Hansele eine bis zu acht Meter lange Karbatsche in seinen Händen. Es erfordert eine große Geschicklichkeit, diese an kurzem Stiel hängende Peitsche so zu schwingen, daß ein ohrenbetäubender Knall entsteht.

Bereits nach Dreikönig übt man sich in dieser Kunst. Wie volkstümlich der Hansele heute noch ist, beweist das Denkmal, das man ihm droben im »Dorf« errichtet hat.

Wie andernorts findet die erste vorbereitende Sitzung des Narrenrates am 11.11. 11 Uhr statt, bei der das Programm für die kommende Fasnacht in groben Umrissen festgesetzt wird.

Zu Beginn der eigentlichen Fasnacht, am »Schmotzigen Dunstig« (Schmotz hier gleich dem zu den Küchle verwendeten Schmalz) wird seit 1856 unter dem Beisein der für die Überlinger Fasnacht typischen Narreneltern, der Ranzengarde samt Narrensamen (den Kindern) und anderem Gefolge der Narrenbaum zur Hofstatt gebracht und dort »gesetzt«. Am Abend ziehen junge Mädchen und Frauen als alte Weiber verkleidet von Gaststätte zu Gaststätte zum sogenannten »Schnurren«, wobei man seinem Partner in nicht verletzender, aber um so witzigerer Form seine Sünden vorhält. Während der Sonntag mehr der Jugend vorbehalten bleibt, beginnt der Montag mit einem zünftigen Frühschoppen. Am Mittag durchzieht dann ein Umzug die festlich erregte Stadt. Man muß es selber einmal erlebt haben, wenn sich dann in den Abendstunden die Hänsele an der Hofstatt einfinden und ihre Karbatschen schwingen. Die Reichweite der Peitschenseile bestimmt dabei die Größe des Kreises, den die Zuschauer um den Karbatschenschneller bilden. Ein richtiger Hexensabbat der Masken entfaltet sich, wenn sich die Narren zu nächtlicher Stunde nochmals auf der Hofstatt treffen. Die Straßenbeleuchtung ist erloschen. Da kriecht es aus den dunklen Gassen und Gäßchen hervor: ein Gespensterzug fasnachtlicher Gestalten. In das rote und grüne bengalische Licht getaucht, umkreisen sie den Platz und den Brunnen. Der unruhig flackernde Glanz wirft die Schatten an die Häuserwände und an die Front des Rathauses, verzerrt sie und vergrößert sie ins Riesenhafte. Knallfrösche sprühen Funken, die bunten Bänder der Luftschlangen ringeln sich aus den Fenstern der Häuser, Schneeflocken rieseln nieder – dann ist der Spuk, wie er gekommen, im Dunkel der Nacht verschwunden.

Als Überlingen noch Reichsstadt war, zählte der bereits 1646 erwähnte Schwertletanz zu den Fasnachtsveranstaltungen. Heute findet der auf ein kaiserliches Privileg zurückgehende Brauch zusammen mit der »Schwedenprozession« an einem der ersten Sonntage im Juli statt.

Fahnen hängen an diesem Tage aus allen Fenstern. Selbst das ernste, dem Patriziergeschlecht der Herren von Pflummern einst gehörende Haus zeigt sich heute freundlich. Hinter seinen Mauern sorgte sich Mitte des 17. Jahrhunderts der Kaiserliche Rat Dr. Joh. Heinrich von Pflummern als Bürgermeister um das Wohl seiner ihm anvertrauten Stadt und verfaßte seine berühmten juristischen Schriften.

In der Schwedenprozession lebt ein Stück der großen Vergangenheit Überlingens weiter. Die Bürgersfrauen haben ihre wertvollste Taftschürze aus der Lade geholt, das schönste Seidentuch um die Schultern geschlungen, stolz zeigen sie die weitausladenden, mit Gold- und Silberfäden durchwirkten Radhauben wie einen glitzernden Heiligenschein und dazu den in heimischen Werkstätten hergestellten Granatschmuck. – Die Schwertletänzer tragen die früher allgemein übliche Männertracht, den langen blauen Tuchrock, dazu eine rote Weste, kurze schwarze Samthosen, weiße Strümpfe und Schnallenschuhe. Ein schwarzer Dreispitz, weiße Handschuhe, ein Vatermörder und das schwarzseidene Halstuch gehören mit zur Festtracht.

So durchzieht die Prozession die Straßen, voraus der stolze Fahnenträger mit der reichbestickten historischen Fahne. Der Zug verhält zu kurzer kirchlicher Feier an den vor wichtigen Plätzen errichteten Altären. Bald geht es wieder weiter über sauber gefegte Plätze, an Fachwerkhäusern vorbei und alten Höfen, in denen heute jede Arbeit ruht. Die Prozession endet auf dem überfüllten Münsterplatz, wo es allerdings nur wenigen vergönnt ist, dem aus fünf verschiedenen Figuren bestehenden und in einem Walzer ausklingenden Schwertletanz zu folgen.

Eine besondere Verehrung genießt in einer Seestadt wie Überlingen der Schutzherr der Fischer und Schiffer, der Patron des Münsters, der heilige Nikolaus. Anknüpfend an die Gebefreudigkeit des Heiligen, der drei arme heiratslustige Jungfrauen im Schlafe mit drei goldenen Kugeln beschenkte, war noch bis vor einigen Jahrzehnten der Nikolaustag anstelle von Weihnachten der Tag des Schenkens. Heute noch gehört der Abend des 5. Dezember ganz den Kindern. Der als ehrfurchtgebietender Bischof verkleidete »Santikloos« durchzieht, begleitet von seinem treuen Knecht Ruprecht, die weihnachtlich verschneiten Straßen, kehrt in manchem Hause ein und belohnt oder bestraft die Kinder. Das einmalige für die Überlinger Buben und Mädle ist aber der Besuch der Nikolausandacht, die während der ganzen Oktav gegen Abend im Münster abgehalten wird. Dabei ist es für die Kinder weniger wichtig, vor der im Mittelschiff aufgestellten, lebensgroßen Nikolausfigur zu beten und dem Vorsänger zu lauschen, als die mitgebrachte Kerze anzuzünden und dem »Zinseln« ihre ganze Aufmerksamkeit zu schenken.

Gerd-Klaus Kaltenbrunner
Der Weise vom Bodensee: Leopold Ziegler
1982

Wer heute von Leopold Ziegler spricht, muß damit rechnen, daß dieser Autor nur mehr wenigen präsent ist. Viele kennen nicht einmal den Namen des am 30. April 1881 in Karlsruhe geborenen Philosophen, der in der Zeit zwischen den beiden Weltkriegen vielfach in einem Atemzug mit Oswald Spengler, Ludwig Klages und Hermann Graf Keyserling genannt wurde. Die Stadt Frankfurt am Main hat ihm 1929, als drittem nach Stefan George und Albert Schweitzer, den Goethe-Preis verliehen; neun Jahre zuvor war Ziegler für sein erstes großes Buch »Gestaltwandel der Götter«, zuerst bei S. Fischer erschienen, mit dem Nietzsche-Preis ausgezeichnet worden. Von dem frühen Ruhm dieses Mannes, zu dessen Freunden der Großindustrielle und Staatsmann Walther Rathenau, der Maler Karl Hofer sowie der Dichter Reinhold Schneider gehörten, ist kaum ein Halm stehen geblieben. Keines der Werke Leopold Zieglers ist zur Zeit im Buchhandel erhältlich; nur in Antiquariatskatalogen tauchen noch manchmal seine großen, ja magistralen Bücher auf: »Das Heilige Reich der Deutschen« (1925), »Überlieferung« (1936, 2. verbesserte Aufl. 1949), »Apollons letzte Epiphanie« (1937), »Menschwerdung« (1948), »Von Platons Staatheit zum christlichen Staat« (1948) und »Das Lehrgespräch vom Allgemeinen Menschen« (1956). Der Bogen von Zieglers Schaffen umspannt mehr als ein halbes Jahrhundert, anfangend mit seinen Erstlingsschriften »Zur Metaphysik des Tragischen« (1902) und »Das Wesen der Kultur« (1903), endend mit dem Entwurf zu einem apokalyptischen Mysterienspiel und dem Gottfried Keller, Pestalozzi sowie Stifter gewidmeten »Dreiflügelbild«, beide erst postum erschienen. Es umfaßt Ästhetik und Kunstgeschichte, Symbolik und Mythologie, Gesellschaftslehre und Wirtschaftspolitik, Anthropologie und Pädagogik, Biologie und Theologie.

Ziegler wurde eingangs als »Philosoph« vorgestellt, und daran wäre auch nichts auszusetzen, sofern man den vormodernen, ja antiken Sinn des Wortes im Auge behält. Wenn allerdings Russell, Carnap und Popper den Typus des Philosophen am reinsten verkörpern, dann ist Ziegler kein Philosoph. Er ist es dann ebensowenig wie Plotin, Eckhart, Jakob Böhme und Schelling. Sein Denken kann man nicht diskursiv widerlegen, sondern nur kontemplativ nachvollziehen oder links liegenlassen. Insofern hat Zieglers Philosophie etwas gemeinsam mit großer Kunst, und dem aufklärerisch-positivistischen Vorwurf, sie sei »Gedankendichtung«, bietet sie sich vielleicht ungeschützter dar als die meisten anderen metaphysischen Entwürfe der ersten Hälfte unseres Jahrhunderts. Wahrscheinlich hätte Ziegler diesen Einwand nicht einmal abgewehrt, sondern nur wiederholt, daß er »dem verlorenen Mysterium auf der Spur« gewesen sei, um das von der Neuzeit »gleichsam verlernte Alphabet des Weltgeistes mit seinen vielerlei Zeichen, Bildern und Runen« zu entziffern.

Nicht daß Ziegler deshalb ein wissenschaftsfeindlicher Irrationalist gewesen wäre! Er verfügte durchaus über das Rüstzeug modernen Forschens und berücksichtigte immer wieder die Ergebnisse der Archäologie, Völkerkunde, Religionsgeschichte und Tiefenpsychologie. Doch das, was er anzielte, war selber nicht Wissenschaft, sondern »Gnosis«, »Theosophie« oder »Esoterik« – im ursprünglichen, nicht sektiererischen Sinne dieser Benennungen. In bezug darauf ist Ziegler ein Geistesverwandter von Männern wie Wladimir Solowjew, Julius Evola, René Guénon, Otfried Eberz,

Edgar Dacqué, Rudolf Kassner oder Frithjof Schuon; von älteren Denkern und Forschern wären insbesondere Franz von Baader, Schelling und Görres zu nennen.

Es gibt keinen »Zieglerismus«, der sich in einer kurzen Formel zusammenfassen ließe. Dazu ist das Werk des »Weisen vom Bodensee« – Ziegler hat den größten Teil seines Lebens in der ehemaligen Freien Reichsstadt Überlingen verbracht und ist auch dort am 25. November 1958 gestorben – viel zu reich an Wendungen, Kehren und Vielschichtigkeiten. Der Weg führte den zeitlebens ohne akademisches Amt gebliebenen Privatgelehrten und Schriftsteller von Eduard von Hartmann (1842-1906) und Artur Drews (1865-1935), diesen beiden letzten Nachzüglern des Deutschen Idealismus, über die »Mysterien der Gottlosen« – eine atheistische Religiosität nach dem Vorbild Buddhas – zu einer christlichen Esoterik in der Nachfolge Jakob Böhmes. Diese strebte über alle bestehenden Kirchen und Bekenntnisse hinaus und trachtete, auch Laotse, Zarathustra und Gilgamesch, dem Veda, der Kabbala und der Edda unter der Kuppel einer »evangelischen Katholizität« Heimatrecht zu verschaffen. Der in zwei umfangreichen Bänden aus den sieben Bitten des »Vaterunsers« eine tiefsinnig grüblerische Geschichts-, Sozial- und Religionsphilosophie entfaltende Ziegler hat das Wort des Johannes-Evangeliums auf seine Weise ernst genommen: »In meines Vaters Haus sind viele Wohnungen.« Zugleich knüpft er, ein letzter Nachkomme der großen alexandrinischen Kirchenväter Clemens und Origenes, an die Lehre vom »logos spermatikos« an, derzufolge der Logos – das schließlich in Jesus Christus Mensch gewordene Wort Gottes – durch die gesamte Weltgeschichte hindurch sich in den verschiedensten religiösen und philosophischen Formen immer wieder keimhaft kundgegeben habe. Als wahrhaft »katholische«, als Universal-Religion sei das Christentum so alt wie die Menschheit und schon »die Religion Adams«, verflochten in das Drama der Weltgeschichte zwischen Sündenfall und Jüngstem Gericht.

Diese Gedanken fortspinnend, hat Leopold Ziegler eine Lehre von der *integralen Tradition* entwickelt. »Integral« bedeutet erstens: daß die mythischen, religiösen und philosophischen Lebensäußerungen aller Völker und Kulturen, so sehr sie einander widerstreitend auch scheinen mögen, gleichsam Fragmente, Facetten oder Aspekte ein und desselben Ganzen bilden. Und zweitens: daß diese in sich vielgliedrige Ganzheit, da in einer »Uroffenbarung« gründend, eine heile, unverletzte, letzthin unzerstörbare Tradition sei: »Es werden die Seelentümer sämtlicher Völker von demselben unterirdischen Strom derselben Überlieferung genährt und gespeist, und das ist es, was alle wirklich ›Eingeweihten‹ immer wieder als die Einheit aller Überlieferungen unwiderruflich erfahren.«

Die zunehmende Entzauberung und Profanierung der Welt durch die moderne Wissenschaft und Technik europäischer Herkunft war für Ziegler eine Tatsache. Die Entwicklung vom homerischen Olymp zum gnadenlosen »Mythos atheos« mechanistischen Naturverschleißes und der damit verbundene Transzendenzschwund erschienen ihm nicht nur als »Sündenfall« oder als absurdes Verhängnis, sondern als geschichtliche Notwendigkeit, die es anzunehmen und auszuhalten gilt. Doch zugleich vertraute er darauf, daß die in den Hieroglyphen der Symbole, Mythen und Mysterien der Menschheit hinterlegte Tradition nur in tiefere Bewußtseinsschichten absinken, jedoch nicht versiegen könne. Jeder von uns besitze, obschon oft nur spurenhaft, ein Organ für deren zeitlos-übergeschichtliche Botschaft.

Erinnerung und Versöhnung sind die beiden Pole, zwischen denen sich Zieglers polyphones Lebenswerk spannt. Er selbst sprach einmal von der merkwürdigen Pendelbewegung in seinem Schaffen: stets folge auf eine »christliche« Arbeit eine dem »Heidentum« gewidmete.

Synoptische Erinnerungskraft, in entfernteste Weltalter sich zurücktastend, mag das »heidnische«, Leidenschaft zur Versöhnung der Gegensätze das »christliche« Element in Zieglers philosophischem Eros repräsentieren.

Es mehren sich die Zeichen, daß dieser Außenseiter, der schon lange vor seinem Tode im Jahre 1958 ein Abgeschiedener in des Wortes doppelter Bedeutung zu sein schien, heute mehr Aufmerksamkeit finden könnte als in der unmittelbaren Nachkriegszeit – sofern nur ein Verlag sich dazu aufraffte, wenigstens die großen Bücher Zieglers wie »Der ewige Buddho«, »Überlieferung«, »Menschwerdung« und »Das Lehrgespräch vom Allgemeinen Menschen« neu herauszubringen. Es seien deshalb abschließend einige Momente erwähnt, die für Zieglers Aktualität sprechen.

Einmal verdient er als Denker der Überlieferung besonderes Interesse. Ziegler könnte dem deutschen Konservatismus eine metaphysische Tiefendimension verleihen, von der diejenigen nichts ahnen, die diese geistespolitische Haltung mit altliberaler Reaktion, steriler Nostalgie oder theorielosem »Pragmatismus« verwechseln.

Ziegler vermag überdies, nicht nur mit seinem monumentalen Werk »Das Heilige Reich der Deutschen« (1925), viel Nachdenkenswürdiges zur immer wieder aufbrechenden Debatte über nationale Identität beizusteuern. Wer sich fragt, was es bedeutet, Deutscher zu sein, sollte nicht versäumen, auch den Weisen vom Bodensee zu befragen.

Ein weiterer Umstand verleiht seinem Werk eine zusätzliche Aktualität: seine ökumenische Spiritualität, die freilich über alle bestehenden »Mauerkirchen« (wie Böhme sie nannte) hinausweist und sich der heilsgeschichtlichen Bedeutung der außerchristlichen Religionen, dem Problem der Vielfalt göttlicher Offenbarung in dieser Welt zu stellen wagt.

Schließlich hat Ziegler sich bereits in den dreißiger Jahren gegen eine »patriarchalische« Verkürzung des Christentums gewandt, auf die von der herrschenden Theologie verdrängten weiblich-mütterlichen Erscheinungsweisen des Göttlichen hingewiesen und die einzig mögliche Rettung des Abendlandes in einer Anerkennung der Heilkraft des Weiblichen erblickt. Einer seiner spätesten Aufsätze (1951 im »Merkur« erschienen) trägt die Überschrift »Von der Muttergottheit«; von ihr spricht er auch in seinem erst 1961 veröffentlichten »Dreiflügelbild«. Im Mittelpunkt seiner Goethe-Rede von 1949 steht Makarie, die geheimnisvolle Frauengestalt aus »Wilhelm Meisters Wanderjahren«, »die ihre Mitte ein für allemal nicht nur hat, vielmehr diese Mitte geradezu verleibt«. »In einem Außerhalb der geschichtlichen Kirchen und Bekenntnisse« stehend, lauschte der einer katholisch-protestantischen »Mischehe« entstammende Ziegler einer »dritten Stimme«, die »weder die des Vaters, noch die des Sohnes ist«: der Stimme des »Ewig-Weiblichen«, wie es in der orthodoxen Kirche, aber auch in der deutschen Theosophie Böhmes und Baaders als »Sophia« verehrt wird. Es kennzeichnet die geschichtsvergessene Seichtigkeit eines gewissen deutschen »Feminismus«, der sich ja inzwischen auch theologisch zu artikulieren versucht, daß ihm diese Gedankengänge unbekannt geblieben sind, daß er den Namen Leopold Ziegler bislang nicht ein einziges Mal erwähnt hat.

Ähnliches gilt für den neuerdings wieder in Gang gekommenen Streit über den biologischen Evolutionismus, insbesondere die Grenzen und offengebliebenen Fragen der Darwinschen Abstammungslehre. Welcher Biologe, Naturphilosoph oder sich zur Frage »Schöpfung oder Entwicklung?« äußernde Theologe kennt »Das Lehrgespräch vom Allgemeinen Menschen«, in dem Ziegler – unabhängig von dem nur einen Tag nach ihm geborenen Teilhard de Chardin, jedoch erheblich unbefangener als der französische Priester-Gelehrte – den zur Freiheit hindurchdringenden Menschen als Leitidee und »Hochgestalt« der gesamten Evolution bestimmt? Seit dem einzelligen Urtier, so lehrt Ziegler, geht die Schöpfung mit dem Menschen schwanger. Das Tier sei nicht die wahre Gestalt des Lebens. Vielmehr strebt es durch alle Arten, Gattungen, Klassen und Stämme einem »Nichtmehrtier und Übertier« zu.

Auch wer Ziegler auf diesem metabiologischen Gang nicht zu folgen vermag und seine Deutung der Evolution als romantische Naturphilosophie ablehnt, wird das »Lehrgespräch«, dessen Partner die beiden Hauptgestalten von Stifters Roman »Der Nachsommer« sind, literarisch für ein Meisterstück deutscher Prosa halten.

Nicht zufällig waren es einige Dichter, die schon früh den Rang dieses Außenseiters der deutschen Philosophiegeschichte anerkannt haben. Hermann Hesse hob hervor, daß Ziegler »ein wirklicher Seher, nicht nur ein Gelehrter und Sammler« sei. In Otto Flakes Roman »Der gute Weg« (1924) erscheint der von allen Schulen unabhängige Selbstdenker unter dem Namen Reynal: »Er war von jener vollkommenen Höflichkeit, die nur dem Grandseigneur des alten Stils oder dem geistigen Menschen von Rang zu eigen ist. Ein Mann, der diese Art von Höflichkeit besaß, mußte sehr selbständig sein; er war nicht scheu, er hatte sich zurückgezogen. Suche jeder den Punkt, wo er sich behauptet, sagte seine Ruhe.« Und Reinhold Schneider schrieb dem Philosophen zum siebzigsten Geburtstag: »Ihr Werk hat sich aus dieser Zeit herausgehoben, unbeirrbar wie ein aufsteigendes Gebirge. Ein Leiden, das nicht behoben werden kann und soll, ist darin beschlossen. Aber die Gipfel ruhen im Licht.«

Text- und Bildnachweise

Textnachweis

Paul Alverdes, Von Lindau nach Romanshorn, S. 219; aus: Kleine Reise. Aus einem Tagebuch. © Langen Müller Verlag in F. A. Herbig Verlagsbuchhandlung GmbH, München

Manfred von Ardenne, Effi Briest am Bodensee, S. 216; aus: Die Erinnerungen. © F. A. Herbig Verlagsbuchhandlung GmbH, München

Hermann Bahr, In Geheimnissen standen die Bäume, S. 125; aus: Dalmatinische Reise. S. Fischer Verlag, Berlin 1912. Mit freundlicher Genehmigung des H. Bauer-Verlags, Wien

Maria Beig, Die Verrückte, S. 244; aus: Urgroßelternzeit. Erzählungen. Jan Thorbecke Verlag, Sigmaringen 1985

Herbert Berner, Bodenseeraum, S. 19; aus: Helmut Maurer (Hg.), Der Bodensee. Landschaft, Geschichte, Kultur. Jan Thorbecke Verlag, Sigmaringen 1982

Emanuel von Bodman, Der Bodensee, S. 39; aus: Die gesamten Werke. 2. Band. Im Auftrag von Clara von Bodman hg. von Karl Preisendanz. Reclam Verlag, Stuttgart 1952. Mit freundlicher Genehmigung des Deutschen Literaturarchivs

Annette von Droste-Hülshoff, Am Turme, S. 275; aus: Sämtliche Werke in 2 Bänden. Nach dem Text der Originaldrucke und der Handschriften. Hg. von Günther Weydt und Winfried Woesler. Band 1. Winkler Verlag, München 1973

Friedrich Dürrenmatt, Wie Überlebende des Dritten Weltkriegs in St. Gallen einfielen, S. 206; aus: Stoffe I-III. © 1990 by Diogenes Verlag AG Zürich. (Titel vom Herausgeber)

Werner Dürrson, Ins Freie, S. 41; aus: Ausleben. © Elster Verlag, Baden-Baden 1988. Mit freundlicher Genehmigung des Autors

Johannes Duft, Wie die Ungarn im Frühjahr 926 in St. Gallen einfielen, S. 188; aus: Die Ungarn in St. Gallen. Mittelalterliche Quellen zur Geschichte des ungarischen Volkes aus der Sanktgaller Stiftsbibliothek. Jan Thorbecke Verlag, Lindau und Konstanz 1957. Mit freundlicher Genehmigung des Autors

Hugo Eckener, Närrischer Erfinder, S. 224; aus: Graf Zeppelin. Sein Leben nach eigenen Aufzeichnungen und persönlichen Erinnerungen. J. G. Cotta'sche Buchhandlung Nachfolger, Stuttgart 1938. Mit freundlicher Genehmigung von Frau Christine Musick

Peter Eitel, Bodensee, S. 21; aus: Helmut Maurer (Hg.), Der Bodensee. Landschaft, Geschichte, Kultur. Jan Thorbecke Verlag, Sigmaringen 1982

Bruno Epple, Allensbacher Demoskopie, S. 73; aus: reit ritterle reit. Gedichte in der Mundart vom Bodensee. Verlag Stadler, Konstanz 1979

Otto Feger, Ein hinfällig Genie, S. 60; *Die Gründungssage*, S. 99; aus: Geschichte des Bodenseeraumes, Band 1. Anfänge und frühe Größe. Jan Thorbecke Verlag, Lindau und Konstanz 1956

Ludwig Finckh, Das alte Bauernhaus, S. 75; aus: Gaienhofener Idylle. Karl Knödler Verlag, Reutlingen 1981

Berty Friesländer-Bloch, Von Gailingen nach Gurs, S. 82; aus: Erhard R. Wiehn (Hg.), Oktoberdeportation 1940. Hartung-Gorre Verlag, Konstanz 1990

Horst Wolfram Geißler, Der liebe Augustin in Lindau, S. 209; aus: Horst Wolfram Geißler, Der liebe Augustin. © 1947 by Sanssouci Verlag, Zürich

Paul Häberlin, Jugend in Kesswil, S. 166; aus: Statt einer Autobiographie. Verlag Huber & Co. AG, Frauenfeld 1959

Rudolf Hagelstange, Eine silberne Ader göttlicher Sehnsucht, S. 276; aus: Meersburger Elegie. Tschudy Verlag, St. Gallen 1950

Heinrich Hansjakob, Vom süßen Meersburger und dem sauren Seewein, S. 280; aus: Peter Faessler (Hg.), Bodensee und Alpen. Die Entdeckung einer Landschaft in der Literatur. Jan Thorbecke Verlag, Sigmaringen 1985

Martin Heidegger, Abendgang auf der Reichenau, S. 72; aus: Gesamtausgabe. I. Abteilung: Veröffentlichte Schriften 1910–1976. Band 13: Aus der Erfahrung des Denkens. Vittorio Klostermann GmbH, Frankfurt 1983

Werner Helwig, Letzte Begegnung mit Otto Dix in Hemmenhofen, S. 79; aus: Bodensee-Hefte. Internationale Monatszeitschrift für Natur, Kultur und Freizeit. September 1974

Hermann Hesse, Nebel, S. 36; aus: Gesammelte Werke in 12 Bänden. Band 2. Diesseits. © Suhrkamp Verlag, Frankfurt am Main 1970

Hermann Hesse, Spazierfahrt in der Luft, S. 230; aus: Hermann Hesse, Bodensee. Hg. und eingeleitet von Volker Michels. Jan Thorbecke Verlag, Sigmaringen 1977. Abdruck mit freundlicher Genehmigung des Suhrkamp Verlages

Hans Rudolf Hilty, Gallus, Einsiedler und Arzt, S. 180; aus: Risse. Erzählerische Recherchen. Mit freundlicher Genehmigung des Bubenberg Verlags, Bern

Friedrich Hölderlin, Briefe aus Hauptwil, S. 145; aus: Sämtliche Werke und Briefe. Herausgegeben von Günter Mieth. Band 2. Carl Hanser Verlag, München 1970

Jochen Hoffbauer, Bodensee im Herbst, S. 40; aus: Jochen Kelter/Peter Salomon (Hg.), Literatur im alemannischen Raum. Regionalismus und Dialekt. Dreisam-Verlag, Freiburg 1978

Josef W. Janker, Eingeschriebener Pflegebefohlener der Öffentlichen Wohlfahrt, S. 251; aus: Werkausgabe in 4 Bänden. Band 3. Ansichten und Perspektiven. Prosa, Aufsätze, Reden. Verlag Robert Gessler, Friedrichshafen 1988

Friedrich Georg Jünger, Mainau, S. 292; aus: Im tiefen Granit. Nachgelassene Gedichte. Hg. von Citta Jünger. Klett-Cotta, Stuttgart 1983

Carl Gustav Jung, Animalischer Magnetismus, S. 261; aus: Gesammelte Werke. Band 18/1. Über spiritistische Erscheinungen. Walter Verlag, Olten 1981

Gerd-Klaus Kaltenbrunner, Der Weise vom Bodensee: Leopold Ziegler, S. 301; aus: Europa. Seine geistigen Quellen in Porträts aus zwei Jahrtausenden. Christiania Verlag, Stein 1982. Mit freundlicher Genehmigung des Autors

Verena Kast, Unser anderes Ufer des Sees, S. 53; Erstdruck. Mit freundlicher Genehmigung der Autorin

Jochen Kelter, Fremde am See, S. 135; aus: Ein Ort unterm Himmel. Texte aus Alemannien. Edition Isele, Eggingen 1989 (Auszug). Mit freundlicher Genehmigung des Autors

Justinus Kerner, Auf Anton Mesmers Grab, S. 265; aus: Gedichte. Eine Auswahl von Erwin Ackerknecht. Schiller-Nationalmuseum, Marbach a. N. 1958

Werner Koch, Am Ufer spielte die Katze, S. 42; aus: See-Leben I. Verlag Günther Neske, Pfullingen 1971

Konrad von Landeck, Wie's um den Bodensee aussieht, S. 23; aus: Walther Killy (Hg.), Epochen der deutschen Lyrik. Band 1. Gedichte von den Anfängen bis 1300. Hg. von Werner Höver und Eva Kiepe. Deutscher Taschenbuch Verlag, München 1978

Dino Larese, Mörike am Bodensee, S. 29; aus: Die Ernte. Schweizerisches Jahrbuch 31. Verlag F. Reinhardt, Basel 1950 (Auszug); *Mit Heidegger in Hauptwil,* S. 156; aus: Mit Heidegger in Hauptwil. Amriswiler Bücherei, Amriswil 1960 (Auszug)

Ivar Lissner, Spuren des Neandertalers, S. 139; aus: So lebten die Völker der Urzeit. Walter Verlag, Olten und Freiburg im Breisgau 1975

Conrad Ferdinand Meyer, Hussens Kerker, S. 112; aus: Sämtliche Werke, Historisch-kritische Ausgabe, besorgt von Hans Zeller und Alfred Zäch. Band 1. Gedichte, Text. Benteli Verlag, Bern 1963

Bernhard Möking, St. Pirmin verscheucht Ungeziefer, S. 59; *Der heilige Otmar,* S. 185; *Graf Ulrich und die treue Wendelgard,* S. 221; *Der heilige Gallus,* S. 177; Mit freundlicher Genehmigung von Wolfgang Möking

Eduard Mörike, Einer Reisenden, S. 35; *Am Rheinfall,* S. 98; aus: Sämtliche Gedichte. Übersetzungen. Auf Grund der Originaldrucke hg. von Herbert G. Göpfert. Carl Hanser Verlag, München 1964

Uwe Oldenburg, Paranoia-Sitty, S. 127; aus: Jochen Kelter/Peter Salomon (Hg.), Literatur im alemannischen Raum. Regionalismus und Dialekt. Dreisam-Verlag, Freiburg 1978

St. Galler Paternoster, S. 200; *Notker III.* Übersetzung des Paternoster, S. 202; aus: Stefan Sonderegger, Althochdeutsch in St. Gallen. Ergebnisse und Probleme der althochdeutschen Sprachüberlieferung in St. Gallen vom 8. bis ins 12. Jahrhundert. Jan Thorbecke Verlag, Sigmaringen 1970. Mit freundlicher Genehmigung von Stefan Sonderegger

Jacob Picard, Ein Gang nur, S. 91; aus: Die alte Lehre. Geschichten und Anekdoten. Deutsche Verlags-Anstalt, Stuttgart 1963. Rechteinhaberin: Frau Renée van Dijk-Picard

August von Platen, Lage und Gegend von Lindau sind allerliebst, S. 213; aus: O wonnigliche Reiselust. Eine Reise durch die Schweiz nach dem Tagebuch des Grafen August von Platen. Hg. und eingeleitet von Karl Wilczynski. Werner Classen Verlag, Zürich 1948

Poggio Bracciolini, Francesco Giovanni, Noch ein Feuertod. Hieronymus von Prag, S. 117; aus: Wilhelm von Scholz, Der See. Ein Jahrtausend deutscher Dichtung vom Bodensee. Ruess & Itta Verlagsanstalt, Konstanz 1917

Ulrich von Richental, Die Herrschaften reiten von dannen, S. 121; aus: Chronik des Konzils zu Konstanz 1414-1418. Hg. von Dr. Otto Hermann Brandt. R. Voigtländers Verlag, Leipzig 1913

Max Rieple, Alte Narrenstädte: Stockach und Überlingen, S. 293; aus: Verliebt in den Bodensee. Landschaft, Geschichte, Kunst und Brauchtum des Bodenseeraums. Verlag Stähle & Friedel, Stuttgart 1965. Rechteinhaberin: Frau Anne Rieple-Ofensperger

Rainer Maria Rilke, Zwei Briefe aus Ragaz, S. 171; aus: Briefe an Schweizer Freunde. Eine Auswahl. Hg. von Rätus Luck. Suhrkamp Verlag, Frankfurt am Main 1990. © Insel Verlag, Frankfurt am Main und Leipzig

Rainer Maria Rilke, Bodensee, S. 36; aus: Sämtliche Werke. Herausgegeben vom Rilke-Archiv in Verbindung mit Ruth Sieber-Rilke. Besorgt durch Ernst Zinn. Erster Band: Gedichte. Erster Teil. © Insel Verlag, Frankfurt am Main 1955

Rainer Maria Rilke, Sein letztes vollendetes Großes Gedicht in deutscher Sprache, S. 176; aus: Sämtliche Werke. Zweiter Band: Gedichte. Zweiter Teil. © Insel Verlag, Frankfurt am Main 1955

Werner Rösener, Die Abtei Salem als agrarischer Großbetrieb, S. 282; aus: Bauernlegen durch klösterliche Grundherren im Hochmittelalter. (Auszug) In: Zeitschrift für Agrargeschichte und Agrarsoziologie. 27. Jahrgang, Heft 1. April 1979

Otto Rombach, Auf der Meersburg bei der Droste, S. 266; aus: Glückliches Land am Bodensee und Neckar, zwischen Ries und Rhein. Reiseskizzen. Deutsche Verlags-Anstalt, Stuttgart 1976

Joseph Victor von Scheffel, Mettnaustimmung, S. 74; aus: Nachgelassene Dichtungen. Gesamtausgabe. Hg. von Johannes Proelß. Adolf Bonz und Comp. Verlag, Stuttgart 1908

Reinhold Schneider, Franz Anton Mesmer, ein echter Arzt aus der Kraft der Liebe, S. 262; aus: Gesammelte Werke, Hg. von Edwin Maria Landau. Band 10. Verhüllter Tag. © Insel Verlag, Frankfurt am Main 1978

Wilhelm von Scholz, Sei gegrüßt mir, selige Insel, S. 69; *Das alte Meersburg*, S. 257; aus: Der Bodensee. © Langen Müller Verlag in F. A. Herbig Verlagsbuchhandlung GmbH, München

Nikolaus Schubert, Uttwil, das Dörfchen der Dichter und Maler, S. 161; aus: Bodensee-Hefte. Internationale Monatszeitschrift für Natur, Kultur und Freizeit. Februar 1957

Wilhelm Wolfgang Schütz, Kirchenpolitik im Badezuber, S. 106; aus: Vom freien Leben träumt Jan Hus. Schauspiel. Szenen aus einer böhmischen Rebellion. Henssel Verlag, Berlin 1977

Gustav Schwab, Der Reiter und der Bodensee, S. 26; *Hussens Feuertod*, S. 113; aus: Der Bodensee nebst dem Rheintale von St. Luziensteig bis Rheinegg. Verlag der J. G. Cotta'schen Buchhandlung, Stuttgart und Tübingen 1827

Carl Seelig, Mit Robert Walser in Hauptwil, S. 152; *Es ist auch hier in der Ostschweiz ganz schön*, S. 204; aus: Wanderungen mit Robert Walser. Suhrkamp Verlag, Frankfurt am Main 1990. Mit freundlicher Genehmigung der Carl-Seelig-Stiftung

Elsbeth Stagel, Von der Züchtigung seines Leibes, S. 100; aus: Heinrich Seuse, Deutsche mystische Schriften, übertragen und herausgegeben von Georg Hofmann, mit einer Hinführung von Emmanuel Jungclaussen, Patmos Verlag, Düsseldorf 1986

Heinrich Suso, das gegenwürtig nu der ewikait, S. 102; aus: Heinrich Seuse, Deutsche Schriften. Hg. von Dr. Karl Bihlmeyer. Kohlhammer Verlag, Stuttgart 1907

Otto Uhlig, Kindermarkt in Friedrichshafen und Ravensburg, S. 237; aus: Die Schwabenkinder aus Tirol und Vorarlberg. Universitätsverlag Wagner, Innsbruck/Konrad Theiss Verlag, Stuttgart und Aalen 1978 (Auszug)

Verse von Schreibern am Ende der Abschrift aus dem Stift St. Gallen, S. 202; aus: Johannes Duft, Mittelalterliche Schreiber. Bilder, Anekdoten und Sprüche aus der Stiftsbibliothek St. Gallen. Tschudy Verlag, St. Gallen 1961. Mit freundlicher Genehmigung des Autors

Verse vom Hohentwiel, S. 94; aus: Wilhelm von Scholz, Der See. Ein Jahrtausend deutscher Dichtung vom Bodensee. Reuss & Itta Verlagsanstalt, Konstanz 1917

Volkslied, Johann Hus in Costnitz, S. 111; aus: Wilhelm von Scholz, Der See. Ein Jahrtausend deutscher Dichtung vom Bodensee. Reuss & Itta Verlagsanstalt, Konstanz 1917

Martin Walser, In rauschender Fahrt, S. 48; aus: Ein fliehendes Pferd. Novelle. Suhrkamp Verlag, Frankfurt am Main 1978

Jürg Weibel, Villenbestückt, S. 41; aus: Ellenbogenfreiheit. Gedichte. Lenos Presse, Basel 1978. Mit freundlicher Genehmigung des Autors

Karoline von Wolzogen, Jede Kraft der Seele schmilzt in Bewunderung zusammen, S. 95; aus: Literarischer Nachlaß der Frau Caroline von Wolzogen. Verlag Breitkopf und Härtel, Leipzig 1848

Bildnachweis

Manfred von Ardenne, Erinnerungen. F. A. Herbig Verlagsbuchhandlung GmbH, München 1990: S. 217

Monika Aschenbrenner, S. 8/9 (Bodensee-Übersichtskarte)

Bildarchiv Preußischer Kulturbesitz, Berlin: S. 265

Johannes Duft, Die Ungarn in St. Gallen, Jan Thorbecke Verlag, Lindau und Konstanz 1957: S. 199

Hugo Eckener, Graf Zeppelin. Sein Leben nach eigenen Aufzeichnungen und persönlichen Erinnerungen. J. G. Cotta'sche Buchhandlung Nachfolger, Stuttgart 1938: S. 233 o., u.

Insel Verlag Frankfurt am Main und Leipzig: S. 25, 267

Theo Keller, Reichenau: S. 61

Fritz Molder/BAVARIA: Farbtafel 10

Rosgartenmuseum Konstanz: S. 143 o., u.

Carl Seelig Stiftung, Zürich: S. 153

Marco Schneiders, Lindau: S. 271, Farbtafel 1, 4, 5, 11, 15

Toni Schneiders, Lindau: Umschlagabbildung, Farbtafel 2, 3, 6, 7, 8, 9, 12, 13, 14, 16

Stadtarchiv Singen: S. 93

Stiftsarchiv St. Gallen: S. 179, 181, 201

Suhrkamp Verlag Frankfurt am Main: S. 39

Otto Uhlig, Die Schwabenkinder aus Tirol und Vorarlberg. Universitätsverlag Wagner, Innsbruck/Konrad Theiss Verlag, Stuttgart und Aalen 1978: S. 239

Inhalt

Uttwil   161
Hampstead   157